「つながり」を深め
子どもの成長を促す教育学

信頼関係を築きやすい学校組織・施策とは

露口健司
[編著]

ミネルヴァ書房

　　　　　　　　まえがき

　「つながり」は，人々が豊かに生きていく上で，なくてはならないものである。社会において「つながり」は，人々の健康増進，治安の維持向上，ビジネスの成功，地域再生，そして，子どもの教育等に対して効果を有することが明らかにされている。また，「つながり」の醸成方法についても，各分野において様々な政策・事業提案がなされるようになった。人々が，ソーシャル・キャピタルという分析道具を手に入れたことにより，これまで経験的に語られていた「つながり」現象の効果と醸成方法が，科学的根拠をもって語られるようになった。

　教育分野においても，「つながり」現象の分析道具が見当たらなかったゆえに，議論がかみ合わなかったり，リサーチの困難性によりエビデンスが蓄積されてこなかった。ただし，現在では，「つながり」の効果や醸成方法に関する実践的・学術的議論が急速に展開されつつある。教育研究に従事する実践者および研究者は，今後さらに，ソーシャル・キャピタルという分析道具で，地域・学校を取り巻く様々な「つながり」現象の分析・考察を進めていくであろう。

　分析道具としてのソーシャル・キャピタル概念を，日本において浸透させたのは，間違いなく稲葉陽二氏である。これまで，国内では手薄であった教育分野におけるソーシャル・キャピタル研究の推進という重大な使命を与えて頂いたことに感謝申し上げたい。また，稲葉科研のメンバー（市田信行氏・石田光規氏・石田祐氏ら）の御助言からは，研究推進上の重要な着想を得ることができた。そして，政策研究大学院大学（今野雅裕氏・永井順國氏）および宮城教育大学（野沢令照氏・内藤惠子氏）の関係者の皆様にも，3年間のプロジェクト研究を通して貴重な機会と御助言を頂いた。最後に，ミネルヴァ書房編集部の音田潔氏には，本書のブラッシュアップを図って頂いた。そして，なによりも，本書の調査研究に御協力頂いた，のべ1,432校，1万3,423名の児童生徒，1万8,156名の

保護者，2,448名の教職員の皆様方に，心より感謝申し上げたい。

　なお，本書は，科学研究費基盤研究C（露口健司研究代表/H21-24/22530864），同基盤研究B（露口健司研究代表/H26-29/26285177），同基盤研究A（稲葉陽二研究代表/H24-27/24243040），同挑戦的萌芽（平松義樹研究代表/H26-28/00335879），政策研究大学院大学・教育政策プログラム事業の研究成果の一部である。

2016年8月

露口健司

「つながり」を深め子どもの成長を促す教育学
——信頼関係を築きやすい学校組織・施策とは——

目　次

まえがき

序　章　「つながり」現象のソーシャル・キャピタル論
　　　　　　　　　　　　　　　　　　　　露口健司・柏木智子　1

　1　「つながり」現象の科学的説明に向けて……………………… 1
　2　ソーシャル・キャピタルとは何か…………………………… 3
　　（1）ソーシャル・キャピタルの定義　3
　　（2）ソーシャル・キャピタルの構成要素　6
　　（3）ソーシャル・キャピタルの形態　7
　　（4）ソーシャル・キャピタルの分析単位と測定　8
　3　ソーシャル・キャピタルの次元・効果・醸成方法…………… 10
　　（1）ソーシャル・キャピタル研究における共通性と多様性　10
　　（2）ソーシャル・キャピタルの次元　11
　　（3）ソーシャル・キャピタルの効果性　13
　　（4）ソーシャル・キャピタルを醸成する視点　14
　4　つながりの効果と醸成方法を解明する教育学的アプローチ…… 15
　5　本書の構成……………………………………………………… 17

第Ⅰ部　カリキュラム・授業における「つながり」

第1章　学習指導における「つながり」の醸成と教育効果
　　　　　　　　　　　　　　　　　　　　生田淳一・増田健太郎　24

　1　学級ソーシャル・キャピタルに着目する意義………………… 24
　2　ソーシャル・キャピタルに学級間差はあるのか……………… 25
　　（1）児童を対象とした生活アンケートの実施　25
　　（2）ソーシャル・キャピタルの学級間差と学力差　25
　　（3）ソーシャル・キャピタルの学級間差は認められたが…　28
　3　学級ソーシャル・キャピタルを醸成する学習指導……………… 28

　　　　(1) 授業データ等の収集　28
　　　　(2) 授業実践における児童の認識と教師の活動の違い　30
　　　　(3) 学級ソーシャル・キャピタルは教師の学習指導活動の影響を受ける　31
　　4　つながりを醸成する授業づくりを………………………………………………32

第2章　家庭での「つながり」と学業成績を結ぶ
　　　　　学校の組織的な教育活動……露口健司・倉本哲男・城戸茂　34
　　1　家庭ソーシャル・キャピタルと学業成績の関連性……………………………34
　　2　家庭と学力を結ぶ組織的な教育活動……………………………………………35
　　　　(1) ソーシャル・キャピタルと教育効果　35
　　　　(2) 媒介要因としての学校の組織的な活動　36
　　　　(3) 家庭ソーシャル・キャピタルの分析単位　38
　　3　学力データ等の収集………………………………………………………………39
　　　　(1) 学力・学習状況調査の対象校　39
　　　　(2) 学力・学習状況調査のデータ　39
　　　　(3) 分析戦略　41
　　4　家庭ソーシャル・キャピタルと学業成績の関係………………………………42
　　　　──直接効果と間接効果の検討
　　5　家庭ソーシャル・キャピタルと学業成績を結ぶプロセス……………………45

第3章　学級における「つながり」は学習意欲の格差を
　　　　　抑制できるか……………………………………露口健司　49
　　1　学級におけるつながりへの着目…………………………………………………49
　　2　学級におけるつながりと学習意欲………………………………………………50
　　3　学級ソーシャル・キャピタルと学習意欲のデータ収集………………………52
　　　　(1) 学級ソーシャル・キャピタル調査の対象校　52
　　　　(2) 学級ソーシャル・キャピタル調査のデータ　52
　　4　学級ソーシャル・キャピタルによる学習意欲への効果………………………55
　　　　(1) 分析モデルの構築　55

(2) 学級ソーシャル・キャピタルが学習意欲に及ぼす4つの効果　55

　5　学級のつながりを学習意欲に活かすために ………………………………… 57

第4章　子どもの「つながり」を醸成するカリキュラム
　　　　マネジメント① ……………………………………… 露口健司　61
　　　　——小学校における地域共生科の実践から

　1　子ども・教師・保護者を取り巻く「つながり」への着目 ……………… 61
　2　事例校における子ども・教師・保護者を取り巻く
　　　「つながり」の特徴 ……………………………………………………… 62
　　　(1) ビジョンと教育目標　62
　　　(2) 統制群との比較にみるH小学校の「つながり」の特徴　62
　3　つながり醸成の可能性をもつ「地域共生科」カリキュラム ………… 70
　　　(1) 事例校での資料収集とインタビュー調査の実施　70
　　　(2)「地域共生科」カリキュラムの構造　71
　　　(3)「地域共生科」の教育効果　75
　4　「地域共生科」によるつながり醸成プロセス ……………………………… 78
　　　(1)「地域共生科」による子どもを取り巻くつながりの醸成　78
　　　(2)「地域共生科」による教師を取り巻くつながりの醸成　82
　　　(3)「地域共生科」による保護者を取り巻くつながりの醸成　86
　5　つながり醸成における「地域共生科」の成果と課題 ………………… 91

第5章　子どもの「つながり」を醸成する
　　　　カリキュラムマネジメント② ……………………… 柏木智子　94
　　　　——中学校における人間関係学科の実践から

　1　子どもを取り巻くソーシャル・キャピタルの醸成方法とは ………… 94
　2　事例校の地域特性と「人間関係学科」カリキュラムの特徴 ………… 95
　　　(1) 事例校での資料収集とインタビュー調査の実施　95
　　　(2) T中学校区の地域特性　96
　　　(3)「人間関係学科」カリキュラムの特徴　96
　3　「人間関係学科」の子ども観 …………………………………………… 97

4　「人間関係学科」における学習内容・方法および教師の役割…………99
　　　（1）「人間関係学科」では何を学ぶのか——学習内容　99
　　　（2）「人間関係学科」ではどのように学ぶのか？——学習方法　101
　　　（3）「人間関係学科」をつくる上での教師の役割　103
　5　教師と子どもが認知する「人間関係学科」の成果………………………106
　　　（1）教師の語りに見られる「人間関係学科」の子どもへの成果　106
　　　（2）子どもが認知する「人間関係学科」の成果　107
　　　（3）子どもの活躍する姿——ボランティア活動の中で　112
　6　「人間関係学科」カリキュラムマネジメントに関する考察…………114
　7　ソーシャル・キャピタルの醸成に向けて………………………………117

第Ⅱ部　組織・リーダーシップと「つながり」

第6章　教師の授業力を高める学校組織の特性
　　　——「専門家の学習共同体」論を援用して
　　　………………………露口健司・倉本哲男・諏訪英広　124

　1　専門家集団の「つながり」への着目………………………………………124
　2　「専門家の学習共同体」醸成による授業力向上の効果…………………124
　3　「専門家の学習共同体」と授業力向上を結ぶリーダーシップ…………126
　4　授業力データ等の収集……………………………………………………127
　　　（1）授業力調査の対象校　127
　　　（2）授業力調査のデータ　128
　5　教師の授業力を高める個人・組織レベル特性は何か？………………132
　6　授業改善の日常化と校長のリーダーシップ……………………………136

第7章　校長はネットワークをどのように活用しているのか
　　　………………………………………………川上泰彦　141

　1　「つながり」と学校経営活動の関係………………………………………141
　2　学校経営に関するアンケート調査の実施………………………………142

　　　　　（1）学校経営に関するアンケート調査の対象者　142
　　　　　（2）校長の属性と地区の特性　142
　　3　校長の相談活動 …………………………………………………………… 145
　　4　相談活動と学校経営 ……………………………………………………… 147
　　5　学校経営資源としてのソーシャル・キャピタル ……………………… 154

第8章　信頼を構築する学級・学校の経営戦略
　　　　………………………………………………… 露口健司・清田雄二　156

　　1　保護者による集団的信頼への着目 ……………………………………… 156
　　2　分析モデルを構築するための3つの視座 ……………………………… 157
　　　　　（1）信頼概念　157
　　　　　（2）信頼の決定要因　157
　　　　　（3）信頼の分析単位　159
　　3　分析モデルの構築 ………………………………………………………… 160
　　4　学校信頼調査の実施 ……………………………………………………… 161
　　　　　（1）学校信頼調査の記録　161
　　　　　（2）学校信頼調査のデータ　162
　　　　　（3）分析モデルの構築　164
　　5　学級レベルの集団的信頼を決定する要因は何か？ …………………… 165
　　6　集団的信頼を高める学級・学校経営戦略 ……………………………… 168

第9章　学校と地域との信頼構築のための学校経営 …… 伊藤文一　173

　　1　学校と地域をつなぐために ……………………………………………… 173
　　2　学校から先に動く ………………………………………………………… 173
　　　　　（1）環境整備　174
　　　　　（2）朝の挨拶運動　175
　　　　　（3）学習規律の確立　175
　　　　　（4）組織文化の変容　176
　　3　学校と地域の信頼構築のプロセス ……………………………………… 177

　　　　　（1）直接対話の重視　178
　　　　　（2）思いを伝える学校通信の活用　178
　　　　　（3）テーマ・コミュニティの形成　180
　　　　　（4）信頼を構築する説明責任　181
　　4　ネットワークを機能させる学校経営戦略……………………………… 181

第Ⅲ部　「つながり」を強める教育施策・制度とは

第10章　学校評価は教育効果の向上に貢献しているのか
　　　　　………………………………………………露口健司　186

　　1　学校経営におけるソーシャル・キャピタルの位置……………… 186
　　2　ソーシャル・キャピタルの規定要因としての「評価に
　　　　焦点を当てた学校改善」……………………………………………… 187
　　3　校区レベルでみるソーシャル・キャピタルの教育効果………… 190
　　4　学校改善調査の実施…………………………………………………… 190
　　　　　（1）学校改善調査の対象校　190
　　　　　（2）学校改善調査のデータ　191
　　5　分析モデルの構築……………………………………………………… 193
　　6　評価に焦点を当てた学校改善がソーシャル・キャピタルに及ぼす
　　　　影響……………………………………………………………………… 194
　　7　校区ソーシャル・キャピタルが教育効果に対して及ぼす影響……… 196
　　8　学校評価と教育効果の媒介要因としてのソーシャル・キャピタル…… 198

第11章　小中一貫教育の導入で教師の意識は変わるか
　　　　　………………………………………倉本哲男・露口健司　204

　　1　小中一貫教育導入が教育効果を高める過程……………………… 204
　　2　ネットワークと教員の意識・態度変容……………………………… 205
　　　　　（1）小中一貫教育におけるネットワーク　205
　　　　　（2）ネットワーク変容　206

(3) ネットワークと教員の意識・態度変容　207
   3　B市教育委員会における小中一貫教育プロジェクト……………………… 208
   4　小中一貫教育に関する調査の実施……………………………………………… 210
         (1) 小中一貫教育に関する調査の対象校　210
         (2) 小中一貫教育に関する調査のデータ　212
   5　小中一貫教育導入前後のネットワーク変容…………………………………… 213
   6　ネットワークと教員の意識・態度の関係……………………………………… 215
   7　ネットワーク・タイプと教員の意識・態度変容……………………………… 217
   8　小中一貫教育導入におけるネットワークの価値……………………………… 218

第12章　教師が成長する出会いとは……………………………高木　亮　220
　　　　――教員人事制度再考の視点

   1　「去る職場」と「新しい職場」……………………………………………………… 220
   2　教職キャリアに関するインタビュー調査の実施……………………………… 221
         (1) 教職キャリアに関するインタビュー調査の対象者　221
         (2) 調査協力者の勤務地域における人事異動の特性　222
         (3) インタビュー調査の内容　223
   3　インタビュー調査にみる教職キャリアの多様性……………………………… 224
         (1) 岡山市中学校教諭調査　224
         (2) 岡山県事務職員調査　225
         (3) 倉敷市中学校教諭調査　226
         (4) 広島県中学校教諭調査　227
         (5) 福岡県中学校校長調査　227
         (6) 岡山県教職員組合X支部調査　229
   4　教職キャリアにおけるソーシャル・キャピタルの光と影…………………… 230
         (1) 個々の社会関係の葛藤の現れ方としての「組合」と「行政」　230
            ――仮説1
         (2) 葛藤の現れやすい中堅期キャリア――仮説2　231
         (3) 時代背景の限定性――仮説3　232

終　章　「つながり」の教育学・今後の展望……………………露口健司　235
　1　子どもと教師の成長を支える「つながり」を醸成するために………　235
　　　(1) カリキュラム・授業における「つながり」　235
　　　(2) 組織・リーダーシップと「つながり」　237
　　　(3) 「つながり」を強める教育施策・制度とは　239
　2　「つながり」の教育学の発展に向けて………………………………………　241
　　　(1) つながりの教育効果の計量分析　241
　　　(2) つながりの醸成過程の記述解釈　241
　　　(3) つながりの効果としての社会的厚生　242
　　　(4) 人々と自律的につながる能力を育てる　242
　　　(5) つながりの転移　243

あとがき

索　　引

序章　「つながり」現象のソーシャル・キャピタル論

露口健司・柏木智子

1　「つながり」現象の科学的説明に向けて

　本書の目的は，教育現場における「つながり」現象をソーシャル・キャピタル論の視点から説明するとともに，つながりの効果と醸成方法についての知見を教育学の視点から生成することにある。

　今日，教育現場において，つながりという言葉を使用せずに日常の職務遂行に取り組むことは困難である。多様な場面・機会において，つながりという語句が登場する。教育のメインフィールドである家庭・学校・地域では，たとえば，家庭における親子，学校での子ども相互，学級内での教師と子どもたち，子どもと地域住民，教師相互，管理職と教師，教師（管理職）と地域住民，保護者と教師（管理職），保護者相互，保護者と地域住民等の多様なつながり次元がある。そして，これらのつながりは，子どものよりよい成長，生きる力の育成，学力・学習意欲の向上，いじめや不登校等の抑制，中途退学者の抑制，教師の職能成長，保護者の親としての成長，持続的な学校改善，そして，子ども・教師・保護者の心身の健康と幸福等を実現しようとする際に，その方法論として語られる。人々のつながりは，学校組織の存立基盤であるとともに，そこに関わる人々の教育効果・職能成長・学校改善・社会的厚生等を促進する重要な要因であると考えられる。

　確かに，つながり概念は，教育現場において使用頻度が極めて高く，なおかつ教育関係者が最も重要視する概念の一つである。しかし，教育現場におけるつながり現象の科学的検討はそれほど進展していないのが実情である。つながりとは何かについて深く議論されることはなく，つながりの効果や醸成方法に

ついては，事例で語られることはあっても，その科学的根拠が示されることはほとんどない。つながりの定量的・定性的調査研究は，ほぼ手つかずの状態にあるといえる。

　その理由として，以下の3点を指摘することができる。第1は，つながり概念の曖昧さである。この概念を明確に定義している実践的・学術的研究は，管見の限り皆無である（辞書的定義を除く）。第2に，定義が曖昧であるがゆえに，測定・観察が困難となっている。つながりの有無（ある／ない）や程度（強い／弱い）の測定は，どのようにして行えばよいのであろうか。また，質問紙調査では，つながりの測定において，何を質問すればよいのであろうか。第3に，定義の曖昧さはつながり現象の記述と解釈の困難化を招いている。特に，質的調査において，つながりが欠落している状態，あるいは醸成されている状態とは，教育現場におけるどのような場面での，どのような行動によって理解・説明できるのであろうか。普段から口数が少なく，1人でいることが多い児童は，つながりが欠落していると解釈できるのであろうか。その児童が，班活動に積極的に取り組み，同班の児童と意見交換している場面を見ると，つながりが醸成されていると解釈できるのであろうか。教育現場でつながりという概念にそのまま向き合おうとしても，概念の曖昧さゆえに，定量的・定性的調査が先に進まないという状況に私たちは置かれてきたのである。

　ところが，近年，つながり現象は，「ソーシャル・キャピタル（Social Capital：SC，社会関係資本）」論という社会科学（教育学・社会学・政治学・経済学・経営学・社会福祉学・社会疫学等）分野で発展してきた科学的理論を援用することで，理解・説明への途が拓かれつつある。教育現場で使用されるつながりとは，ソーシャル・キャピタル論を踏まえることで定義の明確化が可能となる。そこで，次節では，ソーシャル・キャピタル論の整理・検討を通して，つながり概念の定義設定をはじめとする概念の構造化の作業を試みたい。

2 ソーシャル・キャピタルとは何か

（1）ソーシャル・キャピタルの定義

　ソーシャル・キャピタルとは，「調整された諸活動を活発にすることによって社会の効率性を改善できる，信頼，規範，ネットワークといった社会組織の特徴」（Putnam 1993＝2001：206-207）を意味する。コミュニティにおける人々のつながりを，社会的に蓄積可能な資本として捉え，信頼・規範・ネットワークの視点から客観的に測定する手法を Putnam（1993＝2001）が提示した頃から，ソーシャル・キャピタルの理論は国際的・学際的な発展を遂げてきた。

　ソーシャル・キャピタル概念は，教育学以外の学問分野からの借り物であり，象牙の塔に住まう研究者が構築した机上の理論と思われる方もいるであろう。しかし，ソーシャル・キャピタルとは，学校教育との親和性が極めて高い概念なのである。驚くことに，最初にこの概念を使用したのは，20世紀初頭に活躍した米国バージニア州の指導主事（教育実践者，後に教育長）のハニファン（Hanifan, L. J.）なのである（Putnam 2000＝2006）。

　そして，ハニファンから約70年後，コールマン（Coleman, J. S.）やブルデュー（Bourdieu, P.）等の社会学者によって，ソーシャル・キャピタル論は，本格的にスポットライトを浴びる（Bourdieu 1986；Coleman 1988＝2006）。コールマンは，コミュニティにおけるソーシャル・キャピタルを家庭内ソーシャル・キャピタルと家庭外ソーシャル・キャピタルに区分し，これらの資本が，生徒の退学率の抑制に効果的であることを指摘している。そして，子ども相互とその親相互の間に結びつきが形成されている状況を，「世代間閉鎖性（Intergenerational Closure）」と呼び，コミュニティにおけるソーシャル・キャピタルの蓄積度を理解する上での重要指標として提起した。これらの指摘内容の妥当性は，その後，複数の実証研究によって検証されている（露口 2011参照）。実証研究では，親同士に対話交流と信頼関係があるコミュニティでは，子どもの成長に正の効果が生じやすく，逆に，親同士がバラバラなコミュニティでは，子どもの成長に負

の効果が発生しやすい点が，共通して指摘されている。Coleman（1988＝2006）以降，研究者は社会関係資本が人的資本に対して及ぼす効果の解明に力を注いできた。「つながりづくり（社会関係資本）が人づくり（人的資本）」に結びつくかどうかの検証作業は，現在もなお精力的に進められている。

　一方，ブルデューは，ソーシャル・キャピタルを，経済資本や文化資本とともに，不平等再生産のメカニズムを説明する概念として位置づけている。近年では，不平等の再生産を克服するための視点，および社会変化を促進するための視点としてソーシャル・キャピタルを再定位し，積極的な評価を与えている。経済資本や文化資本に比べて，ソーシャル・キャピタルは可変性が高く，個人・集団の生活状況を短期間で変える可能性をもった資本であるとして注目している。このことを，学校教育を例に挙げて考えてみよう。子どもの家庭の経済状況や，家庭生活で身に付けてきた習慣・文化を短期間で変化させることは困難である。しかし，人々の結びつきは，短期間で醸成できる可能性が高いのである。資本の可変性という視点は，「つながりで人は変わる」とする事実に着目しており，これは教育現場に対しても，大変示唆的な主張であるといえる。

　以上のソーシャル・キャピタルの定義に関わる議論を踏まえた上で，つながりの定義について検討を進めたい。つながりとは，一般的には，結びつきや関係があることを意味する。辞書を引くと，このような定義にたどりつく。教育現場においても，およそ，こうした意味で使用しているであろう。ただし，概念定義としては抽象度が高く，つながり現象を科学的に測定・観察する過程において，問題に直面する確率が高い。社会調査を実施するための定義としては十分とはいえない。そこで，つながりの定義を，以下の4つの視点から構造化し，測定・観察の道を拓きたい。

　第1に，つながりとは，Putnam（1993＝2001；2000＝2006）が示すソーシャル・キャピタルの定義と同様に，「信頼・規範・ネットワークといった社会的特徴」を意味する概念として捉えたい。信頼・規範・ネットワークの3要素は，コミュニティにおける人々の間に結びつきや関係がある状態を測定する上で，大変有用性が高い。それぞれの要素ごとに実証研究が蓄積されており，測定ツール

も複数開発されている。

　第2に，つながりは，「蓄積可能な関係資本」である点にも着目したい。つながりは，ソーシャル・キャピタルと同様に，人々の活動を通して，コミュニティ内に蓄積される。人々は蓄積された資本を活用することで，問題を解決し，社会生活の質を高める。したがって，つながりは，コミュニティごとに量と質が異なるという特徴を有する。コミュニティごとのつながりの差異が，格差と呼ぶに等しい程度に，人々の社会生活の質に影響を及ぼす実態が，今日，様々な社会分野において問題視されている。たとえば，教育分野では，志水（2014）において，つながり格差が学力格差を生み出す原因の一部である実態が指摘されている。

　第3に，つながりは，「可変性を有する資本」である点にも着目したい。前述のように，ソーシャル・キャピタルは，文化資本や経済資本に比べ，コミュニティ参加等によって比較的容易に変容する可能性を有する（ただし参加に至るまでが大変だが）。ソーシャル・キャピタルの可変性は，制度変更に時間を要する国・州・都道府県等の比較的マクロなレベルでは，観察の困難性が予期される。校区に代表されるメゾレベルやミクロレベルにおいて，ソーシャル・キャピタルの可変性は，比較的短期に観察される可能性が高いと考えられる。

　そして，第4に，ソーシャル・キャピタルとつながりとの「資本蓄積効果」についての相違である。ソーシャル・キャピタルは，Putnam（1993＝2001）の定義からは，「社会の効率性の改善」を主たる資本蓄積効果として読み取ることができる。ただし，つながりという言葉は，社会の効率性という効果を超えた場面で頻繁に使用されている。つながりとは，社会の効率性に加えて，社会的厚生（Well-being）との親和性が高い概念であるといえよう。近年では，ソーシャル・キャピタルの蓄積効果として，社会効率や経済成長のみならず，社会的厚生や主観的幸福感の向上に着目する傾向（OECD 2001；辻・佐藤 2014等）が認められている。社会効率だけでなく，社会的厚生の視点を視野に入れた上で，つながりという言葉を捉えていきたい。

　以上の4視点からの検討を踏まえ，本書では，つながりとは，「社会の効率性

や社会的厚生を改善できる，蓄積可能で可変性をもった，信頼，規範，ネットワークといった社会関係の特徴」と定義する。

（2）ソーシャル・キャピタルの構成要素

　ソーシャル・キャピタル研究が国際的・学際的に飛躍的発展を遂げることができたのは，概念定義のみならず，構成要素についても共有化が進展したためであろう。ソーシャル・キャピタルを構成概念として考えるならば，ネットワーク・規範・信頼がその構成要素（観測概念）となる。前述したように，ネットワーク・規範・信頼への着目は，Putnam（1993＝2001）の研究の系譜上にある。日本におけるソーシャル・キャピタル研究も，例外ではなく，これら3要素をソーシャル・キャピタルの構成要素と設定した上で調査が進められてきた（稲葉2007；2014；三菱総合研究所 2011；日本総合研究所 2008；山内・伊吹 2005等）。

　一方，Coleman（1988＝2006）も，ソーシャル・キャピタルの構成要素として，情報チャンネル・恩義・規範・効果的な制裁・期待・信頼性を挙げており，Putnam（1993＝2001）との親和性は非常に高い。情報チャンネルは「ネットワーク」と，恩義・規範・効果的な制裁は「規範」と，そして，期待と信頼性は「信頼」とほぼ同義の関係にある。ソーシャル・キャピタル研究の大家が，類似の構成要素を提示したことで，調査研究の方向性が統一され，多くの研究者が，共通の視点で研究を進めることが可能となった。

　それでは，教育現場におけるつながり概念は，ネットワーク・規範・信頼の視点によって，どのように理解・説明できるのであろうか。

　つながりとは，人々の所属や対話・交流活動（ネットワーク）の意味を含む。同質集団に所属することで，人々はつながりを感じるであろう。また，多様なコミュニケーション手段によって対話・交流活動を行うことで，つながりは深まるであろう。また，つながりは，お互い様の規範（互酬性規範）の意味を含む。人々は，協働活動を行う中で，他者を支援する。被支援者は，次の機会において，支援提供者のためになる行動を採る。こうした相互支援（恩義の貸し借り）の行為が継続する中で，つながりは深まるであろう。そして，相互支援の経験

によって，相手との間で信頼関係が生まれる（信頼）。人々は複数回にわたる協働活動を通して，有用感を自覚するだけでなく，他者との間に信頼関係を築いていくと考えられる。リスク環境下においても相手の言葉や約束に対して期待をもてること，問題状況下でも他者からの支援を期待できること等が，信頼関係の具体的な姿であるといえる。

このように，ソーシャル・キャピタルの視点を参考にすれば，つながりとは，①所属および対話交流（ネットワーク），②お互い様の規範（互酬性規範），そして，③信頼関係（信頼）へと発展するプロセスを内包した概念として理解・説明することができる。

（3）ソーシャル・キャピタルの形態

ソーシャル・キャピタルは，結びつきの形態に着目すると，次の3つの形態に区分することができる（Woolcock 2001）。すなわち，結束型（Bonding），橋渡し型（Bridging），連結型（Linking）である。

結束型ソーシャル・キャピタルとは，家族や親友，隣人，自治会といった同質的な利害や背景をもつ人々の固い結びつきを指す。結束型集団に所属する人々の相互信頼は厚く，内部志向性をもつ。そこでの人々は，共通のアイデンティティや集団への帰属意識，互助精神が強い傾向にある。閉鎖的ネットワークや垂直的ネットワークがこの形態の特徴である。また，特定化された相手に対する互酬性規範や信頼，すなわち，特定化互酬性と特定化信頼はこの型に含まれる（稲葉 2011）。日常の教育現場において，結束型ソーシャル・キャピタルに相当する言葉は，「絆（きずな）」であろう。結束型ソーシャル・キャピタルに内包される「同質的な利害や背景をもつ人々の固い結びつき」「集団内の厚い信頼」「内部志向性」「共通のアイデンティティや集団への帰属意識」「互助精神」等の要素は，いずれも，「絆」の構成要素と読み替えることができる。

橋渡し型ソーシャル・キャピタルとは，異質な利害や背景をもつ人々のゆるやかな結びつきを指す。NPOやボランティアグループなどの市民活動団体が代表的な例で，遠く離れた友人や仕事仲間との関係もこのタイプに含まれる。

集団内の信頼は広く薄く，開放的な外部志向性をもつ。そこでの人々は，異質な他者の多様な価値観を理解しようとし，他者からの確実な見返りを期待せずに利他的で向社会的な行動をする傾向をもつ。この型のネットワークは，水平的でインフォーマルなものが多く，不特定の相手に対する互酬性規範と信頼，すなわち，一般的互酬性と一般的信頼が含まれる。橋渡し型ソーシャル・キャピタルに相当する教育現場の言葉は，「縁(えん)」であろう。橋渡し型ソーシャル・キャピタルに内包される「異質な利害や背景をもつ人々のゆるやかな結びつき」「遠く離れた友人や仕事仲間との関係」「広く薄い信頼」「開放的な外部志向性」「異質な他者の多様な価値観の理解」「利他的で向社会的な行動」等の構成要素は，「縁」という言葉のもつイメージにほぼ一致する。

連結型ソーシャル・キャピタルとは，社会階層の異なる個人や集団間の結びつき，社会的弱者と公的機関との垂直的な結びつきを指す。連結型が主張される背景には，貧困問題に代表されるように，社会的な弱者が「権力のなさ」や「社会的な疎外」といった政治・社会的な問題にさらされているとする認識がある（World Bank 2001＝2002）。また，公的機関の支援や協力が最も必要な層がそこにアクセスできていないという社会問題が意識されている。コミュニティの範囲を越えて，公的機関からの資源・知識・情報等を引き出す力が連結型の鍵となる機能である。このように見ると，連結型ソーシャル・キャピタルに相当する教育現場の言葉は「環(わ)」であろう。社会階層等の壁を越えて，人々が一つのコミュニティに参加する様を表現するためには，「環」は最も適した言葉の一つであろう。

（4）ソーシャル・キャピタルの分析単位と測定

ソーシャル・キャピタル研究では，研究目的に応じて，様々な分析単位が設定されている。たとえば，国・都道府県（州）・市町村・校区・投票区・農業集落・地区（郵便番号）・家庭等である。ソーシャル・キャピタルは個人に帰属する資本であるとする立場を採れば，個人も分析単位に含まれる。ここで重要な点は，分析単位の設定によって，分析結果が異なるという事実である（埴淵・市田・

平井・近藤 2008)。都道府県レベルデータでの分析結果と，個人レベルデータの分析結果は，必ずしも一致するわけではない。たとえば，家庭におけるソーシャル・キャピタルと学力テストとの相関性は，個人レベルデータでは統計的に有意であるが，学校レベルで見ると無相関であることが，教育分野の調査では明らかにされている（露口 2015)。ソーシャル・キャピタル研究の実施・分析においては，研究目的に照らし合わせた上で，どの分析単位を用いるべきなのかを，慎重に検討する必要がある。

日本では，Putnam (2000 = 2006) を契機として，都道府県レベルを分析単位とする研究が進展している。Putnam (2000 = 2006) は州政府の制度パフォーマンスをみるために，州レベルを分析単位として設定している。同じく，稲葉 (2007; 2014) は，自治体の制度パフォーマンスをみるために都道府県および市町村を分析単位として設定している。自治体レベルを分析単位とする方法は，既存の公開データで分析を進める場合は良いのだが，ソーシャル・キャピタルを質問紙で測定しようとする場合には，大きな困難が生じる。大規模サンプルが必要となるであろうし，また，回答者の代表性問題をはじめとするサンプリング・バイアスが発生する。都道府県や市町村のさらに小さな集合単位である区や学区等の特性を無視した平均化データが，どの程度実態を説明できているのかという疑問も提示されている（石田 2015)。

一方，Coleman (1988 = 2006) や Lin (2001 = 2008) のように，ソーシャル・キャピタルを個人レベルの資本として捉える立場もある。ただし，個人レベルデータのみで分析を実施する場合には，心理学主義的錯誤への注意が必要である。これは，個人レベルでの知見を用いて，個人レベルでの推論を行う場合に，集団レベルの要因を考慮しないために生じる錯誤を示すものである（西 2006)。したがって，被説明変数に対する個人レベル効果と集団レベル効果を同時に分析するマルチレベルモデルの活用が，ソーシャル・キャピタル研究ではスタンダードとなりつつある（第6・8・10章参照)。

さて，本書では，校区内において存在する，様々なつながりを分析単位として設定する。国や都道府県等のマクロレベルでもなく，家庭や個人というミク

ロレベルでもない，メゾレベルに焦点を当てている。ただし，メゾレベルの調査研究は，特に日本では調査の実施が困難であること，測定尺度が未開発である等の理由により，研究がそれほど進展していない。マクロレベルの調査では，Punam（2000＝2006）において開発された指標をモデルとして，応用的な測定尺度が開発されている（稲葉 2007；2014；三菱総合研究所 2011；日本綜合研究所 2008；山内・伊吹 2005等）。これらの調査研究では，Putnam（2000＝2006）の指標をモデルとする測定尺度を活用して質問紙郵送調査やウェブ調査を実施する。調査対象者は住民としての「成人」である。したがって，Putnam（2000＝2006）の指標を参考に開発した測定ツールでは，保護者対象の調査は可能であるが，特に子どもを取り巻くつながりを測定することは困難である。そこで，新たな測定尺度の開発が必要となる。教育分野の研究者は，Coleman（1988＝2006）以降，子ども・教師・保護者等を取り巻くつながりの測定において，様々な測定尺度を開発してきた（露口 2011）。しかし，測定尺度は研究の蓄積とともに多様化するばかりであり，統一的な指標や測定尺度というものは見当たらない。

　このように，校区等のメゾレベルを対象とするソーシャル・キャピタル研究は，分析単位の設定や測定において，様々な困難に直面する。本書では，上記の諸課題を視野に入れつつ，子ども・教師・保護者を取り巻く様々なつながりを測定するためのツールを開発・活用し，個人レベルデータと集団レベルデータの収集と分析の実施を通して，今後の研究蓄積に向けての基盤を提供したい。

3　ソーシャル・キャピタルの次元・効果・醸成方法

（1）ソーシャル・キャピタル研究における共通性と多様性

　前節において述べたように，ソーシャル・キャピタルの定義・構成要素・形態・分析単位・測定については，学問分野を超えた合意形成が進展し，理論の共通基盤が整備されつつある。一方，ソーシャル・キャピタルの次元・効果・醸成方法については，学問分野ごとの相違が大きく，各分野の特徴が前面に出る。たとえば，高齢者の健康を主たる課題とする社会疫学分野では，高齢者を

取り巻くつながり（次元）を対象として，健康状況（効果）を検証するとともに，高齢者を取り巻くつながりの築き方（醸成方法）を探究する。また，従業員の生産性を主たる課題とする経営学分野では，従業員を取り巻くつながり（次元）を対象として，職務遂行による業績（効果）を検証するとともに，従業員を取り巻くつながりの築き方（醸成方法）を探究する。そして，子どもの成長・発達を課題とする教育学分野では，子どもを取り巻くつながり（次元）を対象として，学力・学習意欲（効果）を検証するとともに，子どもを取り巻くつながりの築き方（醸成方法）を探究する。以下，ソーシャル・キャピタル研究における教育学分野の特徴を，次元・効果・醸成方法の視点から記述する。

（2）ソーシャル・キャピタルの次元

校区には多様な次元のソーシャル・キャピタルが存在する。教育分野におけるソーシャル・キャピタル研究をレビューした露口（2011）を参考にすると，校区内におけるソーシャル・キャピタル（SC）は，子ども・教師・保護者を取り巻く9つの次元に大別することができる。すなわち，子どもを取り巻くものとして，家庭SC，子ども間SC，学級SC，子ども―地域SCがある。教師を取り巻くソーシャル・キャピタルとしては，学校組織SC，学校―地域SCがある。保護者を取り巻くソーシャル・キャピタルとしては，保護者―学校SC，保護者間SC，保護者―地域SCがある。これらのソーシャル・キャピタル次元は，子どもの学力や学習意欲をはじめとする様々な教育効果に対して直接的・間接的に影響を及ぼすことが，先行研究によって検証されている（以下，露口〔2011〕を参照）。各ソーシャル・キャピタル次元と教育効果（学力向上を例とする）の関係は，次のように関連づけて説明することができる。

最初に言及すべきは家庭内ソーシャル・キャピタル（家庭SC）である。家庭での生活習慣や学習習慣の定着は，家庭内でのソーシャル・キャピタルによるところが極めて大きい。Coleman（1988＝2006）もこの点に注目している。家庭内ソーシャル・キャピタルは，学力向上に影響を及ぼす。しかし，家庭内ソーシャル・キャピタルを保持していたとしても，学校で精神的攻撃を受けたり，

深い孤立感を日常的に経験すると，学習への集中は困難となり，学力が低下する。学校・学級での友達とのソーシャル・キャピタル（子ども間SC）も，学力向上の重要な要素である。また，言うまでもなく，学級内での教師と子どもたちのソーシャル・キャピタル（学級SC）も，学力向上の重要な決定要因である。学級内の子どもたちとの間に信頼関係があり，また，子どもが教師を信頼している状況があれば，子どもの学習意欲は高まり，学力向上が促進される。さらに，学校・学級に限らず，ボランティア・スポーツ・習い事等，学校とは異なる地域の空間での子ども同士のソーシャル・キャピタル，また，地域の大人との定期的な関わりの中で醸成されるソーシャル・キャピタル（子ども－地域SC）も，子どもの成長にとっては大変有意義であり，市民性や有用感を高めるとともに，間接的に学力向上に結びつく。

そして，職員相互のソーシャル・キャピタル（学校組織SC）も，学校単位での学力向上の重要な決定要因である。職員相互に信頼関係があり，チームワークが形成されている学校では，たとえ，地域の実態が厳しくとも，子どもの学力は維持・向上できる。保幼小中における学校・職員間の連携，地域の諸機関との連携（学校－地域SC）についても，学校の教育条件の整備・支援を通して，学力向上に対して間接的な影響を及ぼす。

ソーシャル・キャピタルの各次元の中でも，ここ数年，保護者と学校とのソーシャル・キャピタルがクローズアップされている。保護者と学校とのソーシャル・キャピタル（保護者－学校SC），すなわち，保護者と教師との信頼関係，および保護者による支援的・協力的態度の醸成は，子どもの学力向上に対して間接的な影響を及ぼす。保護者同士のソーシャル・キャピタル（保護者間SC）も，子どもの学力向上と関係がある。保護者相互のソーシャル・キャピタルによって，教育に関する有益な情報が保護者間に流通する。また，学校行事に行けば知り合いがいるような状況があれば，学校への参加・協力も促進される。逆に，保護者同士がバラバラで孤立している校区では，学校に対する協力が得られにくく，学力向上のための様々な教育活動がうまくいかない。学校に対して協力的な保護者は，地域行事にも積極的に協力する傾向がある。多くの保護者が地域

序　章　「つながり」現象のソーシャル・キャピタル論

行事にも参加し，地域住民と結びついている（保護者 - 地域 SC）校区では，子どもの規範意識が高まり，学習に集中しやすい条件が学校に醸成されるのである。

　以上，校区におけるソーシャル・キャピタルの 9 次元を紹介した。これらの 9 次元は，教育現場では，家庭内でのつながり，子ども間のつながり，子どもと地域のつながり，学級内でのつながり，職員間のつながり，学校と地域のつながり，保護者と学校のつながり，保護者間のつながり，保護者と地域のつながりと，それぞれ読み替えることが可能であり，日常に溶け込んだ概念となっている。

（3）ソーシャル・キャピタルの効果性

　ソーシャル・キャピタルの効果については，すでに国際レベルで膨大な調査研究が蓄積されている（露口 2011）。また，校区に焦点を当てると，子ども・教師・保護者のそれぞれについて，次のような指標が設定されている（以下，露口〔2016〕参照）。

　子どもを取り巻くソーシャル・キャピタルの主たる成果指標は「教育効果」であり，認知的能力としての学力（テストで測定される学力）や非認知的能力としての学力（学習意欲や自己効力感等）の上昇，進学率の上昇，問題行動や退学率の抑制等の効果が検証されている。

　教師を取り巻くソーシャル・キャピタルの主たる成果指標は「職能成長」である。私たちが実施している一連の調査研究では，教師の授業力向上を具体的な成果指標として設定している。教師の授業力向上に対しては，教師と校長とのソーシャル・キャピタルが間接的に影響を及ぼしている。また，学校組織内における教師相互のソーシャル・キャピタルが，授業力の向上を決定することが確認されている。

　そして，保護者を取り巻くソーシャル・キャピタルの主たる成果指標は，「成人キー・コンピテンシー」の向上である。知識や道具を相互作用的に活用し，自律的かつ計画的に生活し，異質な他者と共生することのできる能力の獲得状況は，ソーシャル・キャピタルの重要な成果指標である。成人キー・コンピテ

ンシーとは，社会生活において自己が直面する諸問題の解決能力のこととほぼ同義であると考えられる。私たちが実施した調査研究（露口 2016）では，保護者と学校，保護者相互，保護者と地域住民のすべてのソーシャル・キャピタル次元が，保護者の成人キー・コンピテンシーに対して正の影響を及ぼすことが判明している。

　教育分野におけるソーシャル・キャピタルの効果性研究を整理すると，子ども・教師・保護者を取り巻くつながりの効果として，教育学の最重要テーマである「発達」と「成長」に焦点が当てられてきたことがわかる。子どもの認知的／非認知的学力は「発達」に関わる課題であり，教師の職能成長や保護者の成人キー・コンピテンシーは職業人・成人としての「成長」に関わる課題である。「つながりの教育学」とは，子ども・教師・保護者を取り巻くつながりと，その結果として生じる発達・成長との関係を探究する学問であると言えよう。

（4）ソーシャル・キャピタルを醸成する視点

　ソーシャル・キャピタルの効果と共に重視すべきは，その醸成方法である。先に，ソーシャル・キャピタルの3つの構成要素を参考として，所属と対話交流（ネットワーク）・お互い様の規範（互酬性規範）・信頼関係（信頼）という，つながりの3つの構成要素について記述した。また，これらの3要素が，所属と対話交流・お互い様の規範・信頼関係へと順次発展していくという考え方を提示した。以下，つながりの発展モデルの思考を基盤として，つながりを醸成する際の重点を簡潔に記述する。

　ネットワークとしてのつながりを醸成しようとする場合には，人々が関わり合うための新たな団体・集団を設置したり，対話交流の機会を設ける等，知識・情報を流通させるネットワーク構造の開発・整備が必要となる。つながり醸成の第1ステップは，人々が関わり合うためのネットワーク「構造づくり」にあるといえる。

　互酬性規範としてのつながりを醸成するためには，人々が力をあわせて行動するための活動が必要となる。人々がぜひとも，関わりたい，参加したいと思

える魅力ある活動の設定が重要となる。つながり醸成の第2ステップは，お互い様の規範を高める「活動づくり」であるといえる。

　信頼としてのつながりを醸成するためには，他者理解や対人関係形成の能力や具体的方法を，活動参加者が保持・向上しておくとよい。人々と信頼関係を築くためには，様々な知識がすでに存在する。そうした知識を獲得し，実践することで，信頼関係は高まり深まる。つながり醸成の第3ステップは，信頼を高める「関係づくり」にあると言える。

　本書においても，つながりの醸成過程を記述した調査研究が多数紹介されているが，いずれの事例においても，「構造づくり」「活動づくり」「関係づくり」の視点は，言語表現は多様であるが，共通して示されている。

4　つながりの効果と醸成方法を解明する教育学的アプローチ

　以上，ソーシャル・キャピタル理論の定義・構成要素・形態・分析単位・測定の視点から，つながり概念の構造化を試みた。教育現場におけるつながりとは，「社会の効率性や社会的厚生を改善できる，蓄積可能で可変性をもった，信頼，規範，ネットワークといった社会関係の特徴」を意味していた。また，つながりは，「所属と対話交流」「互酬性規範」「信頼関係」をその構成要素としていた。そして，つながりには，結びつきの形態に着目すると，結束型としての「絆」，橋渡し型としての「縁」，連結型としての「環」の三形態に区分することができた。なお，つながりの分析単位としては，ソーシャル・キャピタル研究の草分けであるハニファンに立ち返り，「マクロレベル」や「ミクロレベル」よりも，地域（校区）という「メゾレベル」に焦点を当てることの意義を指摘した。併せて，校区の中でも，子ども・教師・保護者らを取り巻くつながりを「個人レベル」と「集団レベル」の両面から測定・解析することの意義を指摘した。

　つながりの次元・効果・醸成方法は，学問分野ごとに多様であった。本書では，教育学の立場から，校区におけるつながりの9次元（前述）を対象としての効果と醸成方法についてアプローチを試みる。現代教育学の研究分野は細分化

されているため，ここで，教育学の分野構成について確認しておきたい。世界各国の教育学研究者が参加しているアメリカ教育学会（American Educational Research Association）では，教育学（教育研究）を以下の12分野構成としている。すなわち，経営管理・組織・リーダーシップ（Division A: Administration, Organization & Leadership），カリキュラム研究（Division B: Curriculum Studies），学習と指導（Division C: Learning & Instruction），測定と調査法（Division D: Measurement & Research Methodology），カウンセリングと人材開発（Division E: Counseling & Human Development），歴史と歴史学（Division F: History & Historiography），教育の社会的文脈（Division G: Social Context & Education），学校における研究・評価・アセスメント（Division H: Research, Evaluation & Assessment in Schools），職業教育（Division I: Education in the Professions），後期中等教育（Division J: Postsecondary Education），授業と教師教育（Division K: Teaching & Teacher Education），教育政策と政治（Division L: Educational Policy & Politics）である。日本は方法論で細分化されているが，アメリカでは研究対象によって細分化されている。また，学校管理職の大学院養成を原則とするため，経営管理・組織・リーダーシップ分野の研究が，教育学の中核分野として位置づいている。当該分野における研究者（論文）の数も，日本とは比べものにならない。

　本書では，アメリカの分野構成を参考として，つながりの効果と醸成方法を，以下の3つの分野に再構成し，アプローチを行う。第1は，「カリキュラム・授業」である。この分野には，カリキュラム研究，学習と指導，授業と教師教育が含まれる。第2は，「組織・リーダーシップ」である。この分野には，経営管理・組織・リーダーシップ，教育の社会的文脈が含まれる。第3は，「教育政策・制度」である。この分野には，教育政策と政治，学校における研究・評価・アセスメントが含まれる。アメリカ教育学会の分類に従えば，本書は，教育学の半数以上の分野からのアプローチを採用しているといえる。

　なお，本書では，すべての章において，量的・質的データを使用する。抽象的な観念論ではなく，私たちが学校側の協力によって収集した具体的な現実を

測定・記録したデータを対象とし，現実を踏まえた分析・検討結果を報告する。

5　本書の構成

　本書は，前掲の目的を達成するため，3部12章（序章・終章を含めて全14章）の構成をとっている。

　第Ⅰ部では，校区におけるつながりの効果と醸成方法を，「カリキュラム・授業」の視点から検討する。

　第1章では，授業過程におけるつながりの教育効果について検討する。学級における教師と子どもたちのつながりは，ある日突然出現するものではなく，日常的な授業実践の蓄積によって生成される。それでは，教師は，どのような授業スタイルを採用することで，学級におけるつながりを醸成することができるのだろうか。第1章では，学級SCおよび子ども間SCの2つの視座から学級を類型化し，学級間での授業スタイルの違いを記述するとともに，ソーシャル・キャピタル得点が高い学級の学力・学習意欲や生活・学習習慣の様子を記述する。

　第2章では，家庭における親子のつながりと学業成績との影響関係を，直接効果モデルと間接効果モデルの2つの分析モデルを用いて検討する。間接効果モデルには，媒介要因として，学校における組織的な教育活動（学習指導・生徒指導）を設定する。第2章の調査研究を通して，家庭と学力との関連性における，学校の教育活動の位置が明らかとなる。

　第3章では，学級経営によって生成されるつながりが，学習意欲の格差を抑制する効果を有するか否かについて検討する。学級でのつながりを対人関係・学級規範・教師信頼の視点から測定し，学級レベルの学習意欲平均値と共に，学級レベルの学習意欲標準偏差（バラツキ）に対する効果を検討する。学級経営と学習意欲との関連性を，第3章では明らかにしたい。

　第4章では，小学校における子どものつながりを醸成するカリキュラム開発事例として，「地域共生科」の実践を紹介する。本章では，学校が開発するカリ

キュラムが，校区における人々のつながり醸成を可能にすることを，「地域共生科」のカリキュラム開発と運用過程の記述を通して明らかにする。事例校で開発された「地域共生科」カリキュラムは，サービスラーニングの特質を備えている。地域での奉仕体験を学習の基盤とするサービスラーニングは，つながり醸成のための効果的政策例として取り上げられており（Halpern 2005），「地域共生科」カリキュラムも，つながり醸成のための効果的実践であると推察できる。

　第5章では，中学校における子どものつながりを醸成するカリキュラム開発事例である「人間関係学科」の実践を紹介する。事例校は，文部科学省研究開発指定校である。「地域共生科」が，主として，子どもと地域とのつながりに焦点を当てるのに対し，「人間関係学科」は，主として，子ども相互のつながりに焦点を当てる実践である。丹念なフィールドワークの蓄積を通して，子ども間のつながりがカリキュラムマネジメントによって醸成されていく過程，およびその過程における教師の意識変容を記述する。

　第Ⅱ部では，校区におけるつながりの効果と醸成方法を，「組織・リーダーシップ」の視点から検討する。

　第6章では，学校組織内における教師相互のつながりの代理指標である「専門家の学習共同体（Professional Learning Community: PLC）」と，教師個々の職能成長（授業力の向上）との影響関係について明らかにする。校内研修や授業研究が定着している日本の学校組織では，専門家の学習共同体の形成が，教師個々の授業力の向上に帰結するという影響関係が自明の前提とされている。しかし，専門家の学習共同体の実態は学校間で差異があり，またそれが教師個々の授業力向上に対して及ぼす効果も多様であると推察される。こうした分散現象を生み出す原因の解明を，本章において試みる。

　第7章では，学校組織外に張り巡らされている校長の外部ネットワークを，相談活動に焦点を当てて測定し，その学校経営（組織体制の整備・教職員の育成・現代的課題への対応・教育政策の推進の各分野）に対する効果について検討する。なお，第7章では，校長の外部ネットワークについて，校区住民との間に醸成するコミュニティ・ネットワークではなく，校長自身の教職経験を通して形成

されるキャリア・ネットワークに焦点を当てている。ダリィとフィニガン (Daly & Finnigan 2012) は，ネットワーク分析の結果，成果を挙げていない校長は，孤立傾向にあることを検証している。こうした現象は日本の校長においても認められるのであろうか。

第8章では，保護者との信頼構築を促進する学級・学校経営戦略を明らかにする。第8章は，使用するデータに特徴がある。保護者個人を対象とした調査研究ではなく，学級・学校レベルの保護者集団を分析単位とする調査研究である。「信頼される学級」や「信頼される学校」の実態を測定するためには，個人レベルではなく，集団レベルデータの方が妥当であろう。従来とは異なったデータレベルでの分析を実施することで，新たな知見の生成が期待される。

第9章では，中学校区におけるつながりの醸成過程を，事例校における校長のリーダーシップに焦点を当てた上で記述する。近年，コミュニティスクール事業や学校支援地域本部事業等の教育事業の導入によるつながりの醸成過程を記述する研究が進展している（大林 2015；荻野 2009等）。これらの研究を見ると，教育事業効果の成否は，校長のリーダーシップによるところが大きいことがわかる。それでは，校長は，校区におけるつながり醸成のために，どのように動いているのであろうか。第9章では，この点について，実践者の視点からの具体的な記述を試みる。

第Ⅲ部では，校区におけるつながりの効果と醸成方法を，「教育政策・制度」の視点から検討する。

第10章では，学校評価制度の活性化による，つながりの醸成効果を明らかにする。学校改善に結びつく学校評価の実践とは，目標設定と共有化，データ分析と省察，ポジティブな評価観の形成，保護者・地域による評価への参加等の要因によって構成される。これらの実践を展開する校区では，地理的・地域的特性を統制してもなお，校区レベルのつながりが醸成されるかどうかを検討する。なお，第10章では，校区レベルのつながり醸成による教育効果（学力向上傾向・秩序的な学習環境）の検討も視野に入れている。

第11章では，教師を取り巻くネットワークの醸成を促進する制度として小中

一貫教育に着目する。具体的には，小中一貫教育の導入による教師のネットワーク変化と，それによってもたらされる効果（授業力向上／政策効果期待）について検討を行う。小中一貫教育の導入によって，それに参加する中学校区の教師は，ネットワークの変容を経験する。制度導入を契機に発生するネットワーク変容が，どのようにして教師の授業力向上につながるのか，そのプロセスを解明する。

　第12章では，教師を取り巻くキャリア・ネットワークの醸成方法として，「人事異動」制度に焦点を当てた検討を行う。教師は，学校組織内外において，教職経験を通して形成してきた様々なネットワークを保有している。これらのネットワークの醸成過程については，大変重要なテーマであるにもかかかわらず，研究の蓄積が乏しい。また，第12章では，教師を取り巻くネットワークの負の側面（ダークサイド）についても言及する。

参考文献

石田光規（2015）『つながりづくりの隘路——地域社会は再生するのか？』勁草書房。
稲葉陽二（2007）『ソーシャル・キャピタル——「信頼の絆」で解く現代経済・社会の諸課題』生産性出版。
稲葉陽二（2011）『ソーシャル・キャピタル入門——孤立から絆へ』中公新書。
稲葉陽二（2014）「日本の社会関係資本は毀損したか——2013年全国調査と2003年全国調査からみた社会関係資本の変化」『政経研究』 1 -30頁。
大林正史（2015）『学校運営協議会の導入による学校教育の改善過程に関する研究』大学教育出版。
荻野亮吾（2009）「学校―地域間関係の再編の動態についての『社会関係資本』の観点からの考察——大分県佐伯市の学校支援地域本部事業を事例として」『生涯学習基盤経営研究』34, 41-55頁。
志水宏吉（2014）『「つながり格差」が学力格差を生む』亜紀書房。
辻竜平・佐藤嘉倫（2014）『ソーシャル・キャピタルと格差社会——幸福の計量社会学』東京大学出版会。
露口健司（2011）「教育」稲葉陽二・大守隆・近藤克則・宮田加久子・矢野聡・吉野諒三編『ソーシャル・キャピタルのフロンティア——その到達点と可能性』ミネルヴァ書房, 173-195頁。

露口健司 (2015)『学力向上と信頼構築――相互関係からみる学校経営方策』ぎょうせい。

露口健司 (2016)「ソーシャル・キャピタルの効果性と短期変容可能性」露口健司・今野雅裕・永井順國編著『小学校区においてソーシャル・キャピタルを醸成する教育政策の探究――3ヶ年調査のまとめ』政策研究大学院大学／教育政策プログラム, 9-43頁。

西信雄 (2006)「社会経済要因の多重レベル分析」川上憲人・小林廉毅・橋本英樹編著『社会格差と健康――社会疫学からのアプローチ』東京大学出版会, 189-213頁。

日本綜合研究所 (2008)『日本のソーシャル・キャピタルと政策――日本研2007年全国アンケート調査結果報告書』。

埴淵知哉・市田行信・平井寛・近藤克則 (2008)「ソーシャル・キャピタルと地域――地域レベルソーシャル・キャピタルの実証研究をめぐる諸課題」稲葉陽二編著『ソーシャル・キャピタルの潜在力』日本評論社, 555-572頁。

三菱総合研究所 (2011)「平成22年度 教育改革の推進のための総合的調査研究」『教育投資が社会関係資本に与える影響に関する調査研究報告書』。

山内直人・伊吹英子 (2005)『日本のソーシャル・キャピタル』大阪大学大学院国際公共政策研究科 (http://www.osipp.osaka-u.ac.jp/npocenter/nihonnosc.pdf. 2015年12月1日アクセス)。

Bourdieu, P. (1986) "The Forms of Capital" in Richardson, J. G. (ed.) *Handbook of theory and research for the Sociology of Education*, Greenwood Press, pp. 241-258.

Coleman, J. S. (1988) "Social capital in the creation of human capital" *American Journal of Sociology* 94, pp. 95-120. (=2006, 野沢慎司編・監訳『リーディングスネットワーク論――家族・コミュニティ・社会関係資本』勁草書房, 205-241頁)

Dally, A. J. & Finnigan, K. S. (2012) "Exploring the space between: Social networks, trust, and urban school district leaders" *Journal of School Leadership* 22, pp. 493-530.

Halpern, D. (2005) *Social Capital*, Polity Press.

Lin, N. (2001) *Social capital: A theory of social structure and action*, Cambridge University Press. (=2008, 筒井淳也・石田光規・桜井政成・三輪哲・土岐智賀子訳『ソーシャル・キャピタル――社会構造と行為の理論』ミネルヴァ書房)

OECD (2001) *The well-being of nations: The role of human and social capital*, Centre for Educational Research and Innovation.

Putnam, R. D. (1993) *Making democracy work: Civic tradition in modern Italy*, Princeton University Press. (=2001, 河田潤一訳『哲学する民主主義――伝統と改革の市民的構造』NTT出版)

Putnam, R. D. (2000) *Bowling Alone: The collapse and revival of American community*, Simon & Schuster. (＝2006, 柴内康文訳『孤独なボウリング――米国コミュニティの崩壊と再生』柏書房)

Woolcock, M. (2001) *The contribution of human and social capital to sustained growth and well-being: International symposium report*, Human Resource Development Canada & OECD.

World Bank (2001) *World development report 2000/2001: Attacking poverty.*（＝2002, 西川潤監訳・五十嵐友子訳『世界開発報告　貧困との闘い2000/2001』シュプリンガー・フェアラーク東京）

第Ⅰ部　カリキュラム・授業における「つながり」

第1章　学習指導における「つながり」の醸成と教育効果

生田淳一・増田健太郎

1　学級ソーシャル・キャピタルに着目する意義

　本章では，小学校の「学級におけるソーシャル・キャピタル」(以下，学級SC)に注目する。蘭・高橋 (2012) は，教師と生徒，生徒相互の人間関係を中心とした学級の様相は，学級内のコミュニケーションやネットワークのあり方に規定されると指摘している。そして，ネットワークのあり方が社会集団の安定にとって不可欠であるとするならば，ネットワークのあり方が学級経営にとってその成否を分ける大きな要因となると指摘している。つまり，学級経営において学級SCをいかに生成し，醸成していくかが重要であるということである。また，先行研究では，ソーシャル・キャピタル水準が高い子ども集団では学力が高いとする結果が示されており (Anderson 2008 ; Morgan & Sorensen 1999)，学級SCは教育効果をもたらすという観点からも，教育実践の場において，その生成・醸成が期待される。

　学級SCをどのようにしたら生成できるのかについて多くの知見が示されることで，学級経営の改善などに直接貢献できると考えられる。ここでは，都市部近郊に所在する小学校を事例として，学級SCの生成・醸成に関わる要因について探索的に検討する。第2節では，学級間で学級SCに違いがあるか否かについて，学校で実施された生活アンケートの調査データを再分析し，検討を行う。また，第3節では，学級SC得点の異なる学級で，児童の認識(学習活動・動機づけ)にどのような違いがあるのか，また，学級SCの違いは，教師による学習指導のどのような違いに起因するのか，について検討する。

2　ソーシャル・キャピタルに学級間差はあるのか

（1）児童を対象とした生活アンケートの実施
　対象は，市立A中学校区に属するX小学校とY小学校の4〜6年生（676名：男子346名，女子330名）である。
　① 測定方法
　学級SCは，学級に所属する子どもの関係に焦点化した「子ども間ネットワーク」と，教師を含めた学級成員間の「学級内ネットワーク」に区分することができる。ソーシャル・キャピタル研究では，質問紙調査も多く用いられていることから，本節でも質問紙によって得られたデータについて検討することにした。具体的には，小学校で実施された児童用生活アンケート（全120項目）をデータとして利用した。このうち，学級SCに関する項目として12項目を抽出し，学級SCの指標とした。学力の指標には，学年末の教師作成テストの得点を利用した（X小学校のみ実施）。
　② 調査手続き
　生活アンケートとして，各教室で教師が教示を行い，一斉に実施した。

（2）ソーシャル・キャピタルの学級間差と学力差
1）探索的因子分析
　生活アンケートのうち，学級の様子に関する項目を抽出し，その構成要素についての児童の主観的評価を学級SCの指標として位置づけることにした。測定項目（12項目）の探索的因子分析（主因子法，バリマックス回転）を実施したところ，表1-1に示す結果が得られた。
　第1因子には，"クラスの人たちは，協力的で助け合っていると思う""クラスは，みんなで決めたクラスのめあてを守る"といった項目によって構成されており，これを「学級内ネットワークの評価」因子と命名する。第2因子には，"クラスは，明るい雰囲気である""クラスは，楽しい雰囲気である"といった

第Ⅰ部　カリキュラム・授業における「つながり」

表1-1　学級SC尺度の因子構造

質問項目	因子1	因子2
・クラスの人たちは，協力的で助け合っていると思う	.730	.349
・クラスは，チームワークがとれていると思う	.693	.292
・クラスは，よくまとまっていると思う	.681	.288
・クラスは，みんなで決めたクラスのめあてを守る	.659	.138
・クラスは，そうじをみんな一生けんめいしている	.636	.086
・クラスは，みんな日直や係の仕事をする	.488	.191
・クラスは，明るいふんいきである	.133	.797
・クラスは，楽しいふんいきである	.166	.764
・困っているときに，クラスの友だちはあなたを助けてくれると思う	.354	.459
・クラスの友だちが困っているとき，あなたは助けてあげたいと思う	.269	.458
固有値	4.36	1.39
寄与率（％）	43.6	13.9
α 係数	.805	.746

項目によって構成されており，これを「子ども間ネットワークの評価」因子と命名する。第1因子を構成する6項目の α 係数は.805，第2因子を構成する4項目の α 係数は.746であり，それぞれ尺度の信頼性が高いことから，平均値を算出し合成変数を作成して分析に用いた。"このクラスで勉強できて良かったと思う" "クラスは，みんなが自分勝手で自分のことしか考えず，まとまりがないと思う"の2項目は，尺度の信頼性を損ねることから除外した。

2）X小学校6年生における学級ソーシャル・キャピタル得点の学級間差の検討

学級SCの学級間差を検討するために，X小学校6年生4学級の「学級内ネットワークの評価」と「子ども間ネットワークの評価」のそれぞれの平均得点を算出し，一元配置分散分析を行った。

分析の結果，「学級内ネットワークの評価」（$F = 29.19, p < .01$）と「子ども間

表1-2 学級SC得点の学級間差

	A組	B組	C組	D組	F値	下位検定
学級内ネットワークの評価	3.15 (.41)	2.09 (.64)	2.20 (.60)	2.56 (.50)	29.19**	B, C<D<A
子ども間ネットワークの評価	3.41 (.44)	3.08 (.70)	3.06 (.63)	3.01 (.58)	3.57*	D<A

注：N = A組：38名，B組：38名，C組：38名，D組：37名．**$p<.01$，*$p<.05$．カッコ内の数値は標準偏差．

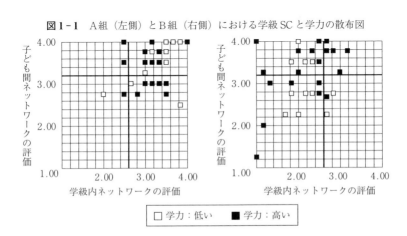

図1-1 A組（左側）とB組（右側）における学級SCと学力の散布図

□ 学力：低い ■ 学力：高い

ネットワークの評価」（$F=3.57$，$p<.05$）のどちらにも学級間差が見られた（表1-2）。下位検定の結果，「学級内ネットワークについての評価」では，A組がD組よりも得点が高く，D組はB組・C組よりも高く，A組が最も得点が高かった。また，「子ども間ネットワークの評価」では，A組がD組よりも得点が高かった。

3）A組とB組の学級ソーシャル・キャピタル得点と学力の関係

　学級SC得点の分布と学力の関係を検討するために，表1-2の結果のうち，学級SC得点がどちらも平均値よりも高いA組と，どちらも平均点より低いB組とC組のうち，最も学級内ネットワークの評価の得点が低いB組を取り上げ，学級SC得点の分布と学力の高低（平均点を基準）についての散布図を作成した。

結果，A組では分布がまとまっているが，B組では学級SCの分布が拡散している実態が明らかとなった（図1-1）。また，B組では，学級SC得点が低いにもかかわらず学力が高い児童が複数見られ，学力との関係は見出せない。しかし，学力の指標として利用した学年末の教師作成テストの得点について，独立したサンプルの t 検定の結果，A組（$M=75.0$, $SD=13.5$）とB組（$M=75.6$, $SD=15.8$）の間に有意な差は見られなかった（$t=.197$, $n.s.$）。

（3）ソーシャル・キャピタルの学級間差は認められたが…

　本節の分析では，生活アンケートを利用して，学級SCの学級間による違いを明らかにした。因子分析の結果から，「学級内ネットワークの評価」「子ども間ネットワークの評価」の2つの因子を見出した。本節で用いたのは，生活アンケートの調査データであるが，生活アンケート作成時には，ソーシャル・キャピタルの概念を想定して作成された項目ではなく，教師と研究者の話し合いやブレーンストーミングの中で生成された項目を中心に作成された項目であった。しかし，この2つの因子は，露口（2011）で指摘されているような学級SCを構成する学級内ネットワークと子ども間ネットワークのそれぞれを評価するような因子であり，本節において各学級の学級SCを評価する指標として概念的に妥当なものと考えられる。

　各学級の学級SCの差について，各学級の分散分析の結果や散布図を用いて確認することができた。しかし，学年末の教師作成テストの得点には，学級間差は見出されず，学級SCの学力向上効果は確認できなかった。

3　学級ソーシャル・キャピタルを醸成する学習指導

（1）授業データ等の収集

①　対　　象

　A市立X小学校の6年生2学級，A組38名（男子23名・女子15名），B組38名（男子20名・女子18名）である。この学級は前節で報告した2学級である。

② 調査手続き

2005年に児童用生活アンケート（全120項目）として，7月に実施した。このうち，学級SCに関する項目として12項目を抽出し分析に利用した。また，児童の認識として，学習習慣・学習観10項目，学校や勉強への評価5項目，動機づけ9項目，期待9項目に関する項目を抽出し分析に利用した（回答は4件法）。

③ 授業データ

教師の活動については，同年9月に実施された国語科「平和のとりでを築く」（光村図書6年下）の授業（パネルディスカッション）における同一単元・時，同一の学習指導案の授業（45分間）のビデオ記録について分析を行った。

④ 授業分析の視点

教師の活動については，ビデオを書き起こし，逐語記録を作成し分析を行った。ここでは，リヴォイシング「revoicing；議論の中で他の参加者によって行われる，口頭もしくは書き言葉での，ある児童の発言の，ある種の再発話」（O'Connor & Michaels 1996）の頻度に注目する。リヴォイシングは，教師から児童へと知識が伝達される従来の授業の参加構造を変え，話し合いを組織化するための一手段であるとされている。ここでいう従来の授業の参加構造とは，IRE構造（教師発問・誘導−児童応答−教師評価）を指す。リヴォイシングの機能としては，授業中の児童の発言を再度話し合いの中に位置づけることや，児童の発言内容をより抽象的で一般性の高い科学的な概念（学習内容）とつなげること等を指摘することができる。また，発言内容を他の児童につなげることや多くの児童に聞こえるように再度発言されることよって，相互に学び合う対人関係を作り，自分自身と関連づける機会を与える社会的な機能もある（一柳 2009；O'Connor & Michaels 1996）。リヴォイシングが授業の中で見られるということは，児童の発言内容を再度クラス全体の授業の中に位置づけ，児童相互のやりとりを引き出し，対人関係を形成しようとする教師の意識が表れているものと考えられる。リヴォイシングは，このような社会的な機能をもつことから，学級内のリレーションを深める上でも重要な役割を果たすと考えられる。

表1-3 学級SCの異なる2学級における児童の認識の違い

	A組 M	A組 SD	B組 M	B組 SD	t値
・授業で習ったことについて，自分でくわしく調べる	2.68	.77	2.11	.73	-3.36**
・きらいな科目の勉強でも，がんばってやる	3.39	.75	2.58	.86	-4.40**
・テストがあれば，それにそなえて勉強する	3.16	.72	2.79	.87	-2.01*
・勉強が好きだ	2.71	.87	2.16	.79	-2.91**
・勉強が大切だ	3.74	.50	3.29	.84	-2.83**
・がんばれば，勉強できるようになると思う	3.50	.60	3.14	.92	-2.04*
・先生にほめられたいから（勉強する）	2.13	.81	1.76	.79	-2.01*
・おもしろいから（勉強する）	2.37	.88	1.87	.78	-2.62*
・家にいること（楽しみにしていること）	3.50	.65	2.87	.84	-3.66**
・学校に来ること（楽しみにしていること）	3.18	.80	2.74	.98	-2.18*
・クラスにいること（楽しみにしていること）	3.16	.72	2.76	.79	-2.29*
・勉強すること（楽しみにしていること）	2.63	.71	2.03	.79	-3.51**
・先生と話をすること（楽しみにしていること）	3.39	.79	1.97	.84	-7.49**

注：N = A組：38名，B組：38名．** $p < .01$，* $p < .05$．Mは平均値，SDは標準偏差を示す．

表1-4 授業中の発話の違い

項　目	A組	B組
話し言葉のみのリヴォイシング発話数	6	2
教師の発話数	65	15
総発話数に占める教師の発話数の割合（％）（教師の発話数／総発話数×100）	30.5	8.2
総発話数（児童＋教師）	213	183

（2）授業実践における児童の認識と教師の活動の違い

1）児童の認識の違い――生活アンケートの項目より

生活アンケートの学習習慣・学習観，学校や勉強への評価，動機づけ，学校への期待に関連する33項目について，学級SC得点が高いA組と学級SC得点の低いB組の間で評定値に差があるかどうかを検証するために，独立したサンプルのt検定を行った。33項目中，13項目について有意な差が認められた（表1-3には，有意な差が見られたもののみ記載した）。学級SC得点の高いA組の方が，学習への取り組みを促進するような認識（例：「授業で習ったことについて，自分で詳しく調べる」「きらいな科目の勉強でも頑張ってやる」等）の評定値が高かった。

表1-5　教師と児童の発話のトランスクリプト——学習内容とのつながり

教　師	: Sさん。
児童S	:（声が小さいため，ビデオからは言葉が書き起こせない）
一部の児童	: わかりました。
教　師	: いま，Sさんが発表してくれたことね。社会科でまだあとで出てくるんですが，国際連合という組織があるのですが，これについては，詳しく社会科とかで学習していきたいですね。〔リヴォイシング〕

表1-6　教師と児童の発話のトランスクリプト——肯定的な評価

児童A	: 僕は，T君がいいと思いました。さっき，2回続けて発表していたからです。たぶん質問を用意していたんだと思います。
全　員	:（拍手）。
教　師	: 質問をしている人がいるとみんなの理解が深まるんよね。ありがたかったね。〔リヴォイシング〕 はい，Fさん。

2）授業中の教師の活動の違い——国語科の授業の事例

　A組においては，総発話に占める教師の発話数は30.5%で，B組の8.2%より多かった（表1-4）。また，リヴォイシングの発言も，B組2回に対してA組6回と多かった。A組でのリヴォイシングの例の一つは，声が小さいため録音からどのような発言をしたのか書き起こせないような児童の発言に適切に対応し，学習内容と結びつけて価値づけを行っている場面である（表1-5）。この場面では，児童の発言内容をより抽象的で一般性の高い科学的な概念（学習内容）とつなげるだけでなく，多くの児童に聞こえるように再度発言されることよって，相互に学び合う対人関係を作り，自分自身と関連づける機会を与える社会的な機能を果たしていると考えられる。また，仲間とつながり対人関係を形成するに相応しい価値観（質問をしている人がいるとみんなの理解が深まる）については，肯定的な評価を行い価値づけている場面がみられた（表1-6）。

（3）学級ソーシャル・キャピタルは教師の学習指導活動の影響を受ける

　学級SCの得点の高い学級では，学習への取り組みを促進するような認識が高まっていた。このことから，学級SCの得点が高い，つまり，学級SCが醸成

されている学級では，学習へ向かう準備が整っていることが推察される。

また，学級 SC 得点の高い学級と低い学級では，教師の学習指導活動に差が見られた。発話数やリヴォイシングの特徴から，学級 SC 得点の高い学級の教師の方が児童へ積極的に働きかけ，児童相互をつなぐことを行っていると考えられる。これらのことから，教師の力量（学習指導，生徒指導，学級経営）が学級 SC の形成に影響を与えていることが推察される。

4　つながりを醸成する授業づくりを

本章は，生活アンケートという既存のデータの再分析をもとに，学級 SC の特徴や学級 SC の生成・醸成に関わる要因について探索的に検討した。生活アンケートをもとにした学級 SC の指標により，少なくとも本章が事例とした 2 学級については，その特徴をあらわすことができたと考えられる。しかし，学年末の教師作成テストの得点には学級間差は見出されず，これまでの研究で示されてきた学級 SC の学力向上効果は確認できなかった。

一方，本章では，事例を詳細に検討することで，学級 SC の生成・醸成につながる可能性のある一つの方略として，リヴォイシングという教師の働きかけの特徴について示すことができた。このような学級 SC の生成・醸成につながる可能性のある具体的な教授方略などの知見が蓄積されることで，今後は，学級経営への活用などの展開が期待できる。

リヴォイシングのような具体的な働きかけは，教師のスタンスに影響されると考えられる。リヴォイシングは，どのような教師のスタンスによるものなのか。先に指摘したように，リヴォイシングは，「教師から児童へと知識が伝達される従来の授業の参加構造を変え，話し合いを組織化するための一手段」である。つまり，リヴォイシングを授業に取り入れるということは，教師から児童へという一方的な働きかけを主とするスタンスから，「お互いのつながりをつくる働きかけ」により双方向の関係性を実現するようなスタンスへの変革を意味している。また，蘭・高橋（2012）も，ソーシャル・キャピタルを意識した学

級経営を効果的に行うには，従来の管理・統治する立場から，「学級という共同体（コミュニティ）への参加」という視点への変更といった，スタンスの変革が必要であることを指摘している。さらに，学級集団効力感の生成に注目した浜中・露口（2012）でも，学級経営において「個人」へのアプローチよりも「集団」へのアプローチが重要であることが指摘されている。以上のことから，学級SCを生成・醸成するためには，教師自らが一人一人の児童と積極的に関わるだけでなく，教師も集団につながりながら，全体として一人一人がつながっていくことに価値をおいた教師のスタンスが求められると考えられる。集団をどのように見立て，児童の関係をどのように築き，どのような集団を創っていくのかが問われることになる。

参考文献

蘭千壽・高橋知己（2012）「学級を変えるコミュニティの力」『千葉大学教育学部研究紀要』60，359-364頁。

一柳智紀（2009）「教師のリヴォイシングの相違が児童の聴くという行為と学習に与える影響」『教育心理学研究』57，373-384頁。

露口健司（2011）「教育」稲葉陽二・大守隆・近藤克則・宮田加久子・矢野聡・吉野諒三編『ソーシャル・キャピタルのフロンティア——その到達点と可能性』ミネルヴァ書房，173-195頁。

浜中祐一・露口健司（2012）「学級集団効力感の効果とその生成過程」『九州教育経営学会研究紀要』18，83-91頁。

Anderson, J. B. (2008) "Social capital and student learning : Empirical results from Latin American primary Schools" *Economics of Education Review* 27, pp. 439-449.

Morgan, S. L. & Sorensen, A. B. (1999) "Parental networks, social closure, and mathematics learning: A test of Coleman's Social capital explanation of school effects" *American Sociological Review* 64, pp. 661-681.

O'Connor, M. C. & Michaels, S. (1996) "Shifting participant frameworks: Orchestrating thinking practices in group discussion" Hicks, D. (ed.) *Discourse, learning, and schooling*, Cambridge University Press, pp. 63-103.

| 第2章 | 家庭での「つながり」と学業成績を結ぶ学校の組織的な教育活動 |

露口健司・倉本哲男・城戸茂

1 家庭ソーシャル・キャピタルと学業成績の関連性

本章の目的は,家庭のソーシャル・キャピタル(Family Social Capital:以下,家庭SC)と学業成績を媒介する諸要因を,学校の組織的な教育活動に焦点を当てた上で,学校レベルデータの分析を通して解明することである。学校の組織的な教育活動とは,学校が組織として行う学習指導および生徒指導等を示し,子ども達の学習活動を含む概念である。

家庭SCの教育効果の特定は,Coleman(1988＝2006;1990)以降,教育分野におけるソーシャル・キャピタル研究の主要課題であり,多くの研究が蓄積されてきた。Coleman(1988＝2006)が報告されて以降,ソーシャル・キャピタルに多くの教育分野の研究者が関心をもち,研究が蓄積されてきた。子どもの教育効果を規定する要因として,従来の研究が経済資本(世帯収入や経済的階層)と人的資本(親の学歴達成)を強調してきた中で,コールマンは社会関係資本の影響力が無視されてきた点を,研究推進上の課題として指摘したのである。その後,多くの先行研究が家庭SCの程度と子どもの学業成績の関係に焦点を当てた研究を進めている。たとえば,「親の期待と支援」や「親子の相互作用」のような家庭SC要因は,子どもの学業成績に正の影響を及ぼすことが明らかにされてきた(Carbonaro 1998;Croll 2004;Ho Sui-Chu & Willms 1996;Ream & Palardy 2008;志水・中村・知念 2012;Sun 1999)。これに対して,「きょうだい数」や「非伝統的家族構成」等の構造的変数は,子どもの学業成績に対して負の影響を及ぼすことが明らかにされてきた(Bassani 2008;Dunifon & Kwaleski-Jones 2002;Han, Waldfogel & Brooks-Gunn 2001;Sun 1999)。

第2章　家庭での「つながり」と学業成績を結ぶ学校の組織的な教育活動

　先行研究では，家庭 SC と学業成績の間に何らかの関係性があることが実証されてきた。しかし，家庭 SC から学業成績に至るプロセスについての探究，特に，学校の学習指導・生徒指導等の組織的な教育活動に焦点を当てた分析はほとんど行われていない。実質的な就学率が高い国家では，学業成績に対して及ぼす学校の組織的な教育活動の影響力を無視することはできない。それゆえに，本章では，家庭 SC と子どもの学業成績の関係について，媒介変数としての学校の教育活動（特に学習指導と生徒指導）に焦点を当てた分析モデルを設定し，検討を行う。

2　家庭と学力を結ぶ組織的な教育活動

（1）ソーシャル・キャピタルと教育効果

　本章は，ソーシャル・キャピタルと教育効果の関係を対象とする過去の諸研究の成果を基盤としている。家庭 SC と教育効果との影響関係を議論する上で，Coleman（1988＝2006）は家庭 SC の測定指標として以下の3つに焦点を当てている。

　第1は，親子の相互作用である。親子間での質の高いコミュニケーションや相互作用は，子どもの学業成績を高める。Coleman（1988＝2006）以降の研究では，Croll（2004），Ho Sui-Chu & Willms（1996）らが，親子の相互作用の頻度が，子どもの学業成績に対して正の影響を及ぼすことを明らかにしている。また，子どもの家庭外での行動を親が把握しているかどうかも，親子の対話の実態を測定する指標であり，その得点が高い場合，子どもの学業成績も高くなる（Parcel & Dufur 2001）。さらに，テレビ視聴時間の抑制や不必要な外出の制限等も，家庭内におけるつながりを測定する重要な指標である（Ho Sui-Chu & Willms 1996）。

　第2に，Coleman（1988＝2006）は親の教育期待と子どもの支援に焦点を当てている。彼は，子どもの実質的な学業成績や進学への期待が，子どもに対する関心を高め，教育的投資を促進することを指摘している。親の教育期待は，子どもの日々の家庭学習の支援を促進するのである。この点について，

Carbonaro (1998) は，親の子どもに対する学位取得（大卒）への高い期待は，子どもの学業成績に正の効果を及ぼすことを検証している。Ream & Palardy (2008) は，コース選択や履修選択における親の支援は，子どもの学業成績に対して正の影響を及ぼすことを報告している。さらに，親による日常的な家庭学習のチェックは，子どもの教育成果に対してよい影響を与えることも明らかにされている（Croll 2004；Ho Sui-Chu & Willms 1996）。

　第3に，Coleman (1988＝2006) は，家族構成に焦点を当てており，両親が揃っている伝統的な家庭の方が，子どもに対する時間とエネルギーを注ぐ傾向にあることを指摘している。また，家庭内におけるきょうだい数は，家庭の教育資本を希釈化させるとして，これを肯定的には捉えていない。きょうだい数が増えれば増えるほど，一人当たりの子どもが享受する教育資本量は減少すると仮定されている。さらに，Coleman (1988＝2006) は，母親の就労は，母子の関係によい影響を与えないと主張している。Coleman (1988＝2006) 以降の研究では，一貫して，親子の血縁関係やきょうだい数等の家族構成要因が，子どもの学業成績に影響を及ぼしているとする結果を示している（Bassani 2008；Downey 1995；Dunifon & Kowaleski-Jones 2002；Han et al. 2001；Pong 1998；Ream & Palardy 2008；Smith, Beaulieu & Seraphine 1995；Sun 1998）。

　家庭SCは，これらの指標によって測定されてきた。しかしながら，本章では，家族構成は，家庭SCの構成要因から除外し，これを家庭SCの規定要因として捉える。SCとは，信頼・規範・ネットワークといった主として人々のつながりを説明する概念である（Putnam 2000＝2006）。近年では，家族構成を家庭SCには含めず，それを家庭SCの規定要因として設定する研究もいくつか報告されている（Ravanera & Rajulton 2010；Turney & Kao 2009）。

（2）媒介要因としての学校の組織的な教育活動

　家庭SCと学業成績の関係解明をねらいとする研究では，学校の教育意図のもとで実践される組織的・計画的な教育活動（＝子どもの学習活動）がブラックボックスとして扱われているようである。しかし，家庭間の教育機能の格差を

緩和するために，学校側が学力向上のための様々なプロジェクトを実践している今日，学業成績の決定要因として学校の組織的な教育活動を無視することは困難である。実際に多くの学校において，学力向上プロジェクトは，校長のビジョンのもとでの教職員の協働体制による組織的事業として展開されている。学力向上のための組織的な教育活動戦略は，主として，次の3つのテーマによって構成されている。

第1は，教師の授業改善による子どもの学習意欲と学習習慣の促進である（King & Newman 2001；Louis & Marks 1998；Vogt & Rogalla 2010）。質の高い授業実践は，子どもの学習への興味関心を刺激し，学習に向かう態度を改善し，そして，よりよい学習習慣の定着を支援する。授業改善によってもたらされる子どもの学習への関与は，子どもの学業成績の向上に結びつくと考えられる。

第2は，学校における規範の改善である（Gottfredson & DiPietro 2011；Payne, Gottfredson & Gottfredson 2003）。学校レベルでの規範形成（規律の改善）は，子ども間の暴力行為を抑制する効果をもつ（Gottfredson & DiPietro 2011）。Gottfredson & DiPietro（2011）は，学校規範の形成が，子どもと教師が安心して学ぶことのできる学校生活環境の創造に貢献することを明らかにしている。学校規範の改善は，子どもが学習に対して集中できる環境を生成し，ひいてはそれらが学業成績の向上につながると考えられる。

第3は，対人関係づくりに対する積極的態度の促進である。先行研究では，対人関係づくりへの積極的態度を習得している子どもは，高い学業成績を修めていることが明らかにされている（Anderson 2008；Huang 2009；Morgan & Sorensen 1999；Pribesh & Downey 1999；志水ら 2012）。そのような特徴をもった子どもは，友達のことを思いやり，友達と学習活動に取り組むことを楽しむ。日本の学校では，全教育課程を通して，対人関係づくりに向かう態度の形成が強調されている。多くの子どもが対人関係づくりに積極的な学級は，質の高い集団となり，高い学習意欲と学業成績をもたらすと考えられる。

これらの3つの戦略は，家庭SCの影響を受けるであろう。子どもが学校での学習に意欲的に取り組むかどうか，学校の規律を守るかどうか，対人関係づ

くりに積極的に取り組むかどうかは，子どもが享受する家庭 SC と無関係ではないであろう。家庭 SC の水準が低い場合，これらの3要因も低水準となるであろう。逆に，家庭 SC の水準が高い場合は，これらの3要因も高水準となるであろう。

（3）家庭ソーシャル・キャピタルの分析単位

　家庭 SC と学業成績の関係に焦点を当てた実証研究では，子ども「個人」の学業成績が成果指標として設定される傾向がある。確かに，家庭 SC による子ども「個人」の学業成績への影響力を明らかにすることには実践的・学術的な価値がある。しかしながら，そのような研究関心・調査において生成される結果は，学校経営や学校改善に対する示唆が乏しい。なぜなら，学校での「組織的」な教育活動と子ども「集団」での学習活動の視点が欠落しているからである。

　序章において言及したように，ソーシャル・キャピタル研究において，分析単位の設定は，極めて重要な議題である。分析単位（個人・学級・学校・学区・地方自治体・州・国家）の選択によって，分析結果は大きく異なる（埴淵・市田・平井・近藤 2008）。ソーシャル・キャピタルは，様々な形態や次元があり，様々な分析単位で測定される。たとえば，Brudieu (1986) や Lin (2001=2008) は，SC は個人に帰属する資本であるとしている。一方，Coleman (1988=2006) は，家族やコミュニティ等の集団に帰属するものと捉えている。さらに，Putnam (2000=2006) では，地方自治体や国家のような大規模集団に帰属するものと捉えている。本章では，学校（校区）を分析単位として設定することで，家庭 SC，学校の組織的な教育活動，学業成績の関係の解明を試みる。これらの関係の解明を指向した研究では，個人レベルの分析単位が設定されることが多く，学校レベルの分析単位を設定する研究はわずかである（Goddard, Salloum & Berebitsky 2009等）。学校レベル分析を実施することで，個人レベル分析と同様の結果が得られるかどうかについては，いまだ明らかではない。私たちは，家庭 SC 水準が高い校区では，学校レベルでの効果的な教育活動（学習指導・生徒指導）と学業成績の改善が認められると予測している。

第2章　家庭での「つながり」と学業成績を結ぶ学校の組織的な教育活動

3　学力データ等の収集

（1）学力・学習状況調査の対象校

　調査対象は，2009年度にA県が独自に実施した学力・学習状況調査の対象校である。調査対象には県内6市町の小中学校が参加した。分析対象である小学校については，県内335校のうち111校が参加している。各校の5年生3,582名が調査対象者であり，2回の学力検査（7・12月）と1回の質問紙調査（12月）が実施された。学力検査の科目は国語と算数であり，全国学力・学習状況調査をモデルとして開発されている。

（2）学力・学習状況調査のデータ

　本調査研究では，以下の測定項目を設定している。
　①　算数テストスコア
　学力・学習状況調査における算数のテストスコアを学業成績の指標として設定した。各学校における受験者の平均点を学校レベルのテストスコアとして算出した。
　②　家庭ソーシャル・キャピタル
　子どもの生活・学習習慣に焦点を当てて，6項目を新たに作成した。尺度は「④　いつもしている」から「①　まったくしていない」の4件法である。6項目は，以下の通りである。すなわち，「朝食を毎日食べていますか」「学校に持って行くものを，前日かその日の朝に確かめていますか」「家の人と学校での出来事について話をしていますか」「家で自分で計画を立てて勉強をしていますか」「家で学校の宿題をしていますか」「家の手伝いをしていますか」である。各学校における回答者の平均点を学校レベルのテストスコアとして算出している。学校レベル変数の α 係数は.73である。確証的因子分析（主因子法，プロマックス回転，以下同様）の結果，1因子構造であることが判明している。6項目の因子負荷量は.30～.74の範囲である。

③ 学習へのコミットメント——学習指導要因

子どもによる学習へのコミットメントを測定するために，算数の学習意欲や算数の授業に向かう態度について，新たに4項目を設定した。尺度は，「④　ひじょうにあてはまる」から「①　全くあてはまらない」までの4件法である。4項目は，次の通りである。すなわち，「算数の授業の内容はよく分かりますか」「算数の授業で問題を解くとき，もっと簡単に解く方法がないか考えていますか」「算数の勉強は好きですか」「算数の勉強は大切だと思いますか」である。学校レベル変数のα係数は.87である。確証的因子分析の結果，1因子構造であることが判明している。4項目の因子負荷量は.67〜.85の範囲である。

④ 対人関係づくりへのコミットメント——生徒指導要因

子どもの対人関係づくりに向かうコミットメントを測定するために，他者理解・他者貢献や他者と関わることへの態度の視点から，4項目を新たに設定した。尺度は，「④　ひじょうにあてはまる」から「①　全くあてはまらない」までの4件法である。4項目は次の通りである。すなわち，「人の気持ちが分かる人間になりたいと思いますか」「人の役に立つ人間になりたいと思いますか」「ふだんの授業では，自分の考えを発表する機会があたえられていると思いますか」「ふだんの授業では，学級の友達との間で話し合う活動をよく行っていると思いますか」である。学校レベル変数のα係数は.84である。確証的因子分析の結果，1因子構造であることが判明している。4項目の因子負荷量は.69〜.87の範囲である。

⑤ 学校規範へのコミットメント——生徒指導要因

子どもの学校規範へのコミットメントを測定するために，学校・学級の規律に対する遵守態度の視点から，新たに4項目を設定した。尺度は，「④　ひじょうにあてはまる」から「①　全くあてはまらない」までの4件法である。4項目は次の通りである。すなわち，「学校のきまりを守っていますか」「いじめは，どんな理由があってもいけないことだと思いますか」「友達との約束を守っていますか」「授業では，ノートをていねいに書いていますか」である。学校レベル変数のα係数は.75である。確証的因子分析の結果，1因子構造であること

が判明している。4項目の因子負荷量は.62〜.70の範囲である。
　⑥　学校規模
　5年生の回答者数を学校規模の代理指標として設定している。
　⑦　地域の経済状況
　学校所在自治体における住民一人当たりの年間所得額（単位：千円）を地域の経済状況の代理指標として設定した。

（3）分析戦略
　データ分析において次のような戦略を採用している。
　①　分析手続き
　家庭SCと学業成績の関係における学校の組織的活動の媒介効果を解明するために，本章では，次の2つの分析モデルを設定する。第1は，直接効果モデルである。家庭SCが学業成績に対して直接的に影響を及ぼすと仮定した分析モデルである。なお，この分析モデルでは，モデルの精度を高めるために，以前の学業成績，学校規模，地域の経済状況を統制変数として設定している。第2は，学校の組織的な教育活動の媒介効果に着目した間接効果モデルである。間接効果モデルでは，学校の組織的な教育活動を，家庭SCと学業成績の媒介要因として仮定する。また，間接効果モデルにおいても，直接効果モデルと同様の統制変数を設定している。これら2つのモデルを比較することで，家庭SCと学業成績の関係における学校の組織的な教育活動の効果特性を明らかにする。
　②　分析方法
　変数間の間接的効果を分析する場合，一般的に，パス解析や共分散構造分析が使用される。本章では，潜在変数を設定していないため，パス解析の方法を採用する。分析に使用したソフトフェアは，*AMOS ver. 18.0* である。
　③　分析対象データ
　Putnam（2000＝2006）の研究では，州政府のパフォーマンスに焦点が当てられていたため，州単位での集合データを分析単位として設定している。一方，

学校組織の効果に焦点を当てる本章では，学校レベルの集合単位データを活用する。調査対象校は111校である。しかし，分析対象としては，次の2つの要件を満たす96校を抽出している。要件とは，すなわち，①調査に児童4名以上が参加している学校，②7・12月の両方の調査に参加している学校である。結果の解釈を容易にするため，分析に使用している変数はいずれも標準化の操作を行っている。

4 家庭ソーシャル・キャピタルと学業成績の関係
―― 直接効果と間接効果の検討 ――

表2-1には，各変数の平均値・標準偏差・範囲が示されている。また，表2-2には，変数間の相関係数が示されている。各変数の信頼性と妥当性については，前述の通りである。

最初に，家庭SCと学業成績の直接効果を検証する分析モデル（パスモデル）を設定し，検定を行った（図2-1参照）。このモデルでは，半年前のテストスコア，学校規模，地域の経済状況をコントロールしてもなお，家庭SCによるテストスコアへの直接効果が認められるかどうかを検定する。パスモデルは，データに適合しており（$\chi^2 = .330$, $DF = 2$, $\chi^2 / DF = .165$, $p = .848$, $GFI = .999$, $AGFI = .990$, $RMR = .017$），2009年12月のテストスコアの58％を説明できている。しかし，図2-1のモデルでは，家庭SCによる学業成績への直接的効果は認められていない（$\beta = .06$, $p = n.s.$）。

次に，組織的な教育活動を媒介変数とする分析モデルを設定し，検定を行った（図2-2参照）。前述したように，本章では，家庭SCと学業成績の関係は，学校の組織的な教育活動要因によって媒介されていると考えている。そこで，家庭SCと学業成績をつなぐ媒介要因として，教育活動の代理指標である学習へのコミットメント，対人関係づくりへのコミットメント，学校規範へのコミットメントの3変数を設定した。媒介要因の変数間関係の設定において，相関マトリクスを参考とした。これら3変数は並列的関係ではない。学業成績と有意な正の相関を有しているのは，学習へのコミットメントのみである（$r = .30$, p

第2章　家庭での「つながり」と学業成績を結ぶ学校の組織的な教育活動

表2-1　記述統計

	平均値	標準偏差	範囲			（標準化後）
算数テストスコア　2009年7月	64.94	6.97	46.40	−	85.00	(−2.75 − 2.96)
算数テストスコア　2009年12月	69.76	6.17	52.80	−	88.00	(−2.66 − 2.88)
家庭SC	3.51	.15	3.04	−	3.85	(−3.13 − 2.27)
学習へのコミットメント	3.33	.23	2.31	−	3.88	(−4.38 − 2.33)
対人関係づくりへのコミットメント	3.51	.20	2.47	−	3.94	(−5.15 − 2.09)
学校規範へのコミットメント	3.50	.16	2.89	−	3.92	(−3.73 − 2.54)
学校規模	38.28	30.97	4.00	−	126.00	(−1.11 − 2.83)
地域の経済状況	2,317.00	417.61	1,845.00	−	2,747.00	(−1.13 − 1.03)

注：$N=96$.

表2-2　相関マトリクス

	1	2	3	4	5	6	7
1．算数テストスコア（2009年7月）							
2．算数テストスコア（2009年12月）	.76**						
3．家庭SC	.17	.19					
4．学習へのコミットメント	.17	.30**	.50**				
5．対人関係づくりへのコミットメント	.19	.19	.66**	.66**			
6．学校規範へのコミットメント	.10	.13	.59**	.64**	.68**		
7．学校規模	−.03	−.01	.05	.05	−.09	.01	
8．地域の経済状況	−.10	−.10	.02	−.07	.05	.01	.37**

注：$N=96$. ** $p<.01$.

<.01)。相関分析の結果を踏まえると，対人関係づくりへのコミットメントと学校規範へのコミットメントは，学習へのコミットメントを媒介して，学業成績に影響を及ぼすことが予測できる。

　図2-2のパスモデルは，まずまずの適合度を示しており（$\chi^2=38.42$, $DF=16$, $\chi^2/DF=2.40$, $p=.001$, $GFI=.916$, $AGFI=.811$, $RMR=.066$)，2009年12月の算数テストスコアの59％を説明している。直接効果モデルよりも適合度は低下しているが，これは変数の増加やモデルの複雑化に起因するものと解釈できる。各適合度指標をみても，過度に低い指標は認められてはいない。

　図2-2に従えば，家庭SCの学業成績に対するインパクトは，次のように説明することができる。すなわち，家庭SCが高い学校組織では，児童がクラスメイトとの対人関係づくりに対する高いモチベーションを持ち，教師は児童が

第Ⅰ部　カリキュラム・授業における「つながり」

図2-1 直接効果モデル

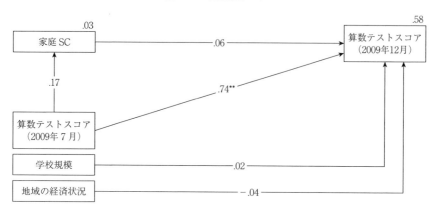

図2-2 間接効果モデル

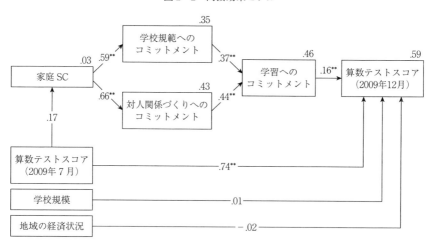

お互いに関わり合う豊かな機会を提供している（$R^2 = .43$）。また，多くの児童は高い規範意識を持ち，学校のルールを守ろうとする（$R^2 = .35$）。したがって，落ち着いた学校で，関わり合いを大切にした環境が構成され，児童の学習意欲は促進される（$R^2 = .46$）。最後に，児童の学習に対するコミットメント（学習意欲）の強化が，学業成績の向上を促進するのである。

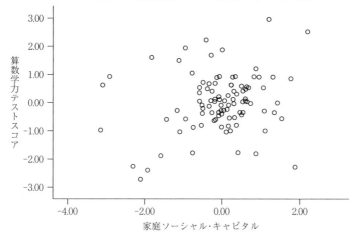

図2-3 家庭SCと算数学力テストの散布図（2009年12月）

5　家庭ソーシャル・キャピタルと学業成績を結ぶプロセス

　本章の目的は，家庭SCと学業成績を媒介する要因を，学校の組織的な教育活動に焦点を当てた上で，学校レベルデータの分析を通して特定することであった。個人レベルデータの分析では，家庭SCは，学業成績に対して統計的に有意な影響を及ぼしていることが確認されている（たとえば，Carbonaro 1998；Croll 2004；Ho Sui-Chu & Willms 1996；Parcel & Dufur 2001；Ream & Palardy 2008；志水ら 2012）。しかしながら，学校レベルデータを用いた本章の分析では，家庭SCは学業成績に対して直接的な影響を及ぼしていないことが判明した。図2-3は，家庭SCと学業成績の散布図（学校レベルデータ）であるが，相関係数は有意ではない（$r = .19, p = n.s.$）。このことは，各学校間の学業成績の分散は，校区レベルにおける家庭SCの状況によって，直接説明されるものではないことを示している。

　それでは，家庭SCと学業成績とを媒介する組織的要因とは何か。本章の分析結果を踏まえると，この両者の関係は，次のように説明できる。

まず，家庭 SC は，級友とよい対人関係を築こうとする態度に正の影響を及ぼす。つまり，家庭生活における親子のつながりが，学校生活における級友とのつながりづくりへの意欲を規定するのである。そして，学校生活における児童間のつながりや，学習活動内における児童間の相互作用頻度が，学習意欲の改善に重要な影響を及ぼす。

　また，家庭 SC は，学校規範の遵守や規律の維持に対して正の影響を及ぼす。高水準の家庭 SC を保持する家庭が多い校区では，学校規範や遵守意識が形成されやすい。この点について，Gottfredson & DIPietro (2011) は，規律を重視する学校規範のある学校では，いじめや暴力行為の発生が抑制され，学習に対して落ち着いて取り組むことができることを明らかにしている。家庭 SC と学業成績との関係は，このようなプロセスで描くことができる。本調査研究の結果，対人関係や規範意識の改善は，学習意欲の向上を経由して，学業成績の向上に至るという，極めて重要な効果を有することが明らかとなった。

参考文献

志水宏吉・中村瑛仁・知念渉 (2012)「学力と社会関係資本——『つながり格差』について」志水宏吉・高田一宏編著『学力政策の比較社会学——国内編』明石書店，52-89頁。

埴淵知哉・市田行信・平井寛・近藤克則 (2008)「ソーシャル・キャピタルと地域——地域レベルソーシャル・キャピタルの実証研究をめぐる諸課題」稲葉陽二編著『ソーシャル・キャピタルの潜在力』日本評論社，555-572頁。

Anderson, J. B. (2008) "Social capital and student learning: Empirical results from Latin American primary Schools" *Economics of Education Review* 27, pp. 439-449.

Bassani, C. (2008) "Social capital and disparities in Canadian youth's mathematics achievement" *Canadian Journal of Education* 31 (3), pp. 727-760.

Bourdieu, P. (1986) "The Forms of Capital" in Richardson, J. G. (ed.) *Handbook of theory and research for the Sociology of Education*, Greenwood Press, pp. 241-258.

Carbonaro, W. J. (1998) "A little help from my friend's parents: Intergenerational closure and educational outcomes" *Sociology of Education* 71 (4), pp. 295-313.

Coleman, J. S. (1988) "Social capital in the creation of human capital" *American Journal of Sociology* 94, pp. 95-120.（＝2006, 野沢慎司編・監訳『リーディングス

ネットワーク論——家族・コミュニティ・社会関係資本』勁草書房, 205-241頁)
Coleman, J. S. (1990) *Foundations of social theory*, Belknap Press of Harvard University Press.
Croll, P. (2004) "Families, social capital and educational outcomes" *British Journal of Educational Studies* 52 (4), pp. 390-416.
Downey, D. B. (1995) "When bigger is not better: Family size, parental resources, and children's educational performance" *American Sociological Review* 60, pp. 747-761.
Dunifon, R. & Kowaleski-Jones, L. (2002) "Who's in the house? Race differences in cohabitation, single parenthood, and child development" *Child Development* 73 (4), pp. 1249-1264.
Goddard, R. D., Salloum, S. J. & Berebitsky, D. (2009) "Trust as a mediator of the relationships between poverty, racial composition, and academic achievement: Evidence from Michigan's public elementary schools" *Educational Administration Quarterly* 45 (2), pp. 292-311.
Gottfredson, D. & DiPietro, S. M. (2011) "School size, social capital, and student victimization" *Sociology of Education* 84 (1), pp. 69-89.
Han, W., Waldfogel, J. & Brooks-Gunn, J. (2001) "The effects of early maternal employment on later cognitive and behavioral outcomes" *Journal of Marriage and the Family* 63 (2), pp. 336-354.
Ho Sui-Chu, E. & Willms, J. D. (1996) "Effects of parental involvement on eighth-grade achievement" *Sociology of Education* 69, pp. 126-141.
Huang, L. (2009) "Social capital and student achievement in Norwegian secondary schools" *Learning and individual difference* 19, pp. 320-325.
King, M. B. & Newman, F. M. (2001) "Building school capacity through professional development: Conceptual and empirical considerations" *International Journal of Educational Management* 15 (2), pp. 86-93.
Lin, N. (2001) *Social capital: A theory of social structure and action*, Cambridge University Press. (=2008, 筒井淳也・石田光規・桜井政成・三輪哲・土岐智賀子訳『ソーシャル・キャピタル——社会構造と行為の理論』ミネルヴァ書房)
Louis, K. S., Marks, H. M. & Kruse, S. (1996) "Teachers' professional community in restructuring schools" *American Educational Research Journal* 33(4), pp. 757-798.
Louis, K. S. & Marks, H. M. (1998) "Does professional community affect the classroom? Teachers' work and student experiences in restructuring schools" American Journal of Education 106, pp. 532-575.

Morgan, S. L. & Sorensen, A. B. (1999) "Parental networks, social closure, and mathematics learning: A test of coleman's Social capital explanation of school effects" *American Sociological Review* 64, pp. 661-681.

Parcel, T. L. & Dufur, M. J. (2001) "Capital at home and at school: Effects on child social adjustment" *Journal of Marriage and Family* 63, pp. 32-47.

Payne, A. A., Gottfredson, D. C. & Gottfredson, G. D. (2003) "Schools as communities: The relationships among communal school organization, student bonding, and school disorder" *Criminology* 41 (3), pp. 749-776.

Pong, S. (1998) "The school compositional effect of single parenthood on 10th-grade achievement" *Sociology of Education* 71, pp. 24-43.

Pribesh, S. & Downey, D. B. (1999) "Why are residential and school motives associated with poor school performance?" *Demography* 36(4), pp. 521-534.

Putnam, R. D. (2000) *Bowling Alone: The collapse and revival of American community,* Simon & Schuster.（＝2006，柴内康文訳『孤独なボウリング——米国コミュニティの崩壊と再生』柏書房）

Ream, R. K. & Palardy, G. J. (2008) "Reexamining social class differences in the availability and the educational utility of parental social capital" *American Educational Research Journal* 45 (2), pp. 238-273.

Ravanera, Z. R. & Rajulton, F. (2010) "Measuring social capital and its differentials by family structures" *Social Indicator Research* 95, pp. 63-89.

Smith, M. H., Beaulieu, L. J. & Israel, G. D. (1992) "Effects of human capital and social capital on dropping out of high school in the south" *Journal of Research in Rural Education* 8 (1), pp. 75-87.

Smith, M. H., Beaulieu, L. J. & Seraphine, A. (1995) "Social capital, place of Residence, and college attendance" *Rural Sociology* 60 (3), pp. 363-380.

Sun, Y. (1998) "The academic success of East-Asian-American studies : An investment model" *Social Science Research* 27, pp. 432-456.

Sun, Y. (1999) "The contextual effects of community social capital on academic performance" *Social Science Research* 28, pp. 403-426.

Turney, K. & Kao, G. (2009) "Barriers to school improvement: Are immigrant parents disadvantaged?" *The Journal of Educational Research* 102 (4), pp. 257-271.

Vogt, F. & Rogalla, M. (2010) "Developing adaptive teaching competency through coaching" *Teaching and Teacher Education: An International Journal of Research and Studies* 25 (8), pp. 1051-1060.

第3章 学級における「つながり」は学習意欲の格差を抑制できるか

露口健司

1 学級におけるつながりへの着目

　本章の目的は，学級における「つながり」と学習意欲の影響関係を，ソーシャル・キャピタル（Social Capital，以下，SC）の視点からの分析・考察を通して解明することである。

　教育分野におけるソーシャル・キャピタル研究は，Coleman（1988＝2006）以降，社会関係資本と人的資本の関係解明（人々のつながりは学力等の教育効果を決定するか？）を主要テーマとして展開されてきた。そして，つながりの単位として，子どもを取り巻くつながり，教師を取り巻くつながり，保護者を取り巻くつながりに焦点を当てた研究が展開されてきた。本章は，子どもを取り巻くつながりを対象とするソーシャル・キャピタル研究である。露口・今野・永井（2013）では，子どもを取り巻くソーシャル・キャピタルとして，家庭SC，子ども間SC，学級SC，地域SC（子ども–地域SC）の4次元を設定し，各ソーシャル・キャピタル次元の測定方法を開発している。また，露口（2014）では，これらのソーシャル・キャピタル次元のうち，学級SCと家庭SCによる教育効果（学習意欲）を，学級レベルデータ（$N=119$）の分析を通して検証している。露口（2014）の研究成果を踏まえ，本章では，子どもを取り巻くSCのうち，特に学級SCに焦点を当てることとする。なお，家庭SCについてはその重要性に鑑み，統制変数としてこれを設定する。

2　学級におけるつながりと学習意欲

　子どもを取り巻くソーシャル・キャピタルによる教育効果の指標として，欧米の先行研究では，学業成績（テストスコア・GPA）・高等教育進学・問題行動抑制・中退抑制等が設定されている（露口 2011）。学習指導関係だけでなく，生徒指導関係の客観的指標を設定する研究が，犯罪学分野から報告されている。一方，国内では，調査研究は少ないものの，テストスコア（志水・高田 2012），学習意欲（露口 2013；Tsuyuguchi, Kuramoto & Kido 2013），自己効力感および生活満足度（岡正・田口 2012）等が教育効果の指標として設定されている。

　教育効果の代理指標のうち，本章が注目するのは学習意欲である。露口(2013) では，子どもを取り巻くつながり（学級 SC・子ども間 SC）は，学力テストスコアに対して直接影響を及ぼすのではなく，学習意欲の高まりを媒介して，間接的に影響を及ぼすことを検証している。また，Tsuyuguchi et al. (2013) では，級友と積極的に関わろうとする態度が学習意欲を間接的に高め，その結果として，学力テストスコアが高まるという影響プロセスをパス解析によって解明している。これらの調査研究から共通に示唆される点は，子どもを取り巻くつながりは，学習意欲の向上を媒介して，間接的に学力テストスコアを高めるという実態である。志水・高田(2012)は，子どもを取り巻くつながりの総合化変数（子ども SC と命名）による学力テストスコアへの直接効果を検証しているが，重回帰モデルに学習意欲を含むことで，異なった結果が得られる可能性がある。「子どもを取り巻くつながりは，子どもの学力を高める」という説明よりも，「子どもを取り巻くつながりは，子どもの学ぶ意欲を高める」とする説明の方が，妥当であると考えられるのである。

　周知の通り，日本では，学力データの収集が極めて困難である（耳塚 2014）。したがって，学力テストスコアを教育効果の指標として設定するモデルの構築は難しい。一方，学習意欲であれば，児童生徒用の質問紙によって測定可能である。教育委員会・学校側の協力も得られやすいであろう。ただし，一言で学

習意欲と言っても，多様な定義，下位次元，測定方法がある。本章では，学習意欲を「学ぼうとする心理現象」（鹿毛 2013：3）と捉え，各教科の学習意欲について，「教科内容への興味・関心（〜の勉強が好きだ）」「教科の意義への理解（〜は大切だ）」「授業内容の理解（〜の授業の内容はよく分かる）」「学習内容の有用感（授業で学んだことが普段の生活で役立つと感じる）」の 4 視点から測定する。これらの測定項目は，全国学力・学習状況調査の児童生徒用質問紙の内容と同じである。国立教育政策研究所での検討が多角的に行われた測定項目であり，調査を実施する上で学校側の理解と協力が得られやすいため，調査の実現可能性が高まるという利点もある。

　また，本章では，被説明変数としての学習意欲に次の 2 点の工夫を加える。
　一つは，学習意欲の学級レベル変数を設定することである。つまり，個人レベルでの学習意欲ではなく，学級集団レベルでの学習意欲を被説明変数として設定する。教育心理学分野では，一般的に，個人の学習意欲が研究対象として設定されている（鹿毛 2013他）。集団レベルでの学習意欲を対象とした計量的研究は，管見の限り皆無である[1]（学級集団レベル変数を被説明変数とする場合には膨大な量のサンプルが必要となる）。しかし，学級担任は，個別的に意欲を高めるというよりも，授業という集団活動機会において，学級集団に対するアプローチを通して，学級レベルでの学習意欲を向上させることに相当の労力を投入している（浜中・露口 2012）。こうした現実に鑑みると，学級レベルでの学習意欲を被説明変数とした分析・考察から得られる知見は，実践的示唆に富んだものとなるであろう。また，学級レベルの学習意欲を対象とすることで，学級内の学習意欲の分散を，被説明変数として設定することが可能となる。学力や学習意欲の格差（苅谷 2001；耳塚 2014；志水 2014）が主張される今日，その原因を科学的に検証することは極めて重要な作業であると言える。

　もう一つは，過去の学習意欲のコントロールである。同様の調査を 2 回以上行い，過去の学習意欲をコントロールすることで，学級レベルにおける学習意欲の上昇分，あるいは学習意欲格差の抑制分を説明するモデルが設定できる。つまり，因果関係への言及が可能となる。露口（2014）では，過去の学習意欲が

第Ⅰ部　カリキュラム・授業における「つながり」

コントロールされていないため，子どもを取り巻くSCと現在の学習意欲との相関性の検証にとどまっている。本章では，学級レベルの学習意欲を高める要因と，格差を抑制する要因の探究を通して，実践的示唆に富んだ知見の創出を試みたい。

　以上のように，本章では，学級SCと学習意欲の関係について，以下の4つの視点から分析を行う。すなわち，①学級SCは現在の学習意欲を説明するか。②学級SCは，学習意欲の向上（上昇）を説明するか。③学級SCは，現在の学習意欲格差を説明するか。④学級SCは，学習意欲の格差抑制を説明するか，である。前二者は，集団平均値の上昇という「卓越性」効果の検証をテーマとしており，後二者は，集団内分散の抑制という「公正性」効果の検証をテーマとしている。

3　学級ソーシャル・キャピタルと学習意欲のデータ収集

（1）学級ソーシャル・キャピタル調査の対象校

　本調査は，A県教育委員会との共同調査によってデータを得ている。調査対象は，2011（平成23）年度にA県の研究事業に参加した22校（小学校14校4～6学年，中学校8校1～3学年）の児童生徒である。調査は第Ⅰ期調査（6月）と第Ⅱ期調査（12月）の2回，同様の質問紙によって実施された。6月調査には2,903名，12月調査には3,719名の児童生徒が参加した。学級担任が質問紙を配布・回収する方法を採用している。分析対象データは，第1回目および第2回目の双方の調査に参加しており，1学級が10名以上の104学級である。学年の内訳は，第4学年が14学級，5学年が28学級，第6学年が16学級，第7学年が14学級，第8学年が17学級，第9学年が15学級である[2]。

（2）学級ソーシャル・キャピタル調査のデータ

①　学習意欲

　全国学力・学習状況調査の児童用質問紙において，学習意欲の指標として適

第3章　学級における「つながり」は学習意欲の格差を抑制できるか

表3-1　質問項目と主成分得点

	項　目	第Ⅰ期	第Ⅱ期
学習意欲	学校での勉強は好きですか。	.817	.845
	学校での勉強は大切だと思いますか。	.784	.841
	授業の内容はよく分かりますか。	.774	.856
	授業で学んだことがふだんの生活で役立つと感じることがありますか。	.753	.822
対人関係	人の役に立つ人間になりたいと思いますか。	.615	.656
	人の悪口を言わないようにしていますか。	.585	.564
	友達のことを大切に考えて行動することができますか。	.683	.672
	学校には，何でも相談できる友達がいますか。	.537	.514
	ふだんの授業では，自分の考えを発表する機会があたえられていると思いますか。	.583	.566
	ふだんの授業では，学級の友達との間で話し合う活動をよく行っていると思いますか。	.595	.574
	自分の考えを他の人に説明するとき，分かりやすく伝えようと努力しますか。	.646	.657
学級規範	学校のきまりを守っていますか。	.728	.735
	友達との約束を守っていますか。	.661	.665
	いじめは，どんな理由があってもいけないことだと思いますか。	.608	.559
	授業では，ノートをていねいに書いていますか。	.634	.670
教師信頼	学校には，信頼できる先生がいますか。	－	－
生活習慣	朝食を毎日食べていますか。	.422	.370
	登校の準備は，前日に行っていますか。	.557	.496
	ふだん（月曜日から金曜日），同じ時間に起きて，同じ時間にねていますか。	.563	.548
	家の人と，学校での出来事について話をしていますか。	.639	.656
	家で自分で計画を立てて勉強をしていますか。	.658	.680
	家の手伝いをしていますか。	.491	.532
	家族は好きですか。	.535	.567

切であると判断した4項目を設定した。尺度は，「④　ひじょうにあてはまる」から「①　全くあてはまらない」までの4件法である。主成分分析の結果，第Ⅰ期調査および第Ⅱ期調査共に1成分が抽出された（表3-1参照，以下，同様）。分析においては，学習意欲の学級レベル平均値を示す変数（学習意欲M）と共に，学習意欲の学級レベル標準偏差（学習意欲SD）を設定している。

②　学級ソーシャル・キャピタル

ソーシャル・キャピタルの定義を参照しつつ以下の3点を設定した。第1は，

主として学級における児童間の対話・交流等の「対人関係」である。第2は，お互いが安心で快適な学級生活を送るために必要な「学級規範」の共有である。第3は，担任をはじめとする教師との「信頼」関係である。

対人関係の測定においては，全国学力・学習状況調査の児童生徒用質問紙の中で，主として学級における対話・交流や対人関係の指標として適切であると判断した7項目を設定した。尺度は，「④　ひじょうにあてはまる」から「①　全くあてはまらない」までの4件法である。主成分分析の結果，1成分が抽出された。

学級規範の測定においては，全国学力・学習状況調査の児童用質問紙の中で，主として学級における規範に対する態度の指標として適切であると判断した4項目を設定した。尺度は，「④　ひじょうにあてはまる」から「①　全くあてはまらない」までの4件法である。主成分分析の結果，1成分が抽出された。

教師信頼の測定においては，全国学力・学習状況調査の児童用質問紙の中で，主として教師との信頼関係の指標として適切であると判断した1項目を設定した。尺度は，「④　ひじょうにあてはまる」から「①　全くあてはまらない」までの4件法である。「④　ひじょうにあてはまる」および「③　ややあてはまる」を「1」，その他の選択肢を「0」とするダミー変数を設定した。

③　統制変数

生活習慣，学年，学級規模の3変数を設定する。

生活習慣は家庭SCの代理指標であり，全国学力・学習状況調査の児童用質問紙の中で，主として家庭での親子のつながりやそれとの関連が深い生活習慣・学習習慣の指標として適切であると判断した7項目を設定した。尺度は，「④　ひじょうにあてはまる」から「①　全くあてはまらない」までの4件法である。主成分分析の結果，1成分が抽出された。

学年は，児童用質問紙のフェイスシートの情報を使用している。第4学年を「4」，中学校3年生を「9」としている。学級規模は，調査に参加した1学級あたりの人数である。

4　学級ソーシャル・キャピタルによる学習意欲への効果

（1）分析モデルの構築

　本章で使用する10変数の記述統計と相関マトリクスは表3-2に示す通りである。変数名に付されている「Ⅰ」は6月調査，「Ⅱ」は12月調査を示す。学級SCと学習意欲の関係についての4種類の効果の検証を試みるために，表3-3に示す4つの階層的重回帰モデルを設定した。各モデルの被説明変数は，①学級SCによる現在の学習意欲への効果（*Model 1*）。②学級SCによる学習意欲の向上（上昇）効果（*Model 2*）。③学級SCによる現在の学習意欲格差への効果（*Model 3*）。④学級SCによる学習意欲の格差抑制化への効果（*Model 4*）である。*Model 1*および*Model 3*の説明変数としては，統制変数としての学年，学級規模，生活習慣Ⅱをステップ1に投入し，対人関係Ⅱ，学級規範Ⅱ，教師信頼Ⅱをステップ2に投入した。*Model 2*および*Model 4*においては，上昇・抑制分に対する効果を検証するために，ステップ0として6月調査の学習意欲の学級平均値（学習意欲Ⅰ）と標準偏差（学習意欲SD）をさらに投入している。分析に使用したソフトは*SPSS Base System ver.19.0*である。

（2）学級ソーシャル・キャピタルが学習意欲に及ぼす4つの効果

1）学級ソーシャル・キャピタルによる現在の学習意欲への効果

　現在（12月時点）の学級レベルでの学習意欲に対しては，学年（$\beta = -.488$, $p < .01$）が負の効果を，対人関係Ⅱ（$\beta = .242$, $p < .05$）および教師信頼Ⅱ（$\beta = .245$, $p < .01$）が正の効果を及ぼしていた。*Model 1*では，学級レベルの学習意欲の65.1％を統制変数が，13.3％を学級SC要因が説明している。説明量の合計は78.3％であり，比較的精度の高いモデルとなっている[3]。

2）学級ソーシャル・キャピタルによる学習意欲の向上（上昇）効果

　6月時点の学習意欲を統制したモデルにおいても，学年（$\beta = -.407$, $p < .01$）が負の効果を，対人関係Ⅱ（$\beta = .241$, $p < .05$）と教師信頼Ⅱ（$\beta = .223$, $p < .01$）

表 3-2 記述統計量および相関マトリクス

	M	SD	1	2	3	4	5	6	7	8	9
1. 学習意欲 M Ⅰ	.01	.45									
2. 学習意欲 SD Ⅰ	.88	.20	-.60**								
3. 学年	6.36	1.67	-.66**	.28**							
4. 学級規模	27.41	6.89	-.06	.26**	.14						
5. 学習意欲 M Ⅱ	.01	.44	.72**	-.35**	-.68**	-.05					
6. 学習意欲 SD Ⅱ	.88	.22	-.45**	.34**	.41**	.12	-.75**				
7. 対人関係Ⅱ	-.04	.42	.40**	-.08	-.10	.13	.59**	-.45**			
8. 学級規範Ⅱ	-.03	.36	.08	-.01	.26**	.22*	.24*	-.20*	.74**		
9. 教師信頼Ⅱ	.80	.13	.52**	-.22**	-.33**	-.12	.69**	-.57**	.66**	.36**	
10. 生活習慣Ⅱ	-.06	.37	.64**	-.26**	-.60**	.01	.76**	-.47**	.63**	.35**	.59**

注:$N = 104$. ** $p < .01$, * $p < .05$. M は平均値,SD は標準偏差を示す。

表 3-3 階層的重回帰分析の結果

	Model 1 学習意欲 M Ⅱ		Model 2 学習意欲 M Ⅱ		Model 3 学習意欲 SD Ⅱ		Model 4 学習意欲 SD Ⅱ	
	β	$\Delta R2$	β	$\Delta R2$	β	$\Delta R2$	β	$\Delta R2$
Step 0		—		.551**		—		.213**
学習意欲 M Ⅰ	—		.095		—		.177	
学習意欲 SD Ⅰ	—		.102		—		.231*	
Step 1		.651**		.154**		.264**		.083**
学年	-.488**		-.407**		.377**		.393**	
学級規模	-.014		.001		.130		.069	
生活習慣Ⅱ	.136		.120**		.127		.112	
Step 2		.133**		.097**		.166**		.162**
対人関係Ⅱ	.242*		.241**		-.294		-.355*	
学級規範Ⅱ	.092		.067		-.111		.062	
教師信頼Ⅱ	.245**		.223**		-.247		-.266*	
Total R^2		.783**		.803**		.431**		.459**

注:$N = 104$. ** $p < .01$, * $p < .05$. M は平均値,SD は標準偏差を示す。

が正の効果を及ぼしていた。6カ月間における学級レベルの学習意欲の上昇分は,児童生徒相互および教師と児童生徒のつながりによって説明されている。一方,学年進行は,学習意欲の上昇を抑える負の効果を有していた。*Model 2* では,学級レベルの学習意欲の55.1%が6月時点の状況によって説明されている。また,学級レベルの学習意欲の15.4%を統制変数が,9.7%を学級 SC 要因が説明している。説明量の合計は80.3%であり,精度の高いモデルとなってい

る。

3）学級ソーシャル・キャピタルによる現在の学習意欲格差への効果

現在（12月時点）の学級レベルでの学習意欲の標準偏差に対しては，学年（$\beta = .377$, $p < .01$）のみが有意な正の効果を及ぼしていた。対人関係Ⅱ（$\beta = -.294$, $p = .096$）および教師信頼Ⅱ（$\beta = -.247$, $p = .052$）は，わずかであるが有意水準には到達していない。Model 3 では，学級レベルの学習意欲の標準偏差の26.4％を統制変数が，16.6％を学級SC要因が説明していた。説明量の合計は43.1％である。

4）学級ソーシャル・キャピタルによる学習意欲の格差抑制化への効果

Model 4 では，6月時点の学習意欲の標準偏差（$\beta = .231$, $p < .05$）および学年（$\beta = .393$, $p < .01$）が正の効果を，対人関係Ⅱ（$\beta = -.355$, $p < .05$）および教師信頼Ⅱ（$\beta = -.266$, $p < .05$）が負の効果を及ぼしていた。6カ月間における学級レベルでの学習意欲の格差抑制分は，児童生徒相互および教師と児童生徒とのつながりによって説明された。また，学習意欲格差の21.3％を前回の学習意欲と学習意欲格差が説明している。また，統制変数が8.3％を，学級SC要因が16.2％を説明していた。説明量の合計は45.9％であった。

5　学級のつながりを学習意欲に活かすために

本章の目的は，学級における「つながり」と学習意欲の影響関係を，ソーシャル・キャピタルの視点からの分析・考察を通して解明することであった。本章を通して得られた主たる知見は，以下の3点である。

第1は，児童生徒相互および教師と生徒のつながり，すなわち，学級SCの効果である。学級内での豊かなつながり，すなわち，教師と子ども達の間で発生する意義ある対話の蓄積，目標達成に向けた協力行動・相互支援行動の中で培われるお互い様の規範，そして，互いを信頼する態度が，学級レベルでの学習意欲を高めるとともに，学習意欲の格差を抑制する効果を有していることが明らかにされた。つまり，学級レベルでのつながりは，学習意欲の向上（卓越性）

と学習意欲の格差抑制（公正性）の2つの価値を同時に達成する効果を有しているのである。学級経営や集団づくりに力を入れ，学習過程にも児童生徒相互の相互作用場面を設定し，教師が児童生徒との間に信頼関係を醸成する実践が，卓越性と公正性の同時達成に対して効果を有するのである。また，学級 SC が，学習意欲の上昇分（9.7％）よりも，学習意欲の分散抑制（16.2％）を強く説明している点に注目したい。学級レベルでの児童生徒のつながりの効果として，これまで卓越性と公正性を並記してきたが，より詳細に検討すると，実は公正性効果の方が相対的に顕著であることが示されている。

　第2は，学年進行の効果である。本章では，学習意欲は学年進行とともに低下すること，また，学習意欲の格差が拡大することが明らかとなった。本章と類似の調査研究（小学校3〜6学年対象）である露口（2014）では，学級レベルの学習意欲に対する学年進行の効果は認められていない。本章の結果は，中学校を含めることによって，出現する効果の可能性がある。したがって，学年進行に伴う課題を克服するためには，特に中学校において，学習意欲の向上と格差抑制に効果がある学級 SC を醸成する手立てを実践することが重要であると考えられる。中学校における学級経営及び授業実践を，「つながり」の視点から省察し，改善することが示唆される。

　第3は，学習意欲に対する家庭 SC の影響力の脆弱さである。本章では，4つのモデルのいずれにおいても，家庭 SC（代理指標としての生活習慣）の効果は認められていない。学級レベルで見た場合の学習意欲や学習意欲格差は，家庭の影響ではなく，学校側の影響が大きいと考えられる。この点も，先行研究である露口（2014）とは異なった結果となっている。露口（2014）では，学級レベルの学習意欲に対して家庭での生活習慣が影響を及ぼしているとする結果が得られている。この点については，調査対象地区の特性を考慮すべきかもしれない。つまり，露口（2014）が政令指定都市の大規模校を対象とした調査であるのに対し，本調査はある農山漁村を広く抱えた地方を対象としており，県内全域に調査対象が拡散している。家庭の生活習慣は，都市部では，その効果が学級レベルの学習意欲に対して及びやすいが，農山漁村を中心とした地域では，そ

の効果が出現しにくい可能性がある。この点については，今後，さらに検討を加える必要がある。

注
(1) 集団レベルでの学習意欲を対象とした事例研究や質的研究は，すでに，秋田(2014)，佐藤（2006），西川（2000）等において蓄積されている。
(2) 本調査では，2つの研究事業からデータを得ている。第5学年の学級が多いのは，当該学年を対象とする学力向上系の事業を担当する研究指定校が調査に複数参加しているためである。
(3) 説明変数である「対人関係Ⅱ」「学級規範Ⅱ」「教師信頼Ⅱ」の間には比較的強い相関がある。重回帰分析の実施においては，VIF検定を実施しているが，最大値は5.08であり，基準値を越えるものは確認されていない。

参考文献
秋田喜代美（2014）『対話が生まれる教室——居場所感と夢中を保障する授業』教育開発研究所。
稲葉陽二（2007）『ソーシャル・キャピタル——「信頼の絆」で解く現代経済・社会の諸課題』生産性出版。
岡正寛子・田口豊郁（2012）「子どもの発達に焦点をあてた地域の役割——子どもの認識するソーシャルキャピタルの測定から」『川崎医療福祉学会誌』21（2），184-194頁。
鹿毛雅治（2013）『学習意欲の理論——動機づけの教育心理学』金子書房。
苅谷剛彦（2001）『階層化日本と教育危機——不平等再生産から意欲格差社会（インセンティブ・ディバイド）へ』有信堂高文社。
佐藤学（2006）『学校の挑戦——学びの共同体を創る』小学館。
志水宏吉（2014）『「つながり格差」が学力格差を生む』亜紀書房。
志水宏吉・高田一宏（2012）『学力政策の比較社会学国内編　全国学力テストは都道府県に何をもたらしたか』明石書店。
露口健司（2011）「教育」稲葉陽二・大守隆・近藤克則・宮田加久子・矢野聡・吉野諒三編『ソーシャル・キャピタルのフロンティア——その到達点と可能性』ミネルヴァ書房，173-195頁。
露口健司（2013）『学校組織のソーシャル・キャピタル』平成22-24年度科研費成果報告書。
露口健司（2014）「子どもを取り巻く「つながり」と学習意欲の関係」露口健司・今野

雅裕・永井順國編『小学校区においてソーシャル・キャピタルを醸成する教育政策の探究──第2年次調査のまとめ』地域コミュニティと学校の新たな関係創造研究プロジェクト報告書，3-15頁。

露口健司・今野雅裕・永井順國（2013）『小学校区においてソーシャル・キャピタルを醸成する教育政策の探究──第1年次調査のまとめ』地域コミュニティと学校の新たな関係創造研究プロジェクト報告書。

西川純（2000）『学び合う教室──教師としての学習者，プロデューサーとしての教師の学習臨床学的分析』東洋館出版社。

浜中祐一・露口健司（2012）「学級集団効力感の効果とその生成過程」『九州教育経営学会研究紀要』18, 83-91頁。

三菱総合研究所（2011）『平成22年度　教育改革の推進のための総合的調査研究』教育投資が社会関係資本に与える影響に関する調査研究報告書。

耳塚寛明（2014）『教育格差の社会学』有斐閣。

Coleman, J. S. (1988) "Social capital in the creation of human capital" *American Journal of Sociology* 94, pp. 95-120.（＝2006, 野沢慎司編・監訳『リーディングス　ネットワーク論──家族・コミュニティ・社会関係資本』勁草書房, 205-241頁）

Kahne, J. E. & Sporte, S. E. (2008) "Developing citizens: The impact of civic learning opportunities on student's commitment to civic participation" *American Educational Research Journal* 45(3), pp. 738-766.

Putnam, R. D. (2000) *Bowling Alone: The collapse and revival of American community*, Simon & Schuster.（＝2006, 柴内康文訳『孤独なボウリング──米国コミュニティの崩壊と再生』柏書房）

Tsuyuguchi, K., Kuramoto, T. & Kido, S. (2013) "Relationship between family social capital and academic performance: Examining school organizational activities as a mediator variable" *Bulletin of the Faculty of Education*, Ehime University 60, pp. 35-45.

第4章	子どもの「つながり」を醸成する カリキュラムマネジメント① ――小学校における地域共生科の実践から

露口健司

1　子ども・教師・保護者を取り巻く「つながり」への着目

　本章の目的は，本章で取り上げる小学校区におけるつながり醸成過程をカリキュラムマネジメントの視点から記述し，つながり醸成のための実践的示唆を提示することにある。

　つながりは，ある日突然発生するものではなく，人々の関わり合いの中で時間をかけて醸成される。小学校区において醸成される人々のつながりは，序章において述べたように，ネットワーク・互酬性規範・信頼の3つのプロセスを経て醸成されると考えられる。本章では，小学校区においてつながりは，団体・集団内での対話・交流による知識・情報交換（構造づくり），協働的活動による課題解決を通しての互酬性規範の形成（活動づくり），対話・交流関係の中長期化・継続化による信頼関係の形成（関係づくり）といった3つの過程を経て「醸成」が進むものと仮定し，記述を行う。

　ただし，一口に小学校区といっても，多様な人々がそこで地域コミュニティの一員として生活している。したがって，研究を進めるにあたっては，誰を取り巻くつながりに焦点を当てるのかを明確にしておく必要がある。たとえば，教育分野における先駆的研究である Coleman (1988=2006) らは，保護者を取り巻くつながりに焦点を当てている。また，学校組織における信頼研究では，教師を取り巻くつながりに焦点を当てた研究が進んでいる（Bryk & Schneider 2002；Goddard, Salloum & Berebitsky 2009等）。さらに，教育分野では当たり前のことであるが，子どもを取り巻くつながりの探究が中核分野となっている（露口 2011参照）。このように，教育分野におけるつながり研究では，主として，保

護者・教師・子どもを取り巻くつながりに焦点を当てた研究が進められている。本章においても，小学校区におけるつながり醸成の説明にあたり，子ども・教師・保護者を取り巻くつながりに焦点を当てた上で，記述を行う。

2　事例校における子ども・教師・保護者を取り巻く「つながり」の特徴

（1）ビジョンと教育目標

　事例校であるＨ小学校は，Ｘ市の都市部近郊地域に位置している混在型の新興住宅地にある。創立は明治初期であり，地域の伝統校である。児童数は681名（2012〔平成24〕年4月時点），23学級編制の大規模校である。校区には，地下鉄駅，区役所，高等学校（2校），私立大学（2校）が所在している。比較的規模の大きな校区である。Ｈ小学校の教育目標は，「創造的な知性と，たくましい心と体をもち，自分らしさを発揮しながら，共に生きる子どもの育成」であり，目指す学校像・目指す教職員像・期待する家庭像・期待する地域像等のビジョンが明確化されている。後述するように，平成21～23年度文部科学省研究開発指定校として「地域共生科」のカリキュラム開発に取り組むとともに，それとあわせて2009（平成21）年度に学校支援地域本部も開設している。

（2）統制群との比較にみるＨ小学校の「つながり」の特徴
1）質問紙調査の方法

　Ｈ小学校は，特性を同じくする都市部近郊大規模校に比べ，より豊かなつながりが醸成されているのであろうか。この点を確認するために，Ｈ小学校と他の7小学校（統制群）との質問紙調査による比較分析を下記の手順において実施した。

　質問紙調査は，2012（平成24）年10月に実施された。調査対象は，調査拠点校のＨ小学校をはじめとするＸ市内8小学校の児童・教員・保護者である。調査協力校である8小学校は，Ｘ市教育委員会によって抽出されている。抽出基準は，調査拠点校であるＨ小学校に比較的類似した学校であること（学級数・校区

第4章　子どもの「つながり」を醸成するカリキュラムマネジメント①

表4-1　調査協力校の属性と有効回収率

学校名	学級数	校区特性	学校支援	児童対象調査	教員対象調査	保護者対象調査
A	14	旧市街地	H20	99.3%（287/289）	100.0%（14/14）	86.0%（289/336）
B	16	新興住宅地	H23	98.2%（271/276）	87.5%（14/16）	85.9%（256/298）
C	30	混在型	H23	89.5%（571/638）	93.3%（28/30）	87.4%（681/779）
D	14	混在型	H21	98.7%（233/236）	92.9%（13/14）	94.0%（250/266）
E	27	混在型	－	98.3%（580/590）	92.6%（25/27）	92.9%（625/673）
F	26	新興住宅地	H23	86.6%（441/509）	80.8%（21/26）	86.7%（507/585）
G	22	混在型	H24	94.9%（376/396）	90.9%（20/22）	80.8%（399/494）
H	23	混在型	H21	96.6%（460/476）	87.0%（20/23）	82.8%（453/547）

注：学校支援＝学校支援地域本部事業の設置年度．有効回収率％＝（有効回答者数／対象者数）

特性・学校支援地域本部事業の設置状況等の視点から）である。

　児童対象調査は，第3学年から第6学年の全児童を対象として実施された。調査は朝の会・帰りの会，あるいは学級活動の時間を活用して実施された。有効回収率は94.4％（3,219名/3,410名）であった。学校毎の有効回収率については，表4-1に示す通りである（以下，同様）。

　教員対象調査は，保護者との関係を問う質問が多いため，学級担任に限定して実施した（特別支援学級を含む）。調査票は厳封の上，担当者がとりまとめ，筆者たちの勤務大学に直送された。有効回収率は90.1％（155名/172名）である。

　保護者対象調査は，第1学年から第6学年の全世帯（各世帯1通）を対象として実施された。教員調査同様の回収手順をとっている。また，その旨を保護者に対しても伝えている。有効回収率は87.0％（3,460名/3,978名）である。

　2）つながりの測定
　① 子どもを取り巻くつながりの測定

　家庭SC　家庭における家族間のつながりを測定するために，ソーシャル・キャピタルの3要素（ネットワーク・互酬性規範・信頼）の視点から，新たに10項目を作成し，児童に対して回答を求めた（以下，同様）。尺度は，「④　ひじょうにあてはまる」～「①　全くあてはまらない」の4件法である。家庭SCの10測定項目の平均値は3.32，標準偏差は.52，回答者数は3,173名であった（表4-2参照）。尺度の構造的妥当性を検証するために，確証的因子分析（主因子法・プロマックス回転，以下同様）を実施した結果，1因子構造であることが判明し

表4-2 記述統計量

	平均値	標準偏差	度　数	因子負荷量範囲	α 係数
【児童対象調査】					
家庭 SC	3.32	.52	3,173	.38〜.74	.85
子ども間 SC	3.24	.52	3,173	.44〜.74	.85
学級 SC	3.05	.56	3,173	.37〜.70	.87
子ども-地域 SC	3.11	.59	3,172	.36〜.73	.85
【教員対象調査】					
学校組織 SC	3.07	.43	155	.43〜.69	.91
学校-地域 SC	2.57	.49	155	.53〜.72	.88
【保護者対象調査】					
保護者-学校 SC	7.40	2.44	3,497	−	−
保護者間 SC	2.82	.59	3,492	.51〜.83	.76
保護者-地域 SC	6.70	3.14	3,497	−	−

た。因子負荷量（Factor Loading）は.38〜.74の幅をとっており，基準値（本調査では最小値.30を設定）は超えている。また，尺度の信頼性を検証するために，信頼性検定を実施した。クロンバックのα係数は.85であり，一般的な基準である.70を超えている。なお，測定項目については，表4-3（66-67頁）に掲載している（以下，同様）。

　　子ども間 SC　　学校を中心とする子ども間のつながりを測定するために，新たに10項目を作成し，児童に対して回答を求めた。尺度は，「④　ひじょうにあてはまる」〜「①　全くあてはまらない」までの4件法である。子ども間 SCの10測定項目の平均値は3.24，標準偏差は.52，回答者数は3,173名であった。尺度の構造的妥当性を検証するために，確証的因子分析を実施した結果，1因子構造であることが判明した。因子負荷量は.44〜.74の幅をとっており，基準値は超えている。また，尺度の信頼性を検証するために信頼性検定を実施した。α係数は.85であり，一般的な基準を超えている。

　　学級 SC　　学級内におけるつながりを測定するために，新たに10項目を作成し，児童に対して回答を求めた。尺度は，「④　ひじょうにあてはまる」〜「①　全くあてはまらない」までの4件法である。学級 SCの12測定項目の平均値は3.05，標準偏差は.56，回答者数は3,173名であった。尺度の構造的妥当性を検証するために，確証的因子分析を実施した結果，1因子構造であることが

判明した。因子負荷量は.37～.70の幅をとっており，基準値は超えている。また，尺度の信頼性を検証するために，信頼性検定を実施した。α係数は.87であり，一般的な基準を超えている

子ども－地域SC 主として子どもと地域住民間のつながりを測定するために，新たに10項目を作成し，児童に対して回答を求めた。尺度は，「④ ひじょうにあてはまる」～「① 全くあてはまらない」までの4件法である。子ども－地域SCの10測定項目の平均値は3.11，標準偏差は.59，回答者数は3,172名であった。尺度の構造的妥当性を検証するために，確証的因子分析を実施した結果，1因子構造であることが判明した。因子負荷量は.36～.73の幅をとっており，基準値は超えている。また，尺度の信頼性を検証するために，信頼性検定を実施した。α係数は.85であり，一般的な基準を超えている。

② 教師を取り巻くつながりの測定

学校組織SC 学校組織における教師相互や教師－管理職間のつながりを測定するために，新たに23項目を設定し，学級担任教員に対して回答を求めた。尺度は，「④ ひじょうにあてはまる」～「① 全くあてはまらない」までの4件法である。学校組織SC（23項目）の合成変数の平均値は3.07，標準偏差は.43，回答者数は155名である。尺度の構造的妥当性を検証するために，確証的因子分析を実施した結果，1因子構造であることが判明した。因子負荷量は.43～.69の幅をとっており，基準値は超えている。また，尺度の信頼性を検証するために信頼性検定を実施した。α係数は.91であり，一般的な基準を超えている。

学校－地域SC 学校と地域社会間のつながりを測定するために，新たに11項目を設定し，学級担任教員に対して回答を求めた。尺度は，「④ ひじょうにあてはまる」～「① 全くあてはまらない」までの4件法である。学校－地域SCの測定項目（11項目）の平均値は2.57，標準偏差は.49，回答者数は155名である。尺度の構造的妥当性を検証するために，確証的因子分析を実施した結果，1因子構造であることが判明した。因子負荷量は.53～.72の範囲にある。また，尺度の信頼性を検証するために，信頼性検定を実施した。α係数は.88で

第Ⅰ部 カリキュラム・授業における「つながり」

表4-3 測定項目一覧

SC 次元	測 定 項 目
家庭SC	家族の人は，話をよく聞いてくれる。家族の人といっしょに遊んだり，運動をしたりする。家では，お手伝いをがんばっている。家族の人に，あいさつをしている。家族の人は，勉強のことについて相談にのってくれる。家族の人のために，役に立ちたいと思う。私の家族は，おたがいに協力し，助けあっている。家族の人は，自分がこまっていたら助けてくれる。家族の人は，自分のことを大切に思っている。家族の人から期待されており，とてもうれしい。
子ども間SC	毎日，友だちといっしょに遊んでいる。友だちとの会話はとても楽しい。友だちは，勉強のことについて，相談にのってくれる。自分は，友だちや周りの人のために役立っていると思う。友だちが失敗しても，せめたりしない。いつも友だちと協力し合って行動している。友だちから頼りにされている。友だちの気持ちがよく分かる。友だちを信用している。友だちといっしょにいると安心できる。
学級SC	担任の先生は，話をよく聞いてくれる。担任の先生といっしょに休み時間に遊ぶことがある。学級での係の仕事をがんばっている。学級では，自分からすすんであいさつをしている。授業中は，いつも学習に集中している。担任の先生は，勉強のことについて相談にのってくれる。学級のために役立ちたいと思う。今の学級をよりよい学級にしたいと思う。学級のみんなは，おたがいに協力し助けあっている。学級では，自分がこまっていたら周りが助けてくれる。担任の先生は，自分のことを大切に思ってくれている。担任の先生から期待されており，とてもうれしい。
子ども-地域SC	地域の人と，学校の中でいっしょに活動することがある。今住んでいる地域の行事に参加している。登下校のとき，近所の人にあいさつをしている。地域のスポーツ団体や文化団体でがんばっている。友だちの家族には，いろいろとお世話になっている。地域の人と，地域や学校でいっしょに活動したいと思う。地域のお年寄りの人からお世話になっていると思う。今住んでいる地域をよりよい地域にしたいと思う。今住んでいる地域に貢献できるような大人になりたい。地域の人は信用できる人だと思う。今住んでいる地域が好きである。今住んでいる地域にずっと住みたいと思う。
学校組織SC	同僚の多くは，本校において達成すべき使命を共有している。何事に対しても協力して取り組もうとする態度がある。児童生徒の学力向上のためには，どうすればよいかを多くの教員が理解している。安心して働くことのできる，働きやすい職場である。授業改善の必要性を，多くの教員が理解している。職員が努力し実現したくなるようなビジョン（グランドデザイン）が示されている。自分が担当している児童生徒の学力成果の状況を，他の教員も知っている。自分の授業を同僚に公開することが習慣化している。同僚の授業を参観し，意見交換することが習慣化している。自分の授業に対する同僚からの効果的なフィードバックがある。特別に配慮する必要のある生徒に対する支援の方法について，同僚同士で話し合う。校長は，職員の話に耳を傾けている。新しい授業技法や実践についての知識を同僚同士で交換しあうことが

第4章 子どもの「つながり」を醸成するカリキュラムマネジメント①

	ある。校外での研修等で獲得した知識を，同僚同士で交換し合うことがある。本校の教職員は，同僚に対して誠意をもって接している。校長は，児童生徒，保護者，職員に対して日々貢献している。同僚と授業運営や学級経営上の課題についての会話を交わすことがある。教員は，休み時間などでも，授業や教育実践に関する話を同僚と交わしている。多くの教職員が，他の教師を自発的に支援している。多くの教職員が学校改善に対する責任を意識している。多くの教職員が自分自身に高い水準の目標を課している。校長が教職員を支援している。同僚と学校の重点目標に関する会話を交わすことがある。
学校−地域SC	地域住民に授業支援等で，授業に協力してもらうことがある。地域住民と積極的に対話するように心がけている。小学校区の地域行事には積極的に参加している。学校に来ている地域住民の顔と名前が分かる。地域住民からの相談を受けることが多い。自分は地域住民の願いの実現のために貢献していると思う。学校に来ている地域住民と，挨拶の他に会話を交わしている。学級担任をしていて地域住民に助けられたと思うことがある。学校と地域は支え合う関係にあると実感している。地域住民は，ここぞという時に頼れる存在である。地域からの信頼を積み上げるために，積極的に手をうっている。
保護者−学校SC	【期待性】学校の先生に親しみを感じる。子どもが通っている学校に愛着を感じる。学校の先生は保護者の意見に耳を傾けている。子どもの学力向上に関して，学校に期待している。子どもの心の教育や体力健康づくりについて，学校に期待している。悩みや心配事があるときは，学校の先生に相談している。悩みや心配事を，学校先生と共有できている。学校の先生は，悩みや心配事を理解してくれている。【協力性】学校の行事等には，積極的に参加している。PTA活動に，積極的に協力している。PTAの役員や委員をやってみたい。もっといろいろな行事活動で，保護者に協力を依頼して欲しい。自分の特技が役立つのであれば授業にも協力したい。運動会や文化祭など，学校行事にはできるだけ参加したい。PTA活動にはできるだけ参加したい。学校から依頼があれば，ボランティアとして協力したい。学校からの通信等には，じっくりと目を通している。
保護者間SC	子どもの教育について保護者同士で相談することがある。保護者相互で，積極的に対話するように心がけている。PTA活動では，保護者同士が一緒に活動することで，充実感を味わうことがある。子どもの友達の親（保護者）は，ほとんど知っている。保護者同士が協力することで学校はさらによくなると思う。
保護者−地域SC	【校区地域】子どもの教育について，地域の人に相談することがある。地域行事に，積極的に参加している。地域行事では，地域の人と一緒に活動することで，充実感を味わうことがある。保護者と地域の人が協力することで，学校はさらによくなると思う。【近隣地域】近所の人は，ほとんど知っている。近所の人と対話する機会がある。近所の人に，助けられたと思うことがある。近所の人とは，助け合い支え合う関係にあると実感している。近所の人は，ここぞという時に頼れる存在である。

あり，一般的な基準を超えている。

③　保護者を取り巻くつながりの測定

保護者－学校SC　　保護者―学校間のSCの測定においては，信頼の要素に焦点を当てた「学校信頼」を代理指標として使用している。露口（2012）では，学校を信頼する保護者の特性を「期待性」と「協力性」の積によって説明している。期待性については8項目，協力性については9項目によって測定しており，これらは一定の信頼性と妥当性が確証された尺度である。学校に対する日常的な期待感や協力的態度について，保護者に対して回答を求めた。尺度は，「④　ひじょうにあてはまる」～「①　全くあてはまらない」までの4件法である。期待性得点と協力性得点の積から，学校信頼の得点を算出した。学校信頼の平均値は7.40，標準偏差は2.44，回答者数は3,497名である。

保護者間SC　　保護者間SCを測定するために，新たに5項目を設定し，保護者に対して回答を求めた。尺度は，「④　ひじょうにあてはまる」～「①　全くあてはまらない」までの4件法である。保護者間SCの測定項目の平均値は2.82，標準偏差は.59，回答者数は3,492名である。構造的妥当性を検証するために，確証的因子分析を実施した結果，1因子構造であることが判明した。因子負荷量は.51～.83の範囲にある。また，尺度の信頼性を検証するために，信頼性検定を実施した。クロンバック α 係数は.76であり，一般的に目安とされる.70を超えている。

保護者－地域SC　　保護者―地域SCについては，「地域」を校区レベルと近所レベルの2つの次元で測定するとともに，それらの積を保護者－地域SCとして解釈する。校区地域レベルでの保護者と地域住民とのつながりを測定するために，新たに4項目を設定し，保護者に対して回答を求めた。尺度は，「④　ひじょうにあてはまる」～「①　全くあてはまらない」までの4件法である。次に，近隣地域レベルでの保護者と近所住民とのつながりを測定するために，新たに5項目を設し，保護者に対して回答を求めた。尺度は同様である。校区地域と近隣地域の積から，保護者―地域SCの得点を算出した。保護者―地域SCの平均値は6.70，標準偏差は3.14，回答者数は3,497名であった。

第4章 子どもの「つながり」を醸成するカリキュラムマネジメント①

表4-4　H小学校と統制群との比較

	H小学校		統制群（N = 7）		平均値の差	t値
	平均値	標準偏差	平均値	標準偏差		
【児童対象調査】						
家庭SC	3.41	.48	3.31	.52	.10	4.06**
子ども間SC	3.33	.49	3.22	.52	.11	4.12**
学級SC	3.08	.56	3.04	.56	.04	1.45
子ども―地域SC	3.19	.60	3.09	.58	.10	3.28**
【教師対象調査】						
学校組織SC	3.08	.48	3.06	.42	.02	.15
学校―地域SC	2.75	.50	2.54	.49	.21	1.73
【保護者対象調査】						
保護者―学校SC	7.18	2.39	7.44	2.45	.26	-2.15*
保護者間SC	2.79	.59	2.83	.59	.04	-1.43
保護者―地域SC	6.02	2.97	6.81	3.16	.79	-5.10**

3）事例校と統制群とのソーシャル・キャピタル比較

　小学校区版ソーシャル・キャピタル測定尺度のデータを用いて，H小学校と統制群7校（A～G小学校）とのソーシャル・キャピタルの各次元についての比較（t検定）を行ったところ，表4-4に示す結果が得られた。

　子どもを取り巻くつながりについては，家庭SC（$t = 4.06, p < .01$），子ども間SC（$t = 4.12, p < .01$），子ども―地域SC（$t = 3.28, p < .01$）に有意差が認められている。H小学校の児童は，近隣の都市部近郊大規模校に比べて，家庭におけるつながり，子ども間のつながり，子どもと地域とのつながりが強いことが示されている。

　教師を取り巻くつながりは，統制群の小学校とほぼ類似の回答傾向が示されている。学校組織SCおよび学校地域SCは，平均値を若干上回っているが，有意水準には至っていない。

　保護者を取り巻くつながりについては，予想に反して，統制群よりも低い値となっている。保護者―学校SC（$t = -2.15, p < .05$），保護者―地域SC（$t = -5.10, p < .01$）において，統制群よりも有意に低い値が示されている。

　以上の結果を踏まえると，H小学校「地域共生科」の実践は，特に子どもを取り巻くつながりの醸成において，効果的であると考えられる。

第Ⅰ部　カリキュラム・授業における「つながり」

3　つながり醸成の可能性をもつ「地域共生科」カリキュラム

（1）事例校での資料収集とインタビュー調査の実施

　前節では，H小学校と統制群7校との比較において，H小学校のつながりの特徴を明らかにした。統制群7校は，いずれも都市部・都市部近郊の大規模校であり，ほとんどの学校において学校支援地域本部事業を採用し，学校と地域の関係づくりを基盤においた学校経営を展開している。市教育委員会によって抽出された学校であるため，どの学校においても校長を中心とした学校経営が展開され，落ち着いた学校となっている。H小学校と統制群との最大の違いは「地域共生科」の創設にあると考えられ，「地域共生科」の実践が，H小学校独自のつながり醸成要因であると仮定することができる。

　そこで，本章では次に，「地域共生科」によるつながり醸成過程を，主にドキュメント分析とインタビュー調査の質的調査法を通して明らかにする。

　H小学校は，2009（平成21）〜2011（平成23）年度の文部科学省指定研究開発校であったため，同校の実践を説明した様々な資料・報告書が作成されている。本章では，3年間の研究成果をまとめた最終報告資料を参照し，「地域共生科」カリキュラムの特徴を整理するとともに，当該カリキュラムとつながり醸成との関連性について記述する。

　また，H小学校では，資料収集に努めるとともに，2012（平成24）年度に3回，インタビュー調査を実施している。まず，2012（平成24）年7月18日に，職員に対して調査の主旨を説明するとともに，教頭と研究主任に対する60分程度の個別インタビューを実施している。同年7月19日には，小学校の保護者4名を対象とするフォーカス・インタビューを60分程度実施した後，地域住民4名を対象とするフォーカス・インタビューを同じく60分程度実施している。調査者は筆者ら2名であり，いずれもH小学校の視聴覚室で行われた。保護者および地域住民の選出においては，小学校に対する参加頻度が高く，なおかつ，学校の実情をよく理解した人を基準として，学校側が選んでいる。同年12月26日には，

第4章　子どもの「つながり」を醸成するカリキュラムマネジメント①

上記質問紙調査の結果を，調査者である筆者らが職員に対して60分程度報告した後，30分程度の協議を実施している。学校側の参加者は，校長・教頭・教務主任・研究主任・教員代表（4名）である。報告協議会はH小学校の校長室において行われ，学校の職員以外にも，研究協力者2名（前任校長および他校の校長）が参加している。インタビューにおける対話は，被調査者の許諾を得た上でICレコーダーに記録し，分析に用いるためのスクリプトを作成した。

（2）「地域共生科」カリキュラムの構造
1）「地域共生科」のねらい

　H小学校では，子どもを取り巻くつながりの醸成に成功している。こうした現象は，当該小学校独自の実践である「地域共生科」によって説明することができる。H小学校では，2009（平成21）年度～2011（平成23）年度の3年間，文部科学省指定研究開発校として「地域共生科」の創設に取り組んできた。

　「地域共生科」の目標は，次の通りである。すなわち，「地域社会の具体的な事象や課題に対する学習と地域社会づくりの体験活動を通して，地域社会に対する愛情を深め，地域社会の課題に対して主体的に取り組み，さまざまな価値観や考え方をもつ人々と共生するために必要な基礎的・基本的な知識及び技能を身に付けさせるとともに，他者の考えや社会的価値観と照らし合わせながら，自ら考え判断する能力や，社会貢献活動のための基礎的な能力を育成する」（H小学校 2011：17）である。

　また，「地域共生科」では，育成したい力として，社会貢献力，思考力，知識・技能の3点を掲げている。「地域共生科」において，社会貢献力とは，「地域社会を構成する人々や事象に関心をもち，その一員として地域社会の課題に主体的に取り組み貢献する能力」を意味する。思考力とは，「地域社会の課題を他者の考えや社会的価値観と照らし合わせて自ら考え，話し合い，判断する能力」を意味する。知識・技能とは，「地域社会に貢献し，共生するための基礎的・基本的な知識・技能」を意味する。また，これらの3つの力について，低・中・高学年毎に，到達目標が設定されている（H小学校 2011：17）。

第Ⅰ部 カリキュラム・授業における「つながり」

表 4-5 キー・コンピテンシーと PISA 調査との対応

キー・コンピテンシーの具体的内容	PISA 調査との対応
カテゴリー1．社会・文化的，技術的ツールを相互作用的に活用する能力	
●言語，シンボル，テクストを活用する能力	
・様々な状況において，話したり書いたりする言語のスキルや数学的なスキル等を効果的に活用する力。	⇒ 読解力・数学的リテラシー
●知識や情報を活用する能力	
・情報それ自体の本質について，例えば，その技術的なよりどころや社会的・文化的な文脈などを考慮して，批判的に深く考えることができる力。	⇒ 科学的リテラシー
・他人の意見や選択肢の理解，自らの意見の形成，意思決定，確実な情報に基づいた責任ある行動を可能とする基盤。	
●テクノロジーを活用する能力	⇒ デジタル読解力
・個人が日々の生活においてテクノロジーが新しい方法で活用できることに気付くことが第一。	
・テクノロジーには，遠隔地間の協働，情報へのアクセス，他人との双方向のやりとりなど新たな可能性。そのためには，E-mail の送信など単なるインターネットの活用スキル以上のものが必要。	
カテゴリー2．多様な集団における人間関係形成能力	
●他人と円滑に人間関係を構築する能力	
・個人が知人や同僚，顧客などと個人的な関係を作り出し，維持し，発展させる力。	
・具体的には，「共感する力」，「感情を効果的にコントロールする力」。	
●協調する能力	
・協調に当たっては，各個人が一定の能力を持っていることが必要。グループへの貢献と個々人の価値とのバランスを図ることができる力が不可欠。また，リーダーシップを共有し，他人を助けることができることも必須。	
●利害の対立を御し，解決する能力	
・利害の対立に建設的にアプローチするには対立を否定するのではなく，それを御するプロセスを認識すること。他者の利益や双方が一定の利益を得るための解決方法への深い理解が必要。	
カテゴリー3．自立的に行動する能力	
●大局的に行動する能力	⇒ 問題解決能力
・自らの行動や決定を，自身が置かれている立場，自身の行動の影響等を理解したうえで行える力。	
●人生設計や個人の計画を作り実行する能力	
・人生の意義を見失いがちな変化し続ける環境のなかで，自らの人生に一定のストーリーを作るとともに意味や目的を与える力。	
●権利，利害，責任，限界，ニーズを表明する能力	
・成文のルールを知り，建設的な議論のうえ，調整したり対案を示したりする力。	
・自分自身の権利などを表明するためのみの力ではなく，家庭，社会，職場，取引などで適切な選択をすることができる。	

出所：中央教育審議会（2005）を基に筆者作成。

第4章　子どもの「つながり」を醸成するカリキュラムマネジメント①

表4-6　「地域共生科」の学年別テーマ

学年	テーマ	概要
第1学年 (50時間)	まつりだわっしょい！！ in H―子どもの力で地域を元気に―	地域の人々とともに、"まつり"をつくります。地域の人々を明るく元気にするには、どうしたらよいか考え、自分たちで作ったおみこしを担いで地域に飛び出します。
第2学年 (50時間)	見せるぞ！　おにいさん・おねえさんパワー―つくろうえがおの町―	幼稚園や保育園（所）に行き、小さい子どもとのかかわり方を学びます。園児を楽しませる遊びを考え、園児や園のために自分たちでできることに挑戦します
第3学年 (70時間)	おじいちゃん　おばあちゃん　わたしたち―いっしょに笑おう　いっしょに学ぼう―	地域のお年寄りと交流したり、アンケート調査を行ったりして、お年寄りを理解します。お年寄りと共に学び合い、高め合えるような講座をつくります。
第4学年 (70時間)	すぎだっちゃ！　H―見つけよう伝えよう　私たちのふるさと―	地域の昔のくらしを調べたり、歴史の跡を辿ったりして、ふるさとのよさを理解します。創作劇などの表現活動をとおして地域の人々にふるさとの魅力を伝えます。
第5学年 (70時間)	よりよい未来を思い描こう！―つくろう！　素敵な自分　素敵な地域―	地域を支える人々の生き方や願いにふれ、理解したことを、コミュニティFM局の番組から発信します。そして、よりよい地域社会づくりのために自分たちができることを考え、実行します。
第6学年 (70時間)	私たちで作ろう　住みよいH―"つながろう　みんなの街"プロジェクト―	地域社会の課題を調べ、関係機関などと連携しながら、地域社会の活性化に貢献します。活動を通して地域社会における共生の意義を理解します。
特別支援学級 (70時間)	私たちの町―地域の人となかよくなろう―	地域で活動する人々とのふれ合い、地域とのつながりを深める活動に取り組みます。

出所：H小学校（2011）を基に筆者作成。

2）「地域共生科」とキー・コンピテンシーの関係

「地域共生科」は、キー・コンピテンシー（Key Competency）の育成を具体化したプログラムであると解釈できる。キー・コンピテンシーとは、「人が特定の状況の中で（技能や態度を含む）心理社会的な資源を引き出し、動員して、より複雑な需要に応じる能力」と定義されている（立田 2014：38）。また、キー・コンピテンシーの具体的内容として、①社会・文化的、技術的ツールを相互作用的に活用する能力（カテゴリー1）、②多様な集団における人間関係形成能力（カテゴリー2）、③自立的に行動する能力（カテゴリー3）の3つのカテゴリーが提示されている（Rychen & Salganik 2003＝2006）。

「地域共生科」は、カテゴリー1と「知識・技能」、カテゴリー2と「思考力」、カテゴリー3と「社会貢献力」を、それぞれ対応させたカリキュラムとして捉

えることができる。

　これらの3カテゴリーのうち，PISA調査において測定できるのは，主としてカテゴリー1である（表4-5）。カテゴリー2および3については，学力検査とセットで実施される児童用質問紙によって，その達成状況の把握に努めている。こうした調査の構造は，全国学力・学習状況調査においても同様である。「地域共生科」におけるねらいの達成状況について，「知識・技能」を主として学力検査において，「思考力」「社会貢献力」については，児童対象の質問紙調査によって検証されている（H小学校 2011）。

3）「地域共生科」のカリキュラムと評価

　次に，「地域共生科」のねらいを達成するためのカリキュラムについて確認する。2011（平成23）年度の授業時数は，第1・2学年が50時間であり，生活科から50時間を移行することで対応している。第3～6学年は70時間であり，総合的な学習の時間から70時間をそのまま移行している。各学年のテーマは，表4-6に示す通りである。

　「地域共生科」では，学年ごとに一つの単元を5つの学習サイクルで構成している。そのサイクルとは，①地域を知る，②地域を調べる，③地域を考える，④地域に発信する，⑤地域で行動する，である。H小学校では，これらの5つのサイクルと，前述した3観点（「社会貢献力」「思考力」「知識・技能」）を組み合わせ，評価基準表を開発している。

4）学校支援地域本部の創設

　「地域共生科」のカリキュラムでは，地域社会と学校の「学びの循環」が重要なポイントとして位置づけられている。これは，学校が一方的に地域の協力を仰ぐだけでなく，子どもが学校で学んだことを地域社会に還元することを視野に入れた発想である。学校が地域の様々な機関や人々の協力などの地域の教育力を積極的に活用するとともに，子どもたちの学習活動が地域貢献や地域社会の活性化につながるように意図されている。

　地域社会と学校の学びを循環化させるための手立てとして，H小学校では，研究指定開始年度の2009（平成21）年度より，学校支援地域本部を開設している。

第4章　子どもの「つながり」を醸成するカリキュラムマネジメント①

表4-7　報告書にみるH小学校「地域共生科」の教育効果

項　目	上昇率（％）
・地域の人々からお世話になっていると思いますか	155
・自分の考えに理由をつけて話すことがありますか	131
・自分のまわりの人たちは，いろいろな意見や考えをもっていると思いますか	123
・意見が違う人とも協力して活動しますか	116
・自分の考えとは違う意見も最後まで聴きますか	114
・一人で考えるより友達と話し合うと，よりよい考えがうかぶと思いますか	110
・学校の授業で学習したことは普段の生活や大人になったときに役に立つと思いますか	108
・今，住んでいる地域が好きですか	100

　学校支援地域本部は，地域コーディネーターを中心に，従来からあるボランティア組織をまとめ，学校の教育活動を的確に支援している。

(3)「地域共生科」の教育効果

　「地域共生科」の教育効果を測定するために，H小学校（2011）では，2009（平成21）年7月，2009（平成21）年12月，2010（平成22）年5月，2010（平成22）年12月～2011（平成23）年2月の計4回，児童対象調査を実施している。回答者は，特別支援学級に所属する児童を除く全児童である。

　質問紙調査は，「地域共生科」のねらいである「社会貢献力」「思考力」の到達度を測定する設問群から構成されている。分析結果をみると，確かに第1回から第4回に向けて，改善傾向が認められている。以下，各質問項目において，最高値である「4」を選択した児童の比率に着目し，第1回と第4回の増加率（第4回／第1回×100）を見てみる（表4-7）。

1) 社会貢献力

　表4-7の8項目は，「地域共生科」における顕著な成果としてピックアップされた要因である。H小学校におけるつながりの特徴の一つは，子ども―地域SCの高さであった。このことは，H小学校の報告書にも現れている。2009（平成21）年度から2010（平成22）年度にかけての上昇率のトップは，「地域の人からお世話になっていると思いますか」であった。子どもたちが，地域の人々への感謝の気持ちとともに，信頼感を抱き始めていることが，この結果から解釈で

表4-8 「地域に関して誇りに思うことや自慢できること」についての自由記述調査の結果（主要概念のみ）

	第1回 (H21.7)	第2回 (H21.12)	第3回 (H22.5)	第4回 (H22.12)	変容率 (第4回／第1回×100)
豊かな住環境	38	43	28	36	94.7%
良好な人間関係	33	53	53	88	266.7%
豊かな自然環境	21	29	71	40	190.5%
交通利便	8	12	1	7	87.5%
祭り	7	8	9	9	128.6%

きる。

　また，表4-7とは別に，「地域に関して誇りに思うことや自慢できること」についての自由記述調査においても，児童の地域観の変容が見て取れる（表4-8参照）。「地域共生科」実施前の2009（平成21）年7月の時点では，児童の記述に最も多く出現したのは，「豊かな住環境」である。つまり，「住みやすさ」ということが，地域のよさのトップであった。しかし，第4回（2010〔平成22〕年12月）になると，回答傾向が大きく変容している。最も多く出現した概念は，「良好な人間関係」であり，第1回目からの変容率は266.7%となっている。「地域共生科」での体験活動を展開した結果，子どもたちは，自分を含めた地域の人々のつながりの強さを実感したと解釈できる。「大人同士が協力し，助け合っている地域」「大人同士のつながりによって構成されている地域」を実感した児童は，このことを「地域の誇りや自慢」として記述しているのであろう。

2）対人関係場面での思考力

　「地域共生科」のカリキュラムは，対人関係場面での「思考力」の育成にも効果を発揮している。たとえば，「自分の考えに理由をつけて話すことがありますか」「自分のまわりの人たちは，いろいろな意見や考えをもっていると思いますか」「意見が違う人とも協力して活動しますか」「自分の考えとは違う意見も最後まで聴きますか」といった項目の得点が，1年間で向上している（表4-7）。

　「地域共生科」では，様々な世代や価値観をもった大人との対話の機会が用意されている。講師として話を聞く場合，インタビュー調査の対象者として質問する場合等は，相手を教師と同様に扱うことで，児童はこれまでの教師との相

互作用経験をベースとして一定の成功の見通しを立てることができる。しかし，H小学校の「地域共生科」では，新たなコミュニケーション・モードを必要とする多様な大人との対話の機会を設定している。特に注目すべきは，児童の学習を支援する「パートナー」としての大人（保護者・地域住民）の存在である。パートナーとは，「児童と共に一つの目標に向かって話し合い，

表4-9　学力検査の結果

	H21	H22	H23
国語（総合）			
H23　第6学年	2.1	2.7	3.4
H23　第5学年	5.8	3.6	5.3
国語（応用力）			
H23　第6学年	－	2.7	2.7
H23　第5学年	－	4.4	5.1
算数（総合）			
H23　第6学年	-2.8	-0.2	2.8
H23　第5学年	0.9	0.8	2.2
算数（応用力）			
H23　第6学年	－	-0.2	1.8
H23　第5学年	－	0.7	3.6

注：数値は「校内平均正答率」-「市内平均正答率」

共に創り上げていく大人」（H小学校 2011：25-26）のことである。パートナーは，話し合いの中で児童の考えが一般的な常識から外れることのないように導く役割が期待されている。たとえば，町の中にポスターを貼りたいという案が出た場合，許可が必要なことを助言したり，その考えが相手にとってどうであるか，相手から見た考えを促したりすることが求められる。また，「地域共生科」の学習では，学級をバラして学習グループを編成するため，対人関係づくりや集団内での意見の交流等の体験を重ねることにもつながる。

3）学力検査にみる知識・技能

「地域共生科」では，「思考力」や「社会貢献力」の基盤となる「知識・技能」についても，上昇傾向が示されている。表4-9は，同一集団を対象とする3年間の学力検査結果の推移を示している。なお，学力検査は，毎年度4月に実施されている。

周知の通り，全国学力・学習状況調査は，PISA調査をモデルに開発されている。X市が使用している学力検査（小学校は第3学年以上）は，全国学力・学習状況調査をモデルに作成されている。したがって，X市が実施している学力検査は，PISA調査と理念や方向性は一致していると言える。

2011（平成23）年度の第6学年は，2009（平成21）年度（第4学年時），2010（平成22）年度（第5学年時）よりも，国語・算数の両教科において，向上傾向が認められる。特に，算数の改善傾向が顕著である。2011（平成23）年度の第5学年は，国語については，2010（平成22）年度（第4学年時）からの向上傾向が顕著であり，算数については，2009（平成21）年度（第3学年時）および2010（平成22）年度（第4学年時）からの向上傾向が示されている。また，第6学年および第5学年ともに，算数の応用力（基礎的知識を活用して課題を解決するために必要な力）の改善が目立っている。

H小学校では，学年進行とともに，学力向上の傾向が示されている。ただし，こうした現象の背景には，通塾効果があることを意識する必要がある。都市部近郊住宅地では，学年進行とともに，通塾率が高まり，それが学力を押し上げることもある。したがって，「地域共生科」による学力向上効果を検証するのであれば，通塾効果を統制した分析が必要となる。

4 「地域共生科」によるつながり醸成プロセス

（1）「地域共生科」による子どもを取り巻くつながりの醸成

1）子ども―地域ソーシャル・キャピタルの醸成

キー・コンピテンシーの育成を図る「地域共生科」のカリキュラムでは，その実践過程における地域住民（保護者を含む）との交流活動機会が，他校よりも豊富である。

H小学校において，多くの児童は，地域住民との間に新たなネットワークを創造している。児童にとっては，「見たことがある人」「よく知っている人」「いっしょに〇〇した人」「いっしょに〇〇すべき人」「いつも〇〇してくれる人」「〇〇してあげたい人」等，地域住民個々について，認知のレベルは多様であろう。

地域住民を，ゲストティーチャー等の方法で，単発的に招聘することで，児童と地域住民は，「知り合い」の関係になれるであろう。しかし，このレベルで

は，つながりが醸成できたとは言えない。児童が，「見たことがある人」「知っている人」という関係性を，日常の生活場面で資本として活用できるとは考えにくい。

　そこで，必要となるのが，児童と地域住民が一緒に活動することである。この活動が入ることで，児童は地域住民の顔と名前を覚え，相互作用を通して，相互理解が進展する。「いっしょに〇〇した人」「いっしょに〇〇すべき人」とする認知は，同じ目標を目指して協働することで生じる。「パートナー」の取り組みは児童と地域住民との互酬性規範（協力規範）の向上に寄与している。

　しかし，お互いに協力しなければならないという規範を子どもたちが所有していたとしても，地域住民に対して不信感を抱いていたのでは，つながりが醸成できたとは言えない。学習とは別の場面において，地域住民とのつながりを活用しようとは思わないであろう。児童が地域住民に対して抱く信頼感が，つながりの最終的な決め手となる。「いつも〇〇してくれる人」「〇〇してあげたい人」等の期待や感謝の念を地域住民に対して抱くことで，児童は，学習とは別の場面においても，地域住民とのつながりを意識し，活用しようとするであろう。

　児童は，地域住民を，個人として捉えることもあれば，集団として捉えることもある。たとえば，「見たことがある人たち」「よく知っている人たち」「いっしょに〇〇した人たち」「いっしょに〇〇すべき人たち」「いつも〇〇してくれる人たち」「〇〇してあげたい人たち」という認知レベルである。つながりの醸成においては，児童が地域住民を個人として認知することよりも，集団として認知することが，より重要であろう。数名の地域住民と年間を通して深く関わり，個人レベルのつながりが醸成されたとしても，「地域のために貢献しよう」とする意欲は高まりにくい。「Aさんのために貢献しよう」という意識にとどまるであろう。かなり多くの地域住民と交流し信頼関係を築き，集団レベルのつながりが醸成されることで，児童の地域（社会）貢献意欲は高まると考えられる。

　また，地域住民相互のつながりを，児童が実感する経験も重要である。H小

学校の「地域共生科」を通して，児童は校区の誇りとして，良好な人間関係を意識するようになった。地域住民らが仲良く対話する様子を多くの児童が目にしているのであろう。大変仲が良く，支え合っている大人たち。自分をその仲間の一人として実感することで，児童を取り巻くつながりは醸成されていくと考えられる。

　子ども−地域SCの醸成については，学校のカリキュラムではなく，育成会（子ども会）等従来からある地域のつながりによる効果も考えられる。ただし，この点について前任校長は，H小学校における育成会への参加率の低さを指摘している。

　　「赴任してきた当初，育成会（子ども会）への参加率は本当に低かったと私は感じました。その頃というのはやはり苦情も結構ありました。…（中略）…実際，参加率が市内で一番低いと，関係調査で指摘を受けたこともあります。」（前任校長）

　H小学校は都市部近郊住宅地であり，人口移動も激しい。旧来からある地縁組織が主導して，子ども−地域SCの醸成をリードしているとは考えにくい。子どもと地域との良好なつながり醸成状況は，学校カリキュラム・授業に帰属されるのではないだろうか。

2）子ども間ソーシャル・キャピタルの醸成

　「地域共生科」では，他学級の児童との学習活動が中心となるため，児童は新たな対人関係を経験する。学級の枠を超えた学習グループの編成は，「見たことのある子」から「いっしょに〇〇した子」へと，子ども間関係を変容させる。協働的な学習活動を何度も重ねていくことで，相互の信頼関係を深めている。

　グループ活動では，パートナーの介入があるため，子どもだけのグループ活動に比べて，議論が生産的である。子どもたちは，自分の意見をしっかりと周囲に伝えるとともに，他者の意見を認めないと，うまく協力行動がとれないことを学習する。友達の気持ちの理解についても同様である。グループ活動にお

いて，自分の意見が採用され，リーダーシップを発揮できた場合，児童は集団内での自己有用感や友達からの期待感・信頼感を実感するであろう。また，友達の優れた意見や行動に対しては，それを承認し，相手に対して期待感と信頼感を示すであろう。児童だけで編成したグループ活動では，不確実性が高く，こうした望ましい活動にならないことがある。しかし，「地域共生科」におけるグループ活動は，パートナーによる支援によって，不確実性を抑制し，より望ましいグループ活動が展開されている。子どもたちのつながりの強化に関わったパートナーは，この点について，次のように発言している。

　　「最初は初対面ということで，グループ活動がうまく進まないことがありました。しかし，それがグループの中で円滑になると，他の人たちと関わるときにも円滑に，回数を重ねるごとに円滑になっていくのです。」（保護者A）

　H小学校では，子ども間SCについては，統制群との有意差が認められているが，学級SCについては認められていない。教師を含めた学級内のつながりではなく，学級の枠を超えた子ども相互のつながりが，「地域共生科」の活動を通して醸成されていると解釈できる。

3）家庭ソーシャル・キャピタルの醸成

　家庭における家族と子どものつながりは，学校カリキュラム・授業の説明変数として設定されることが一般的である。それを学校カリキュラム・授業の被説明変数として設定することは稀である。家庭に関するデータをほとんど所有していないため，H小学校において，家庭SCが有意に高い理由を説明することは困難である。地理的条件（都市部近郊住宅地，沿線，大学近辺等）を勘案すると，経済的に豊かな層の保護者が，他校区に比べて多いと推測できる。子どもが認知する家庭SCが，こうした経済的ゆとりによってもたらされる部分は無いとは言えない。

　しかし，「地域共生科」のカリキュラムが，家庭SCの上昇に対して及ぼす影

響も，皆無ではないであろう。たとえば，年間70時間（週あたり平均２時間程度）の実践は，それが子どもたちにとって新たな経験であれば，高い確率で，家庭内での対話の契機となるはずである。「地域共生科」の様子は，ホームページでも随時公開されており，また，学校・学年・学級通信でも，頻繁に報告されている。さらに，体験活動のボランティア募集案内を，保護者は頻繁に目にするため，「地域共生科」は，必然的に親子の重要関心事となる。「地域共生科」の導入は，子ども－地域 SC や子ども間 SC ほどではないにしても，家庭内での親子の関係に，刺激を与えていると解釈できる。

また，「地域共生科」によって獲得されたキー・コンピテンシーが，家庭生活において顕在化しているとも考えられる。キー・コンピテンシーの一部である他者との協調性や貢献意欲は，家庭内における対人関係づくりにおいても，効果を発揮しうるのではないだろうか。

（２）「地域共生科」による教師を取り巻くつながりの醸成

１）学校―地域ソーシャル・キャピタルの醸成

① 日常の対話機会と相互理解の促進

教師と地域住民は，学校での日常的な相互作用を中心に，双方のつながりを深めている。教師と地域住民とのつながりの水準は，両者が対面したときの行動で理解することができる。面識のない地域住民に対しては「会釈」で対応する。見知った人になると「挨拶」をする。協働経験ができると「挨拶プラス立ち話」をする。そして最も深まった状態では「長話」をする。この点については，Ａ教諭が象徴的な発言をしている。

　　「（本校に）来たばかりのときには，歩いていても，だれなのか全然わからなかったので，つまらなかったのですね。挨拶してもわかってもらえないし。それが年々そういう，ちょっと会っただけで，こんにちはとか，この頃は暑いですねとかという会話が顔をみてできるようになったことが私はよかったかなと…。最終的には，ロング話（笑）。」（Ａ教諭）

「地域共生科」の学習過程に入っているパートナーとの関係づくりにおいても，パートナーのことがよく理解できていないと，関係づくりはうまくいかない。ある教師は，「地域共生科」を創設した1年目，授業終了後にパートナーに対して，「コメントを書いてください」との指示を出していた。しかし，パートナーの方は，何を書いて良いのかわからず，かなり困惑したという。しかし，2年目以降は，「コメントを書いてください」ではなく，「子どもたちを褒めてやってください」という指示に変わったという。指示が変わったおかげで，そのパートナーはかなり楽になったと，自らの経験を振り返っている。

　　「その場合，1年目だと，コメントを書いてください，どんな様子でしたかみたいな感じで，こっちも何を書いていいのか，正直に書いていいものなのかどうなのかわからず，もう書けないような状態だったのですけど，2年目，3年目になるにしたがって，褒めてあげてくださいという言葉を聞くようになって…。」（保護者B）

②　互酬性・互恵性の維持
　学校と地域住民の関係には，地域住民側の離脱が容易であるという特性がある。拘束性が強く離脱が困難な家庭内・学級内・学校内での子どもや教師を取り巻くつながりとは醸成のポイントが異なる。いつも学校が支援してもらうだけの片務的関係では，つながりは持続しない。地域住民や保護者の願いを達成し，互酬性・互恵性関係を築かないと，関係は持続しない。
　たとえば，「地域共生科」に深く関わっている地域リーダーたちは，「子どもたちに郷土愛をもたせたい」「子どもたちが将来帰りたいと思える地域をつくりたい」「登下校の安全と防犯体制を確立したい」「地域住民と子どもたちとの間に顔見知りの関係をつくりたい」等の地域理念の実現を願っている。また，「地域行事には管理職だけでなく教師にも参加して欲しい」との希望をもっている。さらに，震災によって活動の場を失った高齢者の活動サークルは，「学校施設を利用しての活動の継続」を願っている。

一方，パートナーとして関わっている保護者の場合は，「保護者相互の友達づくりの機会」「教師との関わりを深めること」「自己有用感を味わうこと」等を願いとして抱いている。H小学校区では，校区内で生まれ育った母親は極めて少ない。都市部近郊新興住宅地ということもあり，ほとんどの母親が他地域からH小学校区に移り住んでいる。したがって，保護者相互のつながりを築く機会として，「地域共生科」に関わるボランティア活動に期待を寄せる母親も多い。もちろん，母親たちは子どもたちとの関わりも重視している。自分が様々な場面で子どもたちのために貢献しているという有用感を味わえることも，学校参加を継続する動機となっている。

③　儀式的行事の機会における信頼関係の確認

「地域共生科」のカリキュラムマネジメントにおいて，地域の諸機関や地域住民（ボランティアとしての保護者を含む）との連携協力は必要不可欠である。H小学校では，「地域共生科」の実践を通して，教師と地域住民との間に，新たなつながりが形成されている。地域住民とのつながりの深さは，前任校長による下記の発言に象徴されている。

　　「たとえば，入学式とか，卒業式なんかで来賓を呼びますよね。それで自分が教頭だったときなんか，卒業式を短くするのに来賓紹介をやめてもらえないですかとか，いろいろ先生たちに言われるのですが，今はそんなこと言いませんけどね，先生たちもみんな知っていますから。だから地域の人たちを先生たち自身がみんなわかる。子どもたちもわかるし，先生たちも分かるというのがあると思います。」（前任校長）

子どもたちにとっては，活動を共にする地域の人々の行事参加は大変うれしいことである。教師にとっても，「肩書きで呼ばれるよく知らない人」ではなく，「よく知っている人」「協力関係にある人」「御世話になっている人」の行事参加は，喜ばしいことである。儀式的行事は，学校・地域・保護者が力をあわせて，子どもを育てていることを実感させる場として機能している。また，H小学校

において儀式的行事は，三者間の信頼関係を確認する場としても，機能していると解釈できる。

2）学校組織ソーシャル・キャピタルの醸成

「地域共生科」のカリキュラムは，学年組織が中心となって実施される。したがって，他の学校組織に比べて，H小学校における学年内教師のつながりは，相対的に強いと解釈できる。総合的な学習の時間が導入された当初にも，学年内教師の協働体制の強化は期待されていた（中留 2001）。小学校では「学級のカベ」が，中学校では「教科のカベ」が，総合的な学習の時間の導入によって崩され，教師間の協働性が高まるとする期待である。定量的データの収集はできていないが，「学年のまとまりのよさ」は，H小学校の複数の教師が指摘するところである。

しかし，学年内におけるつながりの強化が指摘される一方で，学年間のつながりについては，ほとんど言及されていない。学年間のつながりの脆弱さを，ある教師は，次のように語っている。

「必死でやってきた3年，今年4年目。学年のまとまりはいいけれども，学年の外側の学年には目を向けられない状態で，自分たちの枠の中でもう手一杯で，学校全体として何をやっているかとか，そういう仕組み的にどうなのとかというのが，関心が低いのではないかなと。」（A教諭）

学年組織間の情報交流や協働機会は確かに課題があるようである。しかし，H小学校では，多くの教師が，「地域共生科」の理念を共有し，実践的研究に取り組んでいる。その理由として，次の2点を指摘することができる。

第1は，「地域共生科」を開発することについての使命感の共有である。「地域共生科」とは，東日本大震災を契機として強烈に意識されはじめた「人と人」「世代間」のつながりを再生することに貢献するカリキュラムであり，それを開発することが教師としての使命であるとする理念が，H小学校では浸透している。

第2は，総合的な学習の時間の再生への挑戦である。周知の通り，総合的な学習の時間は，様々な課題を内包しており，多くの学校組織において大幅な改善が求められている。目標や内容，方法，評価の観点を明確にし，学力に汎用性をもたせ，教科としての体裁にこだわって創設された「地域共生科」は，今後の総合的な学習のあり方への提案を含んでいる。

　「地域共生科」の取り組みが始まった2009 (平成21) 年度当初，H小学校では数年前にも社会科研究の全国大会を開催したばかりであり，職員の疲弊感も強かったという。ある教師は，全国大会を振り返り，「散々な思い」と表現している。しかし，「地域共生科」は，上記の使命感の効果もあり，ネガティブな反応で溢れることはなかったという。

　しかし，すべての教師が，「地域共生科」に支持的態度を示しているわけではない。批判的態度を示す教師には，およそ2つのタイプがある。

　一つは，地域との交流機会が豊富な「地域共生科」は，土日の活動が多く，そのことに抵抗感を示すタイプである。地域との交流が深まる過程では，教師が地域行事に参加する機会も増加する。そうした追加的な業務に同意できないと，「地域共生科」への積極的態度はとりにくい。

　もう一つは，学力向上との関連である。表4-5において示したように，「地域共生科」は，キー・コンピテンシーのカテゴリー2およびカテゴリー3を指向したカリキュラムである。主としてテストで測定される「定着と活用」に相当するカテゴリー1は，射程に含めているものの，そこにかける時間は制約されている。テストで測定できる「定着と活用 (カテゴリー1)」に焦点を当てるべきとする教師は，「地域共生科」への積極的態度を示しにくい。

(3)「地域共生科」による保護者を取り巻くつながりの醸成
1) ソーシャル・キャピタルにアクセスしている保護者

　表4-4において示したように，H小学校では，子どもや教師を取り巻くつながりが醸成されているのに対し，保護者を取り巻くつながりについては，やや脆弱さを示している。しかし，一部の保護者にとっては，「地域共生科」の活動

への関与が，保護者本人を取り巻く豊かなつながりづくりに寄与している。
　「地域共生科」の授業に関わる保護者は，パートナーとして関与している。パートナーの大半は母親である。転居・転校の多い新興住宅地校区であるため，地元出身の母親はほとんどいない。この点について，稲葉・藤原（2013）では，年代・性別ごとのソーシャル・キャピタル得点を調査しているが，子育て期にある30代女性のソーシャル・キャピタルが最も脆弱である実態を明らかにしている。地域の地縁組織が脆弱化した今日，学校は，特に母親にとって数少ない「つながり」づくりの場として期待されている。

　　「中一の次男がこちらに転校してきましたのが小学校3年生のときで，今から4年前にこちらに転校してきまして，とにかく子どもはすぐ友達はできるのですが，親はなかなか友達をつくることが…（笑）。友達がいなくても生きていけるのではないかというふうに周りの方はおっしゃるのですが，やはりいろんなところに転勤して歩いて，私自身も転勤族でしたので，やはりわずらわしいのも人ですが，やはり最後に助けてくれるのは人だというのを感じていましたので，とにかく自分の友達をつくりたいと。」（元保護者C）

　元保護者Cは，中核的なパートナーとして学校支援地域本部に参加し，「地域共生科」を支えている。正面玄関のすぐ側に設置されている学校支援地域本部に居場所をもち，多くのパートナー仲間ができ，教職員との交流機会も増えている。学校支援地域本部には，保護者ではない地域住民も多数出入りするため，地域住民とのつながりも，本部という場において形成されている。
　学校支援地域本部を介して生成される保護者相互のつながりについて，元保護者Cは，下記のように自分の経験を振り返っている。

　　「最初に入ったのが子ども目当てというより，大人の友達がほしいといって入っていますので，ここでいろいろしてきたお友達から，やはり若いお

第Ⅰ部　カリキュラム・授業における「つながり」

　　友達もほしいので，そうすると，ここですと保護者の方で20代の方もいらっしゃったりしますので，やはり子どもたちからも元気をもらいますが，若いお母さんたちからもファッションの話を聞いたり，また逆にちょっと教育の相談とかをしていただくと，ちょっと人生の先輩としてお話しできたりもするので，人のつながりをちょっと断ち切ることができなくて（笑）。」（元保護者Ｃ）

また，教職員とのつながりの状況についても，別の保護者は，次のように発言している。

　　「…子どもの相談も気軽にできるようになりましたし，先生が転勤して，また新しい先生がいらっしゃいますけど，それでも学校に来ていると何度か挨拶しているうちに，学校以外のこともお話しできたり，本当に先生とも楽しく会話できることがもう…。」（保護者Ｄ）

「地域共生科」実施以降の保護者と地域住民とのつながりの醸成についても，ある保護者は，次のように発言している。

　　「２点ほどありますけど，まず保護者との関わりとなるとやはり保護者と地域の人たちの挨拶がここ４，５年多くなったという感じがします。まず挨拶が，車で通勤のときに手を振るだとか，いっぱいいます。挨拶が増えたということ。あともう一つは，町内の行事に保護者が参加する人数が年々増えている。うちの町内は２回あるのですよね，天満宮祭と夏祭，今回８月にやるのですけど，子ども会，町内会というのと一体で，子ども中心が多いのですけど…。」（保護者Ｄ）

２）ネットワークからの離脱と継続

Ｈ小学校の学校支援地域本部は，中学校区ではなく，小学校区に設置されて

第4章　子どもの「つながり」を醸成するカリキュラムマネジメント①

いる。したがって，H小学校の保護者は，子どもの卒業とともに，これまで享受してきたネットワークからの離脱の危機を経験する。H小学校の学校支援地域本部においても，ネットワークから離脱する保護者もいれば，「保護者」から「地域住民」に立場をかえ，小学校に関わり続ける保護者もいる。H小学校の学校支援地域本部に，地域住民として残っている元保護者Cは，その理由について，次のように述べている。

「本部があって，いつでも来て，冷たい麦茶があり，温かいお湯がありというので，ちょっと寄ってお茶を飲んでというようなところがありますので，なんとなく行けば誰かがいるかなと。もともと全然知らなかった，子どもの学年が違うのにこうやって知り合って話ができるというのは，ちょっとこう，うちの子は卒業したからさようならというのは，私はもったいなくてできなかった。…（中略）…そういう関わりもありますし，やはり先生とのつながり，なんか手伝ってあげようかなというのもありますし，やはりちょっとうちの子どもたちはもう落ち着いてしまっているので，なんかこう，生き甲斐みたいな（笑），やはりこう，小さい子と，なんか自分も元気をもらっているのではないかと。行きたいなという気持ちで今も。」
（元保護者C）

元保護者Cが実感しているのは，「地域共生科」と学校支援地域本部事業の実施過程において形成されたネットワーク自体の価値と，ネットワークの中で行われる諸活動によって得られる自己有用感や幸福感であろう。

3）ソーシャル・キャピタルにアクセスできない保護者

H小学校には，今回インタビューに協力頂いたような，大変協力的な保護者および地域住民が数多くいる。しかし，すべての保護者が，協力的というわけではない。表4-4に示したように，H小学校には，学校・教師との関係，保護者相互の関係，地域との関係がうまく築けていない保護者も多数存在する。その比率は，残念なことであるが，市内の近隣他校と比べても高い水準にある。

第Ⅰ部　カリキュラム・授業における「つながり」

　学校を拠点とするつながり形成の機会に参加しない（できない）保護者には，いくつかの特徴がある。

　第1は，学校の方針に理解を示さない保護者である。前述したように，H小学校の「地域共生科」は，キー・コンピテンシーのカテゴリー2およびカテゴリー3を指向した，成果が見えにくい実践である。当該学習活動に継続的に関与すると，児童の学習効果が直感的に理解できるのであるが，関与しない場合は，効果が見えにくい。テストで測定する「定着と活用」に重きを置く保護者からすると，「地域共生科」の実践は支持しがたいものである。また，テストで測定できるカテゴリー1に重きを置いた学力観をもつ保護者（転入者に多い）は，地域への志向性が乏しい。またすぐに転居・転校するのだから，この校区をよりよくしようという意識はもてていない。もちろん，最初は批判的な態度を示していた保護者のうち，教師や管理職層との対話を通して，「地域共生科」の理解を深め，支持的態度に変容したケースも認められている。

　第2は，経済的・時間的ゆとりに制約のある保護者である。パートナーとして活躍している保護者の大半は，ある程度の経済的・時間的にゆとりのある保護者である。経済的・時間的ゆとりをもった保護者らは，転居というネットワーク離脱を経験したとしても，学校を拠点として新たなつながりを形成することができる。しかし，経済的・時間的ゆとりのない保護者は，パートナー等としての参加が制約され，それを契機としたつながりづくりの可能性は低い。日常的に学校・教師あるいは保護者相互でのつながりを経験しにくい保護者にとっては，年間数回開催される学級懇談会が，保護者相互のつながりをつくる重要な契機となる。しかし，H小学校では，学級懇談会の形骸化を指摘する声があがっている。

　　「昔は本当に，8年ぐらい前ですかね，懇談会のときに役員さんが中心になって懇談会をするときもありました。6年生なんか必ずということだったのに，やるときもあるし，やらないときも，役員さん任せみたいな，お母さんたちも本当に少ないので続かなかった。」（元保護者C）

第3は，学級担任との対話関係が脆弱な保護者である。露口（2012）では，保護者による協力的態度は，保護者の家庭状況や属性よりも，教師とのコミュニケーションの量と質によって決定されることが実証されている。学級担任との間に良好な関係が形成されていれば，保護者は学校・学級に関わり参加する確率が高くなる。多くの保護者が学校に参加（学級懇談会やボランティア等）することで，保護者相互のつながりも生まれるのである。H小学校では，保護者を取り巻くつながりが相対的に脆弱であるが，つながりづくりの契機は，学級担任との対話であり，この点の促進が求められる。

5　つながり醸成における「地域共生科」の成果と課題

　本章の目的は，事例の小学校区におけるつながり醸成過程をカリキュラムマネジメントの視点から記述し，つながり醸成のための実践的示唆を提示することであった。

　事例校として選択したH小学校は，子どもを取り巻くつながりが，類似条件を備えた近隣他校よりも有意に高く，また，教師を取り巻くつながりが相対的に高いことが，新たに開発したソーシャル・キャピタル尺度による測定の結果，検証されている。H小学校において子どもを取り巻くつながりが有意に高いことの理由は，当該校が平成21年度より実施している「地域共生科」の実践によって説明することができる。

　H小学校における「地域共生科」は，子どもを取り巻くつながりの醸成において効果を有していた。特に，子ども－地域SCの醸成においては，子どもと地域住民たち（保護者パートナーを含む）との繰り返しのある協働活動をカリキュラムに組み込むことで，信頼関係の水準にまで到達することに成功していた。H小学校区では，特定個々の保護者・地域住民に対する「特定化信頼」の経験を蓄積することで，校区における集団としての保護者・地域住民らに対する「一般化信頼」へと，信頼感が昇化する現象が認められた。また，当該協働活動は，学級の枠を超えた子どものグループ編成によって進められるため，子ども間の

つながりの醸成についても，効果が認められていた。なお，「地域共生科」カリキュラムでは，学級単位での活動がほとんど予定されていないため，学級 SC の上昇については認められなかった。さらに，「地域共生科」は，その話題性や注目度の高さ，情報発信頻度の高さにより，家庭を巻き込むことに成功していた。家庭における家族間のつながりの醸成に対しても刺激を与えていた。学校は家庭から一方的に影響を受ける受動的存在ではなく，家庭に対して影響を及ぼす能動的存在である可能性が示唆されている。

「地域共生科」では，子どもと地域住民（パートナーを含む）の協働活動，あるいは子ども相互の協働活動を通して，信頼関係を築くことに成功していた。このような校区におけるつながりの醸成は，カリキュラム編成上，明確には意図していない予期せざる効果である。「地域共生科」の意図する結果とは，協働活動を通して，社会貢献力や対人関係場面での思考力を育成することである。社会貢献力や対人関係場面での思考力を習得した児童は，地域住民をはじめとする他者とのコミュニケーション場面においても，円滑に信頼関係を築くことができるであろう。また，地域の大人との信頼関係がある中で学習を進めることで，子どもたちは社会貢献力や思考力をさらに伸ばすことができるであろう。Coleman（1988＝2006）以降，教育分野のソーシャル・キャピタル研究では，社会関係資本による人的資本への影響についての検討が進められてきた。しかし，人的資本（個人が獲得したキー・コンピテンシー）が社会関係資本の醸成において重要な影響を及ぼすという逆の影響関係についても考慮すべきことが，本事例分析によって示唆されている。

「地域共生科」カリキュラムは，教師を取り巻くつながりの醸成についても，プラスの効果を有していた。学校への関与も離脱も自由である地域住民とのつながりの醸成においては，学校（教師）と地域住民との日常的な交流，互酬性・互恵性関係の形成，信頼関係を確認し共有するための場（儀式的行事）の設定等が重要であった。ただし，「地域共生科」に対して批判的態度を示す教師が言及するように，つながり醸成のためには相当のコストがかかることを忘れてはならない。地域からの継続的な支援協力を得るためには，学校側からの地域行事

等への支援協力を欠くことはできない。片務的な支援協力関係は，長続きはしないであろう。人々の献身的な動きが，校区における人々のつながり醸成に結びついているのである。

参考文献

稲葉陽二・藤原佳典編著（2013）『ソーシャル・キャピタルで解く社会的孤立――重層的予防策とソーシャルビジネスへの展望』ミネルヴァ書房。

H小学校（2011）『三年次最終報告書「社会の中で，よりよく生きる力」を育むことをめざして――地域共生科の創設』。

志水宏吉・中村瑛仁・知念渉（2012）「学力と社会関係資本――「つながり格差」について」志水宏吉・高田一宏編著『学力政策の比較社会学・国内編』明石書店，52-89頁。

立田慶裕（2014）『キー・コンピテンシーの実践――学び続ける教師のために』明石書店。

中央教育審議会（2005）「初等中等教育分科会教育課程部会第27回配布資料」（http://www.mext.go.jp/b_menu/shingi/chukyo/chukyo3/016/siryo/06092005/002/001.htm#top，2013年2月7日アクセス）。

露口健司（2011）「教育」稲葉陽二・大守隆・近藤克則・宮田加久子・矢野聡・吉野諒三編『ソーシャル・キャピタルのフロンティア――その到達点と可能性』ミネルヴァ書房，173-195頁。

露口健司（2012）『学校組織の信頼』大学教育出版。

中留武昭（2001）『総合的な学習の時間――カリキュラムマネジメントの創造』日本教育綜合研究所。

Bryk, A. S. & Schneider, B. (2002) *Trust in schools : A core resource for improvement*, Russell Sage Foundation.

Coleman, J. S. (1988) "Social capital in the creation of human capital" *American Journal of Sociology* 94, pp. 95-120. （=2006，野沢慎司編・監訳『リーディングス ネットワーク論――家族・コミュニティ・社会関係資本』勁草書房，205-241頁）

Goddard, R. D., Salloum, S. J. & Berebitsky, D. (2009) "Trust as a mediator of the relationships between poverty, racial composition, and academic achievement: Evidence from Michigan's public elementary schools" *Educational Administration Quarterly* 45 (2), pp. 292-311.

Rychen, D.S. & Salganik, L. H. (2003) *Key competencies for a successful life and a well-functioning society*, Hogrefe Pub. （=2006，立田慶裕監訳『キー・コンピテンシー――国際標準の学力を目指して』明石書店）

第5章 子どもの「つながり」を醸成する カリキュラムマネジメント②
——中学校における人間関係学科の実践から

柏木智子

1 子どもを取り巻くソーシャル・キャピタルの醸成方法とは

　本章では，事例中学校における「人間関係学科」の取り組みに着目し，子どものつながりを醸成するカリキュラムの特徴とその効果について検討する。また，これらの検討作業を通して，子どものつながりをつくるための要点について提示する。

　子どもを取り巻くソーシャル・キャピタルが学力や学習意欲の向上，問題行動や不登校の抑制等に効果を有するのは，これまでも指摘されている通りである（稲葉・大守・金光・近藤・辻中・露口・山内・吉野 2014；露口 2011）。ただし，子どもを取り巻くソーシャル・キャピタルをどのように醸成するのかについては，研究の余地がまだ多く残されている。特に，教育実践は文脈依存的であり，ある学校で成功した方法が他の学校で成功するとは限らない。そのため，ソーシャル・キャピタルの醸成方法については，様々な事例の文脈に即しながら一つ一つ蓄積し，丁寧に把握することが求められる。

　本章で着目する「人間関係学科」という取り組みは，子どもの人間関係づくりを目指して創設された新しいカリキュラムである。本カリキュラムは全国でも初めての取り組みであり，文部科学省研究開発学校の指定を受けて可能となった，いわば実験的なものである。そのため，「人間関係学科」の取り組みが他の活動と区別しやすく，また調査データを時系列に並べることも可能である。そのため，ソーシャル・キャピタルの醸成とその効果という側面からのアプローチを試みやすいと考え，これを事例として取り上げる。

　子どもを取り巻くソーシャル・キャピタルは，地域，家庭，学級，子ども間

など多元的に存在する。本章では，その中でも教師─子ども間，子ども間関係に焦点を当てる。その理由として，教師と子どもの信頼関係が子どもの学習意欲や学力の向上にとって中心的で重要な要因であるとされるからである（稲葉ら 2014）。また，子どものよりよい成長のためには，子どもが周囲のソーシャル・キャピタルから影響を受けるだけでなく，子ども自身がつながりを自主的に創り出す立役者に成長しなくてはならないからである。そのために，子ども間のソーシャル・キャピタルにも着目し，子どもがどのようなつながりを創り出す可能性を秘めているのかについて見ていきたい。

「人間関係学科」についての分析を行う際に用いる枠組みは，序章で述べたソーシャル・キャピタルの三形態とそこに示される三要素である。三形態とは，結束型，橋渡し型，連結型である。三要素とは，ネットワーク，互酬性規範，信頼である。これらの詳細については序章を参照していただきたい。これらを基点に教師─子ども間，子ども間関係のありようを分析し，つながりの醸成について考察する。

2　事例校の地域特性と「人間関係学科」カリキュラムの特徴

（1）事例校での資料収集とインタビュー調査の実施

本章では，質的調査法によるデータ収集・分析を行う。分析材料は以下の2点である。1つ目は，T中学校が文部科学省研究開発学校の指定期間に出した様々な資料と報告書およびその後に刊行された著書である。指定は，2003（平成15）〜2005（平成17）年度，2007（平成19）〜2009（平成21）年度の2度にわたり受けている。2つ目は，学校の教員5名（うち1名に対しては3回実施），管理職2名，地域住民1名を対象として実施したインタビュー調査のデータである。インタビューはそれぞれ60〜90分程度行い，ICレコーダーに記録した。研究開発学校の指定が終了した後も2014（平成26）年度に至るまで「人間関係学科」の取り組みは継続されているため，指定期間終了後のインタビューも実施している。また，分析には用いていないが，授業や地域行事への参与観察を定期的

に行い、学校の状況把握に努めている。

（2） T中学校区の地域特性

　T中学校は、大都市と隣接する市内に位置する。豊かな田園地帯の面影を残しながらも、交通の要所として開発が進みつつある地域である。校区には、2つの小学校がある。一方の小学校区は旧村から成り立っており、地縁や血縁の強い地域が残っている。他方の小学校区にも旧村はあるが、公営団地が建ち並び、比較的新しい住民が多く住んでいる。T中学校は、公営団地の建設に伴って増加した子どもを収容する形で開校した経緯をもつため、市内では最も歴史の浅い中学校となっている。ただ、この10年間ほどは全生徒数が300名程度の小規模校となっている。開校当初から、学校と地域の連携による教育が目指され、数多くの先進的な取り組みを行ってきている。また、公営団地には、アジア諸国にルーツを有する家族が移り住んでいる。学校では、そうした人々への差別や偏見をなくすための取り組みを積極的に行い、多文化共生教育や人権教育を実施している。研究開発学校のカリキュラム開発の基盤には、T中学校がこれまで取り組んできた教育がある。

（3）「人間関係学科」カリキュラムの特徴

　2003（平成15）〜2005（平成17）年度の研究開発では、不登校の未然防止と不登校生徒の学校復帰を目指して全学年に「人間関係学科」という新教科が創設された。「人間関係学科」の目標は、不登校の改善と予防に向けて「自らのストレスに気づき、ストレスを自己コントロールする力」「自己理解を通して、相手を受け入れ、自己表現しながら温かい人間関係をつくる力」の育成である。そのため、次の10のライフスキルの習得が目指された。すなわち、①自己認識、②共感性、③対人関係スキル、④効果的コミュニケーション力、⑤意志決定、⑥問題解決力、⑦創造的思考、⑧批判的思考、⑨ストレス対処、⑩感情処理である[1]。学習方法は、座学の他に、ロールプレイング、ディベート、ブレーンストーミング等の参加・体験型手法が積極的に取り入れられた。年間35時間程度の学

習時間を総合的な学習の時間等を利用して確保し，人間関係づくりのための学習が系統的・計画的に進められた[(2)]。

また，「人間関係学科」では，「第1段階：教室内の授業としてのスキル学習（人間関係学科）」「第2段階：特別活動や総合的な学習の時間，学校行事等での体験学習」「第3段階：地域の中でのボランティア活動」という学びの3段階が構想された。これは，学びを教室（学校）から地域（社会）へと広げていくことで，子どもたちは，自己を確立し，社会に参画する態度（行動）を主体的に獲得していくと考えられたことによる（西井・新井・若槻 2013：117）。

2007（平成19）年度から再び始まった研究開発では，T中学校と校区内の2小学校および1幼稚園の3校1園が11年間の学びとしての人間関係づくりのプログラムを継続的に実施することが目指された[(3)]。なお，「人間関係学科」の授業は，研究開発が終了したのちも現在（2016〔平成28〕年度）に至るまで継続して取り組まれている。

3 「人間関係学科」の子ども観

「人間関係学科」はどのような子ども観をもって始められたのであろうか。2003（平成15）年の研究開発学校開始当初の様子について，当時中心的な役割を果たしていた鈴木先生（以下，教師名は仮名）は次のように話す。

> 「『何をするねん』『どうするねん』ってまったくわからなかった。とにかく，なんか参考になるもんはないかっていろんなものを読みあさって。みんなで考えた。…（中略）…それで，不登校にさせへんためにも，なんかないかって調べていったら，人間関係づくりのいろんな実践やってて，それをやってみようかってなって。」（鈴木先生，2007.1）

「人間関係学科」の授業が，教科書のようにあらかじめ設定されたものではなく，教師の試行錯誤から生まれたことがわかる。また，その中で子どもたちを

捉える視点として次のような語りを行っていた。

> 「子どもたちにどんな大人になってほしいねんって考えたら，何が足りないねんってなって。…(中略)…いろんな子がおるけど，どうやって人と関わったらいいのか知らないんじゃないか，人と関わってはいるけど，適切に人と関わるっていうところでは知らないことがあるんじゃないかって。できないんじゃなくて，知らないんじゃないかって。要するに経験不足。」
> (鈴木先生，2007.1)

そして，次のような男子の話をしてくれた。以下，筆者が内容を整理して記述する。

> 「ある男の子は，嫌なことがあって腹が立ったりすると周囲にいる友人たちを殴っていた。この男の子は，人間関係学科でストレス対処法を学んだ際に，クラスの友人が人を殴る以外の対処法を取っていたと知り非常に驚いた。そして，『何でおまえら殴らへんのや！』『おまえ何で我慢するねん！』とクラスの一人一人に詰め寄り，パニックになった。そして，他の友人がスポーツや食事，ゲーム等での発散法を用いていると知ってそれ以降，彼は徐々に他者への攻撃をやめて，ものへの攻撃にうつり，攻撃せずにストレスに対処する方法を習得して卒業していった。」(鈴木先生，2007.1)

T中学校の教師たちは，不適切な人間関係の対処法をとる子どもたちの状況を，「知らないから」「経験不足」というように学習不足として捉えていた。つまり，攻撃性があったり忍耐しすぎたりする傾向を示す子どもたちを見て，それはその子の性質だというように原因を個人の内面に帰属させなかったのである。それは，次の文章からもわかる（西井ら 2013：14）。

> 「嫌なことやつらいことがあったとき，攻撃的な言動で気持ちを表現す

ることしかできない子どもには、そうならざるを得ない生い立ちがあった。我慢することしか教わらなかった子どもは、我慢することしかできない。」

ただし、人間関係づくりを上手にできない子どもの状況を家庭の責任として回帰させたわけでもない。学んでいない事柄があるのであれば、学校で学べるための場を創ろうとしたのが「人間関係学科」のカリキュラム開発の発端といえる。また、このカリキュラムは、明らかに不適切な人間関係の対処法をとる子どもたちだけに焦点を当てたものではなく、いろいろな子どもがどのように人と関わればよいのかをわかっていない状況にあるという認識の上に成り立っている。「人と関わってはいるけど、適切に人と関わるっていうところでは知らないことがあるんじゃないか」という言葉にそれは示されている。つまり、「人間関係学科」のカリキュラムは、多くの子どもたちが適切な人間関係対処法を知らない状況にあり、「適切さ」を学習する必要があるという子ども観を有しているといえる。こうして、不適切な人間関係の対処を改め、適切に人と関わるための学習が始まったのである。

4 「人間関係学科」における学習内容・方法および教師の役割

(1)「人間関係学科」では何を学ぶのか——学習内容

人間関係づくりを学ぶ上でT中学校の教師が着目したのが、WHOの提唱する10のライフスキルである。ライフスキルは、単なる小手先の技術ではなく、社会で生きていくための総合的な力と解釈できる。また、ライフスキル教育は、主体的でありながら他者と協調しつつ社会を創り上げていくための力を養うものであり、人権思想が基盤となっている。そのため、他者との協力、寛容、信頼といったソーシャル・キャピタルの要素である事項が獲得される力として述べられている（WHO 1998）。2003（平成15）年度の研究開発実施報告によると、10のライフスキルのうち8つを対象として表5-1のような学習計画が立てられている。

第Ⅰ部　カリキュラム・授業における「つながり」

表5-1　「人間関係学科」の学習計画

スキル／学年	第1学年	第2学年	第3学年
自己認識と共感性	かけがえのない自分を発見する	互いの共通性と違いについて理解し、違いを尊重する	具体的な課題を通じて「私の権利と責任」を理解する
対人スキルとコミュニケーション力	基本的な言語的・非言語的コミュニケーションスキルを修得する	友だちや家族との関係に価値を見出す	必要な時に自己主張するとともに、他者の支援やアドバイスを受け入れる態度を養う
意思決定と問題解決力	意思の決定や問題解決の基本的なプロセスを知る	困難な問題について意思決定し、ジレンマを解決する力を学ぶ	進路など重要な人生上の計画について意思を決定する

出所：2003（平成15）年度　T中学校・研究開発実施報告書を基に筆者作成。

　学習の中で最初に取り組まれるのが、自己認識である。人間関係をつくるためにも、自分を知ることから始めるのである。そして、3年生になると自分の権利や自己主張といった個を大切にする内容が設定されている。ただし、その過程にあたる2年生では他者との違いの尊重や関係構築に価値を見出すといった内容が設定されている。自己を大切にしながらも自己と異なる他者を尊重し、そうした他者とつながりながら人生を歩むための学習内容となっている。また、3年生では他者の支援やアドバイスを受け容れる態度を養う内容が示されている。「人間関係学科」の中では、自らが人間関係を主体的につくる際に、相手への働きかけだけではなく、働きかけを素直に受けるための資質も養っているといえる。それぞれのスキルについては、1年生時の導入から始まり、3年生になるとスキルの修得がなされるように徐々に学習のレベルが上がっている。

　また、2007（平成19）年度は、表5-2に示される目標とターゲットスキルが改めて設定された。これらは、前回のカリキュラムを発展させた内容となっている。2007（平成19）年度以降の研究開発において中心的役割を果たした三木先生は、「人間関係学科」の授業で目指されてきたのは、「アサーティブなあり様」と話す（2009.10）。[4]「アサーティブなあり様」は、自分も他者も大切にしながらともに生きる姿勢を模索するもので、子どもの権利条約と関連するものである。

第5章　子どもの「つながり」を醸成するカリキュラムマネジメント②

表5-2　「人間関係学科」のめざす子ども像とターゲットスキル

目　標	・人の思いを受け止め，自分の思いを表現できる子ども ・自分を見つめ，自分で考えようとする子ども ・人を信じ，人とつながろうとする子ども
ターゲットスキル	・自己信頼：自分の長所や短所を正しく判断し，自分のことを受け容れることができる。 ・共感性：相手の気持ちや行動を想像することができる。 ・自己管理力：自分の生活をコントロールできる。 ・対人関係：まわりの人と適切な関係を築くことができる。 ・境界設定：自分と他人の間に適切な距離を置き，自分らしさを表し，相手を尊重できる。 ・コミュニケーション力：いろいろな人と適切に対話できるコミュニケーション力をもつ。 ・決断と問題解決：自分のまわりに起きたことや，自分自身の課題に対して，自らが考え，取り組むことできる。 ・ストレス対処：ストレスに対して適切に対処できる。 ・感情対処：怒りや悲しみなどの感情をコントロールできる。 ・創造的思考：自分が取り組むことや行動がもたらす様々な結果について想像することができる。 ・批判的思考：情報や経験を客観的に分析することができる。 ・情報活用力：まわりからの情報を積極的に取り入れ，物事に活用する。

出所：2007（平成19）年度　T中学校・研究開発実施報告書を基に筆者作成。

　こうした考えは，カリキュラム開発当初の学習計画にも見て取れるが，それをより細かく具体的に示したものが表5-2の内容と思われる。
　まず，目標では，「人を信じ，人とつながろうとする子ども」というように，信頼と他者とのつながりの重要性が以前より明確に打ち出された内容となっている。また，そのためにも自己認識ではなく自己信頼といった表現に変えている。さらに，境界設定では，「相手を尊重できる」といった内容が付加されている。2003（平成15）年度と基本は同じであるが，自己信頼から他者を尊重し，相互尊重を基調としながら生きていくあり方を模索する内容が示されている。

（2）「人間関係学科」ではどのように学ぶのか？──学習方法

　こうした内容を学ぶ上で教師が目指したのは，「人とつながるのは楽しいと子どもが感じること」（鈴木先生，2013.10）である。そのため，ほとんどが参加・

体験型の授業となっており，毎回の授業内容について教師たちはかなりの工夫を凝らしている。たとえば，自分を表現し，コミュニケーション力を高め，また相手に共感する力を養う授業では，次のようなゲームが行われる。まず，31のマス目に，得意な料理，好きなスポーツ，担任の先生に一言など話す内容を書いたすごろくシートを教師が作成する。マス目が進むにつれて心情を吐露するような内容が書かれている。生徒は，サイコロをふってとまったマス目の内容を話すというものである。ルールは次の2つである。どのような内容が相手から話されようと，「へー」「そうなんだ」という肯定的な相づちをうつこと，話したくない内容についてはパスができることである。簡単なゲームのように思えるかもしれないが，すごろくシートは教師の手作りのため，マス目の内容に関する議論が1週間かかり，それを作成するだけでも2～3日かかるというように時間を要する（田辺先生，2013.5）。このゲームに対しては，「楽しかった」という生徒の声が多く，中には「自分のことを聞いてもらえた。うれしかった。」という感想もある（2003〔平成15〕～2005〔平成17〕年度・研究開発実施報告書，および鈴木先生，2013.10）。これは，教師がねらいとしていた成果であり，自分の話を聞いてもらえるという安心から，自分を信頼するという自己信頼への過程として捉えられる。生徒が慣れてくると話すお題を自分たちで考えたり，ゲームの仕方を面白く工夫したりし始めるという（鈴木先生，2013.10）。

また，ストレスを体験するという授業では，パニック・ゲームが行われる。黒板上で番号のついた点を順番に線で結ぶのが課題である。足踏みポンプを準備し，課題を行っている間に他の生徒が風船を膨らませるため，課題達成が遅いと風船が割れる。これによって，プレッシャーの中でのあせりというストレスを体験するというものである。「希望者が殺到して，授業への参加度合いはマックス状態でした。」という授業者の感想が書かれている（西井ら 2013：83）。

さらに，「人間関係学科」の授業の中で，生徒の反応がよく最も印象に残るとされるのが教師によるロールプレイング劇である。台本はすべて教師の手作りで，日常のちょっとしたもめ事や気持ちが揺らぐシーンを描くものが多い。場面は様々で学校，会社，家庭などである。教師は劇をする際に，かぶり物をし

たり，場面に合わせた服を着たりする。生徒役にあたった先生は突然ミニスカートをはいて登場したり，生徒指導上いつも怒っている先生が何も言えなく引っ込み思案タイプの役柄を演じたりする。授業を重ねるにつれて，「先生ばっかり（劇を）やってずるい！」と生徒たちが言い始め，自分たちから望んでロールプレイの劇を行い，最終的には台本も考えるようになったという（鈴木先生，2013.10）。

　これらの学習をする上で，共通のルールがある。「人間関係学科」の授業の大前提は，「エクササイズを通じて子どもたちに一つの出来事を起こし，その中で振り返り，自己開示を通じて伝える力をつけ，他者の自己開示を受け入れることのできる聴く力を育てること」とされる（深見 2013：125）。そのため，教師は何があっても叱らないし，声を荒げない。子どもたちは，相手の話に対して，必ず肯定的に応答する。これらがルールである。

（3）「人間関係学科」をつくる上での教師の役割

　学習方法で述べたように，ゲームやロールプレイング劇において共通に見られる事象は，最初は教師が指導したり先導したりするが，徐々に子どもたちが自主的に参加しはじめ，最終的には子どもが主体となって学習内容を創りはじめるところである。そうした状況を生み出すまでに，教師がかなりの時間を割いて準備をしているのは想像に難くない。一つのロールプレイングの劇をするために，台本を考え，衣装を用意し，教員同士で練習もしなければならない。

> 「結構夜遅くまでやりましたね。…（中略）…何をやってもおもしろい。自分が楽しくないと子どもも楽しくないので，たいがい楽しくやってた。プログラムを考えるときも，子どもが喜んでくれるのはどんな方法やろうかって考えながら。成果は，子どもが喜んでくれたらそれだけでしんどいのもとんでしまう。楽しかったですよ。」（田辺先生，2013.5）

　準備に時間がかかったけれども，「楽しかった」し，「子どもが喜んでくれた

らしんどいのもとんでしまう」というのは，他の教師の語りにも見られた内容である。

> 「『次，何するの？』『楽しみにしてるで。』って生徒が言ってくれるから，がんばろかって。…（中略）…「人間関係学科」は，どんどん子どもにアプローチかけていく，子どもに問題点を考えさせる，問題解決を考えさせていくっていう積極的な生徒指導。大きく学校で荒れ狂うとか，地域の中で悪さするとかってなくって，なんていうのかな，先生らに対しても信頼感あるし，なんかしてくれるでって。キラキラ感？若い先生にはようようって感じ，私らには次何くれるの？みたいな。そんなんで，とにかく一緒につくるっていう，コンサートと一緒，ライブと一緒よ。子どもたちと一緒になって創っていく楽しさがあった。」（鈴木先生，2013.10）

この語りには，子どもたちと一緒になって創る楽しさが表現されている。また，子どもが自分たちを信頼していると教師が明言できる状況にあることが読み取れる。そして，次の語りでは，教師が授業をする上で子どもたちに安心感を抱き，信頼している様子がうかがえる。

> 「テーマをきちっと与えて，子どもらに面白いと思えるような，ニーズにあった教材を提供できれば，子どもらは大丈夫やって。教室を飛び出したり，しらけさせたり，つぶしたりする行動は無いんやって，教師が安心感をもって，子どもにうけるゲームを作ろうって。」（鈴木先生，2013.10）

また，教師が「人間関係学科」の授業を行う際には，次のような感想が述べられている。

> 「子どもらの前で自分の型を崩すのが怖かったです。ここまでせなあかんの，制服着なあかんの，かぶりもん着なあかんのって。でも，子どもら

がにこにこ笑ってるのを見て,すごいなあって。プラスにはなったとすごく思う。ほんまにやってよかったなって思います。子どもの見方も変わりますし,先生らが一緒にやったときは先生らの見方も変わりますし。こうやって子どもに言ってるけど,自分ができてるの?って考えさせてもらえるし,正直にこの子らすごいなって思う瞬間があった。ロールプレイの台詞でも,自分には思いもかけへんようなことをぽんっていう。そのときにいかに自分って自己中で自分のことを考えてしゃべってたんやろうって思う。」(森先生,2013.7)

「今までなら『ここまでしかでけへんわ』というところがあったのですが,それを超えてしまいました。するとどんな役でもできるようになって…金髪で短いスカートはいて,ロールプレイングをしました。…(中略)…『変われるんだ。自分の殻を破れるのだ』ということを知ったのです。そのことは,すごくよかったと思います。…(中略)…私自身のスキルとして,ちょっと高めることもできたかなと思います。…(中略)…30年くらい前の教え子,『信じられない』といつも言います,今の私が。『そんなんじゃなかった』と。変われた部分はものすごくあるので,それを次に生かせたらなあと思います」(西井ら 2013:29-30)。

これら2つに共通するのは,教師が自らの殻を破り,鎧を脱ぎ捨て,子どもたちに体当たりするような授業を行ったというところであろう。そのために,枠にはめられたような教師ではなく,子どもを楽しませるエンターテイナーとしての教師に挑戦し,様々な役割を担えるスキルや力を身に付けたところであろう。そうした中で,教師自身が人間関係づくりにおいて未熟であった点を反省したり,成長したりしている様子がうかがえる。そして,人間関係の対処においては,教師よりも子どもの方が「すごい」面をもっていることもあったという感想を話している。また,教師の役割転換という点では,三木先生が次のように話していた。

第Ⅰ部　カリキュラム・授業における「つながり」

「教師が指導するというより，ファシリテートする。」（三木先生，2009.10）

「人間関係学科」では，ルールにも示したように，教師は怒らないし，みんなが相手の話を肯定的に受け止める。そうした中での教師は，指導者というよりもファシリテーター（援助促進者）なのであろう。

5　教師と子どもが認知する「人間関係学科」の成果

（1）教師の語りに見られる「人間関係学科」の子どもへの成果

　教師が語る「人間関係学科」の成果については，表5-3に整理した。まず，成果の一つとして，子どもが人間関係を学びとして捉え，人間関係づくりをできるようになるという希望をもつようになったというものが挙げられる（表5-3〔以下同〕，感想1）。そのためには，先に述べたように，自己を認識するところから始まるが，子どもが自分の意外な面を知って自分に対する関心をもてるようになったと述べられている（感想2）。また，その際に，教師も支援者になれることに気づき，支援と指導を使い分けられるようになったという（感想1）。

　また，話を聞いてもらえるうれしさを子どもが知り，他者の話をしっかりと聞けるようになったと語られている（感想3）。その話の中で，自分の意見をもつ大切さとそれが他者と違っていて良いという感覚をもつようになったという（感想3）。

　そして，感想4〜6では，卒業生の様子が述べられている。ここでも，話を聞いてもらえるという状況が子どもたちにとってありがたかったこと，そのつながりが高校生になっても維持されている様子がうかがわれる（感想4）。そして，卒業後も続くつながりによって高校中退への抑制効果もある内容が示されている。こうしたつながりの中には教師も含まれており，教師にも連絡が来て情報が入る様子がわかる（感想5）。また，卒業後も中学校に帰ってきて教師に気軽に話ができる状況からは，教師が子どもにとって信頼のできる身近な存在として位置づいている事がわかる（感想6）。

第5章　子どもの「つながり」を醸成するカリキュラムマネジメント②

表5-3　「人間関係学科」の子どもへの成果

【感想1】	人間関係も学びやと子どもが知った。学ぶってことが子どもらすごい脅威に捉えてて，数学が分かるとか，英語ができるとか，…（中略）…実は人間関係も学ぶ中でできるようになっていくんやっていうそこが一番大きな成果かな。だから，私はこんなんやから友だちできない，じゃなくて，こうしたら友だちできるんちがうん？こうしたら気持ち伝えられるんちがうん？っていうのが，いろんなことを学べばいいんだ，知らないだけなんだっていうのを子どもが知った，気づいた。当然教師が気づいた。だからアドバイスできるっていう…（中略）…それまでは指導やった。「なぜ，できない？こうしなさい」と指導していた。前から引きずってたんが，支援っていうか，後ろから「一緒にがんばろうか，一緒に止まってよっか」っていう支援と指導が教師にとってもきちんと分けられたっていうか。教師は指導者でもあり，支援者でもあり，だからあんまり怒らなくなったんですよ。（鈴木先生，2013.10）
【感想2】	たとえば，子どものストレスチェックをしたら，意外な子がストレスが高くて，「俺，ストレスの塊や！」って言ってた子がストレス全然ないねん。それを（子どもたちで）閲覧して「なんでやねん！なんでやねん」って。ストレスだと思ってたものがストレスじゃなかったり，自分では我慢と思ってなかったことが，すごい引っかかってたりしている。自分に対しての関心が持てるようになった。（鈴木先生，2013.10）
【感想3】	一番かわったというのは，やっぱり人の話をしっかり聞けるようになった。聞いてもらえるうれしさっていうのを子どもが知ったということやと思います。自分のこと言えるし，言ったからってみんながしっかり聞いてくれてるから恥ずかしくないし。人と違う意見をもっててもそれはそれでいいねんみたいな。…（中略）…自分の意見をもつっていうのは大切，違ってても恥ずかしくなんかないよっていう感じは子どもたちに生まれた。（田辺先生，2013.5）
【感想4】	卒業してからなんですけど，何が一番おもしろかった？って聞くと，トーキング系っていうんです。話聞いてくれるからって。話を聞いてくれるつながりが卒業してからもあって，高校であったのを中学校の友だちに電話して聞いてもらう。高校に行って一番違うのは，違うかったらなんやかんや言われるって。違うからいいと思うねんけどって。卒業してからですけどね，分かるのは。（田辺先生，2013.5）
【感想5】	卒業してからも連絡がすごくて，誰それが学校（注釈：高校のこと）やめるって言ってるっていったら，メールでやめるなってばーっといろんな人から連絡がいったりする。私にも来る。私も気にしてメールする。やめるって言ってた子も，そんなにメールが来たらやめられへんやんって。（森先生，2013.7）
【感想6】	「人間関係学科」をしっかりやった子どもらって，卒業してからも，しょっちゅうT中に戻ってくる。先生何してんのー？って。で，高校のこととかいろんなことをしゃべって帰る。（中野先生，2010.8）

（2）子どもが認知する「人間関係学科」の成果

各年度の研究開発実施報告書より「人間関係学科」についての子どもの感想

表5-4　子どもの感想

【2003年度】	1. 「絶対に無理や」と思ってたことも，やってみるとできることが分かって，楽しかった。
	2. めいっぱい自分を大事にしてがんばろうと思った。
【2004年度】	3. ふだん，あまりしゃべらない人とも声をかけたり返事をしたりして楽しかった。
	4. みんなで力を合わせないとできないから，力を合わせることができていいと思った。コミュニケーションをとるには，…（中略）…相手のことを考えたり，気をつかったりしないといけないこともあるんだと分かった。
	5. ロールプレイは，相手の気持ちが分かって，人間関係の大切さも分かってよかった。それに，どうすればケンカしなくていいかが分かった。
	6. グループワークで，自分の言うことをみんながちゃんと聞いてくれたことがうれしかった。みんなの考えていることやそれぞれの個性があることが分かった。
	7. 私は，これから「いつもこうだ」や「こうあるべきだ」と思うのをやめて，いろいろな場面で対応できる力をつけたいと思った。
	8. 人の言うことを理解しようと思えば，しっかり見て，話を聞くようにしなければいけないと思った。
	9. 自分のよさを，自信をもって言えることが大切だと思った。
	10. 相手が聞きやすい話し方の練習をがんばろうと思う。
【2005年度1年】	11. クラスのみんなに話したら，何かいい気分になった。
	12. 自分のことをしっかり伝えることができたし，班の人のことを聞くことができた。
	13. 自分が何かを言ったら，みんなが反応してくれたし，どの班でもみんな笑っていた。
	14. 班のみんなが一つのことに協力して，がんばったことが一番印象に残った。
	15. みんながはっきり意見を言えたのがよかった。
	16. 自分を素直にして，みんなが一緒に行動しているんだから，きまりを守って，みんなが楽しくすることが大切だと思った。
	17. 「相手はこんなことをされるとイヤかな？」とか「自分がされたらイヤやからしないでおこう」とか，相手のことも思いながら遊んだりしないといけないと思う。
	18. なるべく，みんなに分かりやすく，自分の思ったことを発言しようとがんばった。
	19. みんな自分のことだけではなく，友だちのことを考えて，「生きるにはどうすればいいか」を考えてくれた。
	20. みんなが，みんなに気を配っていたことが印象に残った。
	21. 先生たちのロールプレイを見るだけより，自分たちでやった方が心がすっきりした。
	22. 自分が発言したら，班の子が拍手をしてくれた。他の子の時も拍手した。めっちゃうれしい気持ちになった！
	23. みんな一人ひとり違う考え方があって，すごいなあ〜と思った。

第5章 子どもの「つながり」を醸成するカリキュラムマネジメント②

【2005年度2年】	24. 自分のことを人に知ってもらって、「いいねぇ～」って言ってもらうのは、すごくいい気分だなと思った。
	25. 自分のことを知ってもらったら、だんだん安心してくると思った。
	26. アサーティブの学習で、みんなの意見を聞いて、「なるほど、そんな意見もあったのか」と気づいたことが多かった。
	27. ロールプレイで、みんなのばらばらの意見をまとめるのは、なかなかしんどかった。でも、最後には、みんなが納得するいい考えがでてきたのでよかった。
	28. 一人の意見をたてると、もう一人ができなかったりして、難しいと思った。
	29. お互いが少しずつ我慢することで解決しようとしたけど、それだけはなかなかうまくいかなかった。
【2005年度3年】	30. いろんな角度からみることは大切だから、こういうことを次にいかしていきたいと思った。
	31. (あるエクササイズの中で) 友だちが支えてくれるって、確信できた。
	32. 相手のことを信頼したら、ちょっと怖さがなくなった。人を信じるってことはすごいなあと思った。
【2007年度1年】	33. みんなのことを知ることができ、自分のことも聞いてもらえてすごくよかった。
	34. 相手の言いたいことが何かを真剣に聞くことの大切さが分かった。
	35. 友だちのロールプレイを見て「こんな風に言えばいいんや」とかいろいろ思った。
【2007年度2年】	36. 攻撃的に言うと、ケンカになる。何も言わないままだと、二人の間に上下関係ができる。アサーティブな言い方だと、相手も納得するし、自分も言いたいことが言えていた。
	37. 一人でもみんなのことを思ってくれたら、その状況が変わっていくことが分かった。
【2007年度3年】	38. 友だちを信用するっていいことやと思った。
	39. 人それぞれの考え方があって、イヤなこと、うれしいことも、それぞれ違って、人を理解するのってすごく難しいし、奥が深いなって思った。
	40. 自分に自信を持つために、今できることはたくさんあるということが分かった。
	41. みんなで団結できて、毎日笑顔で、本音を言い合えるクラスにしたい。
【2009年度3年】	42. 自分のことを理解してくれる仲間がちゃんといるんだと思った。そんな仲間を大事にしたい！
	43. 信頼することってとっても大切なんだな～と思った。信頼するって気持ちいいことなんだと思った。

注：左欄は報告書が出された年度と学年（学年は示されていたもののみ）。
出所：2003（平成15）年度研究開発実施報告書，2007（平成19）年度研究実施報告書。

を抜粋したものが表5-4である。感想1，3では「楽しかった」，6，22では「うれしかった」，11では「いい気分になった」，13では「みんな笑っていた」，25では「安心」というように，子どもたちが「人間関係学科」の中で楽しく幸せに過ごしているのがわかる。そうした心地よい雰囲気を創るための大きな要因として，3，6，11，12，13，15，22，24，25，33に見られるように，子どもたち同士の中で，自分の発言や考えを他者がしっかりと聞いて受けとめ，認めてくれる関係が成り立っているのが見て取れる。また，そうした関係性をつくるためにも，4，8，34のように他者の話を真剣に聞く姿勢を子どもがもとうとしている様子がうかがえる。このような中で，6，7，23，26の感想からは，それぞれの考えや個性の違いに子どもが気づき，それをそのまま受け容れようとしているのがわかる。これは，先に教師へのインタビューで語られていた内容と重なるものである。

　これらからは，学習方法で述べられていたように，他者の意見を傾聴し，それがどのようなものでも必ず肯定して受け容れるという教師の意図が子どもたちに伝わっている状況がうかがわれる。そうした中で，2，9，40に見られるように自分を大切にしたり，自信をもとうとしたりといった自己信頼へとつながったり，17，19，20，37のように他者への共感性や他者への配慮が育まれたりする様子が見受けられる。また，10，18，35では，他者に理解してもらえる話し方を工夫しコミュニケーション力を高めようとしている姿勢が示されている。さらに，36では「人間関係学科」の実践を通じて，攻撃的なケンカをする状況では子ども間に上下関係があり，それがアサーティブな言い方を通じて変わる点に子どもが気づいているのが読み取れる。加えて，21からは，教師の語りにも見られたように，教師だけがロールプレイをするのではなく子どもが自ら実践するのを好んでいる様子がわかる。

　次に，5，27，28，29では，考えの異なる他者間でいかに合意形成を図っていくのかという問題解決に向けてのあり方を学んでいるのがわかる。27のようにみんなが納得できたり，29のようにうまくいかなかったりしながら，意見の違いを踏まえた上での解決のあり方を模索している。また，14，16からは，違

第5章　子どもの「つながり」を醸成するカリキュラムマネジメント②

いを踏まえつつも皆で協力する大切さを学んでいるのがわかる。「きまりを守ってみなが楽しく」というのは互酬性の規範とは異なるが，多様性を認めつつも協力する際には何らかの規範が必要であるという子どもの認識が示されている。

　こうした学習が進んでくると，30，39で述べられているような相互尊重のあり方や，31，32，38，43のような他者信頼についての言及が見られるようになっている。他者への信頼については，「すごいなあ」「大切，気持ちいい」といった感想が示されている。そして，41，42のように「自分を理解してくれる仲間…（中略）…を大切にしたい」「笑顔で本音を言い合えるクラスにしたい」というように，楽しく安心して過ごせる仲間関係をつくりあげ，大切にしたいという願いが表れるようになっている。このように，教師が設定した目標やスキルを子どもが身に付けるとともに，それを実際に活かしつつ皆でつながりながら生活を送ろうとしている子どもの様子がみられる。

　次に，「人間関係学科」の学びをふだんの生活に活かしているのかについて聞いた感想を整理する（表5-5参照）。1，2，3，8，9からは，子どもたちが相手の意見を傾聴したり，アサーションとしてのコミュニケーションをとったりする方法を学び，感情をコントロールする力を身に付けていることがわかる。実際に，相手の気持ちを先に考えられるようになり，現実のトラブルやケンカ，攻撃的な場面を減らしている。そして，10では「人の大切さが分かる」という感想が書かれている。これらからは，「人間関係学科」で単なる技法を学んだだけではなく，その根底にある自己と他者という「人」の大切さを実感しているのがわかる。また，4ではストレスが減少したと述べている。さらに，5ではあいさつをする，6では手伝いをする，11では反抗しないというように，人とのつながりを大切にしながら，社会の中で自分自身を活かしながら生活しようとしている姿が見て取れる。7では，「人間関係学科」の授業で答えの出し方が他の授業と異なり，現実と即する面を有することが述べられている。

　その他，6年間の研究開発実施報告書では，いじめや不登校の減少，ストレスの減少等が子どもへのアンケート調査から数的に示されている（露口・柏木・

表5-5 「人間関係学科」の学びの普段の生活への活かし方

【2005年度1年】	1. 人に対しての言葉や言っていいこと悪いことの区別を考えるようになった。 2. ケンカしそうになった時は、アサーションの方法で解決できたりして、その場の雰囲気がよくなった。 3. 意見を聞くって大切なことだって思ったから、友だちの意見をよく聞いたら、いろいろ解決できた。 4. ストレスをましにさせることができて、ストレスが少なくなった。 5. 近所の人にあいさつするようにした。 6. 家の手伝いをするようにした。
【2005年度2年】	7. 「人間関係学科」は、数学や社会のように決まった答えがなくて、個人で考え方も違うし、答えの出し方も違うのでおもしろい。答えが分からない時もあるけど、ふだんの生活の中で答えが見つかったりしたら、「あっ、前の授業はこんなことやってたんやぁ」って思うのでとても良い。 8. 前までは感情をむきだしにしてたから、友だちとのトラブルとかもいっぱいあったけど、「人間関係学科」をしてからそういうことがなくなって、感情をコントロールできるようになったと思う。 9. 「人間関係学科」は一番大切やと思った。それは、どう言ったら相手は傷つかんかなあって考えたりして、相手の気持ちを先に考えれるようになったと思うから。 10. 人間関係学科の学習をして、人の大切さが分かりました。 11. 母親に「あれやって、これやって」って言われても反抗しないようになった。

注：左欄は報告書が出された年度と学年（学年は示されていたもののみ）。
出所：「2007（平成19）年度研究実施報告書」。

生田・増田 2014)。

（3）子どもの活躍する姿——ボランティア活動の中で

T中校区では、学校と地域の連携による教育活動が目指され、様々な取り組みが行われてきた。ただし、「人間関係学科」の授業に取り組む中で、行事は多くあるけれども子どもが主体的に何かを創っていくことがあまりできていないという反省が指摘されるようになった。そこで、生徒会アンケートがとられ、考え出されたのがボランティア手帳である。手帳は、子どもたちが考えたデザインですごろく形式のようになっており、1つボランティア活動をすると1個スタンプを押してもらえるようになっている。スタートから始まり、8個目で職人、16個目で達人、25個目で名人、35個目で有名人と書かれている。

2008（平成20）年度1学期として、グリーンキャンペーン（校庭の花壇を整備し、

第5章　子どもの「つながり」を醸成するカリキュラムマネジメント②

花を植える）50人，校庭の石拾い・草抜き77人，中国や岩手宮城地震被害への募金の準備・呼びかけ・実施49人のボランティア参加があった（研究報告書中間発表会資料より）。2009（平成21）年度1学期は，あいさつ運動（5日間）56人，プランター花植え40人，花壇の整備・花植え60人，地域の子どもを招待する活動（夏）40人のボランティア参加となっている（研究報告最終発表会研究紀要より）。2学期に行われる学校と地域の連携活動としての一大イベントであるお祭りには100人程度のボランティア参加がある。なお，2010（平成22）年度のボランティア参加人数は，新入生歓迎あいさつ運動95人，プランター花植え93人，地域の子どもを招待する活動（夏）76人，図書室の大整理（2月）77人というように，かなり増えている（学校と地域の連携推進組織会議の資料より）。上に挙げたものは活動の一部である。全校生徒が300人という小規模校であり，中学生という時期に照らし合わせても，活動への参加数が非常に多いと考えてよいだろう。

　ボランティア手帳は単年度ごとの発行で，スタンプがたまるとお祭りの際に好きな食べ物と交換できる。また，年度終了時にスタンプが4個以上，8個以上集まっている生徒には学校と地域の連携推進組織から記念品が贈呈される。ある地域住民はボランティア活動への子どもの思いについて次のように話してくれた。

　　「何個かスタンプがたまったら，食べ物とかと（ボランティア手帳を）交換できるようにしてたんやけど，交換しにこないねん。なんで？って聞いたら，これが自分ががんばった証やって。手帳をすごく大事にしてる。…（中略）…そこらへんでやんちゃやってるような子がな，一生懸命ゴミ拾いよるねん。…（中略）…自分でも役に立てるんやって子どもがうれしそうに言うって先生も言うてたわ。」

　この語りからは，子どもがボランティア活動に意味を見出しており，活動を通して自己肯定感や社会的有用感を高めている様子がうかがえる。そして，ボランティア活動に懸命に携わっている姿が見て取れる。ボランティア活動への

第Ⅰ部　カリキュラム・授業における「つながり」

参加は，自主的になされるものであり，教師からの強制的な促進行為は一切なされていない。この活動に取り組み始めた2008（平成20）年度の研究報告書中間発表会資料には次の一文が載っている。

　「子どもが成功体験や達成感をより多く味わうことができ，それが自己肯定感や社会的有用感を高めることになる。ひいては，それがいじめの未然防止につながっていくのではないかという思いがあった。」

教師のこうした思いが形となって表れたといえるだろう。また，「人間関係学科」の概要で述べたように，「人間関係学科」の学びはカリキュラム開発時から教室内にとどまらないよう目指されていた。そうした想定があったために，「人間関係学科」の様々な取り組みが社会とつながり，子どもたちはボランティア活動に主体的に参加するようになったと考えられる。

6　「人間関係学科」カリキュラムマネジメントに関する考察

「人間関係学科」カリキュラムの子ども観は，子どもたちが適切な人間関係対処法を知らない状況にあり，「適切さ」を学習する必要があるというものであった。これは，たとえば攻撃的であったり忍耐しすぎたりと不適切な人間関係の対処法をとる子どもの状況を個人的性質や家庭の責任にせず，学習の不足として捉えるものであった。そして，すべての子どもが学習すれば適切に人と関わることができるようになるという子どもの内面的成長を信じるところから始まっていた。

その学習内容は，自己を知って自己信頼できるようになりながら，自分とは異なる他者を認め，他者を信頼し，相互尊重を図りつつ他者とつながりながら人生を歩むためのものとなっていた。実際に，教師の語りからは，子どもたちが自分に関心をもち，また自分の話を聞いてもらえるうれしさを知って，他者の話を聞くようになった様子が示されていた。子どもの感想にも，「自分の話

を聞いてもらえるのがうれしい」「いい気分」と書かれており，翻って他者の話を聞こうとする姿勢が述べられていた。つまり，子どもたちは，実際に自分を大切にし，自信をもちながら自己信頼を獲得し，他者への共感性を育みつつあったといえる。そうした中で重視されていたのが，互いの違いを認める姿勢であり，教師の語りにも子どもの感想にもそれが達成された内容が示されていた。子どもたちは，異なる他者間での合意形成と問題解決に取り組む中で，違いを認めながら協力してものごとを進めるルールや難しさを学んでいた。これらの学習が進んでくると，相互尊重のあり方を考えたり，他者を信頼することのすばらしさを実感したり，本音をいい合えるクラスづくりを目標に掲げたりしていた。すなわち，子どもたちは，多様な価値観と寛容性を兼ね備えながら，互いに信頼して協調する姿勢を育みつつあったといえる。

　こうした学びは，実際の場面で活かされていた。たとえば，トラブルやケンカ，ストレスが減少していったという感想が見られた。また，あいさつや手伝いなど身近なところで自分を活かしつつ生活しようとしていた。さらに，ボランティア活動への参加数を見てみると，様々なボランティア活動に多くの子どもたちが社会参加を自ら望み，主体的に関わっていた。

　学習内容として設定されていたものと実際に子どもたちが学んだ内容は一致していることがわかる。その内容は，多様な価値観を認めながらの相互尊重，違いを受け容れる寛容性，報酬をあてにしないボランティア活動や協調行為等である。これらは，ソーシャル・キャピタルの中でも橋渡し型の要素に近いものと考えられる。また，子どもたちの上下関係がアサーティブな言い方を通じて変わったという感想や攻撃的場面を現実的に減らしている子どもの様子からも，子どもの中での垂直的関係が水平的なものへと推し進められつつあったのではないかと思われる。

　こうした学びを進めるための学習方法として重視されたのが，参加・体験型の方法であった。人とつながるのを教師が説くのではなく，子どもも教師も楽しみながら一緒に学ぶ方法が模索されていた。そして，教師は権威的指導者から，エンターテイナー，ファシリテーター等への役割転換を迫られ，使い分け

られるようになった点が成果として述べられている。星野（2010：9-10）は，ファシリテーターに求められる行動基準として，次の5点を挙げている。①相手中心であること，②個の尊重，③非評価の姿勢，④非操作，⑤ともにあること，である。相手中心については，「人間関係学科」では教師自身が子どもの意見や考えを傾聴する姿勢をもち，相手を中心とする実践に取り組んでいたといえる。それは，自分の殻を脱ぐところから始まっていた。個の尊重については，計画に示されている通り，違いを重視する指導内容に見て取れる。非評価や非操作については，教師が予め設定していた通りに授業を進めるというよりも，子どもと一緒に創り上げるところに意義を見出していた点に示される。ともにあることについては，教師が子どもを信頼して子どもの意見を聞いて受け容れ，ともに楽しむ中で，子どもが教師を信頼し，人間関係対処法を徐々に変え，卒業後も学校に帰ってきていたという一連の流れから，実際に取り組まれている様子がうかがわれる。

　このように，「人間関係学科」を通して，「教え―教えられ」という管理的で一元的な教師―子ども関係が変容し，ともにあるというフラットな関係が築かれる契機が見出されていた。ただし，教師―子ども間関係が対等であるけれども，なれ合いの関係になっていたわけではない。「人間関係学科」では，上下や縦関係を崩しながらも，信頼の上に成り立つ相互尊重を基調としていたため，子どもは教師を対等な中でも頼れる存在として改めて認め直している様子がインタビュー等からうかがえた。そうした意味では，教師の権威が失墜しつつあると言われる中で，従来のような教師の権威を再構築するのではなく，水平的つながりを基軸にしながら教師を尊重するという教師の権威のあり方を考え直す契機を秘めた実践であったとも考えられる。

　最後に，卒業生の様子について述べておきたい。卒業しても仲間同士，教師とのつながりが強い状況が教師の語りからうかがえる。その中で，そうしたつながりが退学抑制に一定の効果をもっていた内容が述べられていた。序章で述べたように，Coleman（1988＝2006）は親同士の閉鎖的ネットワークによる子どもの中途退学抑制について指摘し，それが結束型ソーシャル・キャピタルの効

用として示されていた。しかしながら, Horvat, Weininger & Lareau（2003）は, こうした効果が中産階級に特有なものであり, 不平等理論とのつながりを指摘していた。T中学校には, 校区の様子で述べたように, 厳しい家庭背景を有する子どもが少なくない。そうした子どもたちが, 子どもたち同士のつながりによって退学抑制を行う点, しかもそのつながりが最終的に教師と結びついているために効果を発揮していると思われる点からは, ソーシャル・キャピタルを考える上で一つの重要な示唆が浮かび上がる。つまり, 中産階級の閉鎖的なネットワークにかわり, 友人同士の水平的で相手を大切にするつながりが退学抑制する契機をつくるのである。そして, そこに教師が入り込むことによって, 社会的弱者を支援する連結型のソーシャル・キャピタルの長所も兼ね備えられるのである。

　3年生では他者の支援やアドバイスを受け容れる態度を養う内容が重視されていた。子どもが自分を守るための「援助希求」の重要性は, 近年重視されつつある（諸富 2013：109）。「援助希求」とは,「助けを求めたり, 相談したりできる」ことである。「人間関係学科」では, 子どもがこうした力をつけて他者に援助希求をすることができるまでの段階として, 他者の意見や支援を受け容れてみることを学び, 他者からの働きかけのよさやそうした他者を信頼してみる学習内容を重視していた。つまり, 子どもが「援助希求」をするだけではなく,「援助希求」を受けとめられるようになる力を養うことで, 子どもの退学を抑制するソーシャル・キャピタルが醸成されつつあったと解釈できる。このソーシャル・キャピタルは, 同じ中学校卒業の集団という点では結束型であるものの, ネットワークに関しては水平的である。また, 教師が支援に加わるという点では連結型の機能を持ち合わせている。

7　ソーシャル・キャピタルの醸成に向けて

　ソーシャル・キャピタルの醸成に向けて, 本事例から導き出された知見は以下の4点である。

第Ⅰ部　カリキュラム・授業における「つながり」

　第1に，ソーシャル・キャピタルが自然とそこにある目に見えないものではなく，学校教育の中でカリキュラムとして設定し創り出すものとして考えてもよいという点である。近年，ソーシャル・スキル学習等で子どもが人との関わりを学ぶ試みは拡がりつつある。ただし，人間関係を学ぶカリキュラムとして計画的に系統的に学ぶところまで到達しているものはあまり見られない。「人間関係学科」では，子どもが人間関係を学びとして捉え，人間関係づくりをできるようになるという希望をもち，成果が表れた事例である。こうしたカリキュラムの増加が望まれる。

　第2に，子どものつながりを創り出すために重要なのは，結束型ソーシャル・キャピタルから橋渡し型ソーシャル・キャピタルへの移行を見据える点である。「人間関係学科」は，学校で実施されるため，関係性の範囲は集団内が多く，育成される信頼や規範も結束型の特定化したものにあてはまるだろう。しかしながら，「人間関係学科」では，多様性や寛容性，人権思想に基づく個の育成が重視されていた。そして，教師―子ども，子ども間関係を対等で水平的なものへと組み替えることが重視されていた。

　教師が多様な子どものあり方を信じ，子どもの意見を傾聴し，子ども自身も多様な他者としての仲間の意見を傾聴するところから実践が始まっていた。そのために，子どもたちは，受け容れてもらえるという安心から自己信頼を獲得していた。同時に，仲間への傾聴姿勢や共感性を育みつつ，他者への信頼感を高め，相互尊重の姿勢を学んでいた。そして，市民的活動への参加に見られる互酬性の規範を獲得しつつあったように思われる。こうした流れと同時に見られたのが，ネットワークの移行である。「人間関係学科」の授業では，まず教師が子どもとの垂直的ネットワークを水平的に移行させるよう意識し，その関係性が徐々に組み替えられつつあった。そして，子ども間も水平的なネットワークへと移行しつつある様子が一場面であるかもしれないが見られていた。これらを整理すると，子どもがつながる力を身に付けソーシャル・キャピタルを醸成する一因になる流れは，次のように説明することができる。

　まず教師が多様な子どもを信頼し受け容れ，指導を行うことによって，子ど

第5章　子どもの「つながり」を醸成するカリキュラムマネジメント②

図5-1　ソーシャル・キャピタル醸成の流れ

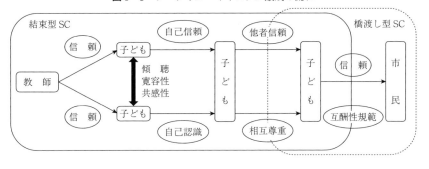

もも仲間から仲間へと違いへの寛容性や共感性が伝えられる。そして，子どもにはありのままの自分を受け容れてもらえる自己肯定感や自己信頼感が高まる。次に，仲間への信頼感や相互尊重の意識が育まれる。これらは，結束型ソーシャル・キャピタルではあるが，それを起点にして社会へと子どもが目を向け，橋渡し型の信頼や互酬性の規範が促されるという流れである。これを図式化すると図5-1のようになる。こうした能力の獲得と同時に，ネットワークに関しては，教師—子ども間関係を垂直的なものから水平的なものへと教師が意図的に推し進めることが重要である。つまり，ソーシャル・キャピタルの認識的側面に関しては結束型のものを起点に橋渡し型へ移行し，構造的側面に関しては最初から橋渡し型が望まれる。

　この流れをつくる上で大切なのは，教師の役割転換である。教科の授業では権威的指導者であるかもしれないが，「人間関係学科」では，ファシリテーター（援助促進者）という役割に徹し，子どもとフラットな関係を築くことが求められる。そのためには，教師が自分の殻を脱いで，子どもを楽しませるエンターテイナーとしてのスキルや力を身に付けるのが得策であった。もちろん，教師自身にかなりの勇気がいるが，教師と子どもの間にある硬直的な縦の関係を崩すためにはそうした役割転換が必要なのかもしれない。また，そうすることで教師自身に成長がみられることが語りに示されていた。子どもの自治的活動や創造的活動においては，「教師の援助的で多角的立場からのかかわり」が重視さ

れる（川本 2013）。橋渡し型ソーシャル・キャピタルは，民主主義的社会の構築において重要な形態であり，子どものそうした能力を育成するためにも，カリキュラム内容に応じた教師の役割のあり方が検討されるべきであろう。

　第3に，友人同士の結束的で，かつ相手を大切にする水平的な橋渡し的要素を有するつながりが退学抑制の契機をつくることが明らかになった点である。退学抑制が，保護者の管理的な結束型のつながりのもとでのみ成り立つのではなく，仲間同士で援助希求を受け容れる柔軟なつながりの中でもまた成り立つことがわかった。また，そうしたつながりの中に教師が入ることで，連結型ソーシャル・キャピタルへと移行できる可能性がある。こうした結果からは，保護者からの支援を受けにくい子どもや社会的弱者にとって，水平的で相手を互いに大切にする相互尊重のつながりがいかに重要であるのかが示唆される。

　第4に，つながりをつくるためには，楽しくうれしく安心な雰囲気をつくるのが肝心という点である。「人間関係学科」の実践がとにかく楽しい内容であるのが様々なところに表れている。教師は「人とつながるのは楽しいと子どもが感じること」を目指していた。また，子どもが話を聞いてもらえて，「うれしい」「いい気分」と書いているのが印象的であった。毎日同じ学級で話す友だちはいるであろう。それにもかかわらず，「うれしい」「楽しい」と書くことから，子どもがありのままの自分を，他者とは異なる自分を受け容れてもらえるような関係性をもてていない状況が浮かび上がる。子どものつながりを醸成するためには，つながる状態を強調するよりも，まずは自分を受け容れてもらえる状況をつくりだし，「つながり＝楽しい」と感じられるようにするのが近道なのかもしれない。

謝　辞

　本章の執筆にあたり，T中の先生方に大変お世話になったことをここに記し，感謝の意を表したいと思います。厚くお礼申し上げます。

注

(1) 10のライフスキルはWHOのライフスキル（WHO 1998）をもとに考えられてい

る。
(2) 2003（平成15）～2005（平成17）年度の概要については，2003（平成15）年度研究開発実施報告書より抜粋。
(3) 2007（平成19）～2009（平成21）年度の概要については，2007（平成19）年度研究開発実施報告書より抜粋。
(4) アサーションとは，自分も相手も大切にしようとする自己表現で，自分の意見，考え，気持ちや欲求などを正直かつ率直にその場にふさわしい方法で述べるという自己表現をして良い権利で表されるものである。同時に，相手が同じように表現することを待つ態度を伴うものとされ，相手の伝えたいことをきちんと受け取り理解するという相互尊重を基調とする（鈴木 2014）。

参考文献
稲葉陽二・大守隆・金光淳・近藤克則・辻中豊・露口健司・山内直人・吉野諒三（2014）『ソーシャル・キャピタル――「きずな」の科学とは何か』ミネルヴァ書房。
川本和孝（2013）「子どもの変容に応える学級活動・特別活動」蓮尾直美・安藤知子編『学級の社会学――これからの組織経営のために』ナカニシヤ出版，37-54頁。
鈴木教夫（2014）『アサーション・トレーニング1学校編』汐文社。
露口健司（2011）「教育」稲葉陽二・大守隆・近藤克則・宮田加久子・矢野聡・吉野諒三編『ソーシャル・キャピタルのフロンティア――その到達点と可能性』ミネルヴァ書房，173-195頁。
露口健司・柏木智子・生田淳一・増田健太郎（2014）「生徒を取り巻く「つながり」はストレス反応を抑制できるか？――縦断的データのマルチレベル分析」『九州教育経営学会研究紀要』20，25-33頁。
西井克康・新井肇・若槻健（2013）『子どもが先生が地域とともに元気になる人間関係学科の実践――人権教育・多文化共生教育をベースにした予防・開発的生徒指導』図書文化社。
深美隆司（2013）『子どもと先生がともに育つ人間力向上の授業――深美隆司のファシリテーション出前研修』図書文化社。
星野欣生（2010）「ファシリテーターは援助促進者である」津村俊充・石田裕久編『ファシリテーター・トレーニング 第2版』ナカニシヤ出版。
諸富祥彦（2013）『教師の資質――できる教師とダメ教師は何が違うのか？』朝日新書。
Coleman, J. S. (1988) "Social capital in the creation of human capital" *American Journal of Sociology* 94, pp. 95-120.（＝2006，野沢慎司編・監訳『リーディングスネットワーク論――家族・コミュニティ・社会関係資本』勁草書房，205-241頁）
Horvat, E. M., Weininger, E. B. & Lareau, A. (2003) "From social ties to social

capital: Class differences in the relations between schools and parent networks" *American Education Research Journal* 40 (2), pp. 319-351. (＝2012, 稲垣恭子訳「社会的紐帯から社会関係資本へ」苅谷剛彦・志水宏吉・小玉重夫編訳『グローバル化・社会変動と教育2――文化と不平等の教育社会学』東京大学出版会)

WHO (1998) *Partners in life skills education*, Inter-agency Meeting on Life Skills Education WHO Headquarters, Geneva, 6-7, Apr. 1998.

第Ⅱ部　組織・リーダーシップと「つながり」

第6章 教師の授業力を高める学校組織の特性
―― 「専門家の学習共同体」論を援用して

露口健司・倉本哲男・諏訪英広

1 専門家集団の「つながり」への着目

　本章の目的は，教師集団のつながりの代理指標である「専門家の学習共同体 (Professional Learning Community：PLC)」が教師の授業力に及ぼす影響について，マルチレベル分析の方法によって解明することである。
　確かな学力の向上のためには，教師の授業力の向上が必要不可欠である。授業力とは，授業に関するコンピテンシー，すなわち，高業績者に共通の行動様式として捉えることができる。コンピテンシーとしての教師の授業力とは，授業の質が高く，児童生徒の学力向上を高確率で達成している教師の授業行動様式を，遂行（〜を実践している）・可能（〜ができる）・到達（〜を達成している）等の視点から整理したものである（Louis & Marks 1998等）。
　教師の授業力は，個人的努力によって向上するであろう。しかし，授業力向上を教師個人の自主性に委ねると，学校内において教師間の授業力の格差が拡大するおそれがある。授業力の格差問題を克服し，授業力の底上げを図るために，近年では，教師間の相互交流活動による組織的・集合的な改善努力（授業研究；Lesson Study）を促進しようとする機運が高まっている（秋田 2006等）。こうした動向を受け，近年では，授業研究を支える組織的要因である PLC が注目されている（Bryk, Camburn & Louis 1999）。

2 「専門家の学習共同体」醸成による授業力向上の効果

　PLC とは，教師間の相互作用の頻度が高く，教師の行為が共有化された教授・

学習の実践と改善に焦点化された規範によって統治されている学校を説明する概念である（Bryk et al. 1999：753）。PLCの構成次元として，たとえば，Louis, Marks & Kruse（1996）は，規範と価値の共有，生徒の学習への焦点化，協働，実践の公開，省察的対話の5次元を因子分析によって析出している。PLC が醸成されている学校では，同僚間で教育的使命や授業―学習に関するビジョンを共有し，児童生徒の学力および学習活動への焦点化を図り，同僚相互の授業公開と省察的対話を継続することで児童生徒実態・文脈・改善方法等についての知識を共に構築し，共有化しているのである。

　PLC の先行研究では，学校組織における PLC の開発や持続に関する質的アプローチ（Scribner 1999；Stoll & Louis 2007等）や児童生徒の学力向上等への効果を検証する計量的アプローチ（Lee & Smith 1996；Louis & Marks 1998等）が進展している。しかし，PLC による教師個々の授業力の向上効果についての計量的アプローチは，管見の限り，報告されていない。この点について，Supovitz, Sirinides & May（2010）は，PLC の類似概念である「同僚の相互影響力（同僚との授業についての対話・同僚との相互授業観察・支援ネットワーク）」の概念を用いて，教師のクラスレベルでの授業実践の変革効果を検証している。ただし，Supovitz et al.（2010）において使用されている同僚の相互影響力の概念には，PLC の中核要素であるビジョン・価値・規範の共有，省察的対話が含まれていないため，PLC による授業力向上の効果を検証した調査研究とは言えない。

　学校レベルの PLC は教師個々の授業力向上に対して，本当に効果があると言えるのだろうか。日本の学校組織においてこの影響関係は多くの関係者に受容されていると思われるが，具体的な科学的根拠（evidence）に立脚したものではないのである。そこで，本章では，以下に示す分析方法によって，「学校レベルの PLC 醸成は教師個々の授業力向上に対して効果をもつ」という仮説の検証を行う【研究課題1】。

3 「専門家の学習共同体」と授業力向上を結ぶリーダーシップ

　学校組織における PLC (集団レベル変数) と教師個々の授業力 (個人レベル変数) の影響関係の分析においては，マルチレベル分析の方法が適当であろう。学校組織調査で生成するデータの多くは，学校・学年・学級等 (集団) の中に児童生徒 (個人) が組み込まれた多階層データである。このデータ特性に適した分析手法として，1990年頃からマルチレベル分析が実施されるようになった (Bryk & Raudenbush 1992；Kreft & Leeuw 1998等)。統計ソフトの浸透により，マルチレベル分析は社会科学分野において広く活用されている (西 2006)。目的変数に対する個人レベル変数と集団レベル変数の効果を同時に分析できる点や，変数効果の集団間差 (たとえば，学校によって変数 A-B 間の効果にバラツキが見られるかどうか) を検証できる点，そして，様々な統計的誤謬を抑止できる点にマルチレベル分析の主な利点がある。

　本章では，上記仮説の検証において，多様な個人・学校レベル変数を統制した精度の高い分析モデルの構築を目指す。学校組織の現実に着目すると，教師の授業力向上は，学校レベルの PLC 醸成状況だけでなく，様々な個人・学校レベルの要因によって規定されていると考えられる。学校レベルの PLC と教師の授業力との二変量間の相関性を検定するだけでは，説得力に欠ける。そこで，本章では，個人レベル変数として，性別，教職経験年数，学校籍，個人による PLC 実感を，学校レベル変数として，男性 (女性) 比率，教職経験年数平均，学校教員数，前年度の授業力水準を，それぞれ統制変数として設定する。様々な個人・学校レベルの変数による影響力を排除してもなお，学校レベルの PLC は教師個々の授業力向上に対して効果をもつことを明らかにしたい。

　さて，学校レベルの PLC と教師の授業力の影響関係を解明する上で，校長のリーダーシップの影響力を無視することは困難である。Supovitz et al. (2010) の研究を踏まえると，教師の授業力向上に対する校長のリーダーシップ効果は，調整効果として捉えることが望ましい。つまり，校長がリーダーシップを発揮

第6章　教師の授業力を高める学校組織の特性

できている状況下において，PLCは教師の授業力を促進すると仮定するのである。多くの学校組織において授業公開や研究協議が浸透している日本では，PLC醸成よりもむしろ，すでに開発されているPLCを授業力向上につなげ，実質化を図ることが，校長には求められていると考えられる。

　教師の授業力向上や授業改善に影響を及ぼす校長のリーダー行動は，教育的リーダーシップ（instructional leadership）・アプローチによって説明されることが多い（露口 2008）。このアプローチでは，授業力・学力向上を目標として，その達成のために校長自らが率先し，積極的に行動するリーダー像が描かれる。一方，近年では，教師の主体性やエンパワメントをより重視する視点から，サーバント・リーダーシップ（servant leadership）(1)と呼ばれるアプローチが展開されつつある（露口 2010）。教師の主体性を重んじたPLC醸成やそれによる効果の実質化のためには，サーバント・リーダーシップのように，支援的側面に焦点を当てたリーダー論が適当であると考えられる。本章では，「校長がサーバント・リーダーシップを発揮している学校では，PLCが教師の授業力の向上に結びつきやすい」とする仮説についても検証を行う【研究課題2】。

4　授業力データ等の収集

（1）授業力調査の対象校

　調査対象はA県内公立学校33校（小学校15校・中学校18校）の教員（授業担当教員）である。これらの33校はA県単独事業の参加校（研究指定校）である。調査対象校の教員を対象とする質問紙調査は2009（平成21）年度2月および2010（平成22）年度2月の2回，同一の質問紙によって実施された(2)。調査対象教員は2009（平成21）年度調査638名，2010（平成22）年度調査644名である。教育委員会による政策効果の検証作業として本調査が位置づけられているため，すべての調査対象教員からの回答を得ることができた。調査票は，県教育委員会から教育事務所を経て各学校に配布された。個人厳封の措置をとった上で，学校管理職が学校単位での配布・回収を行った。

調査対象サンプルの属性は，次の通りである。性別は，2009（平成21）年度調査では男性281名（44.0%）・女性339名（53.1%）であり，2010（平成22）年度調査では男性281名（43.6%）・女性353名（54.8%）である。普通学級数平均は2009（平成21）年度および2010（平成22）年度調査ともに12.1であった。

（2）授業力調査のデータ
1）個人レベルデータ
① 教師の授業力

年度間における自らの授業力向上についての主観的評価を教員に対して質問した。質問項目は1年間での伸びを問う形式となっている。質問項目の設定においては，調査対象のA県教育委員会において示されている授業力要素を参考として22項目を作成した（表6-1参照）。尺度は「④　ひじょうにあてはまる」～「①　まったくあてはまらない」までの4件法である。教師の授業力尺度22項目の因子分析（主因子法・プロマックス回転，以下同様）の結果，2009（平成21）年度および2010（平成22）年度ともに，同様の2因子が出現した。再現性が確認されており，信頼性の高い測定尺度であると言える。第Ⅰ因子は，主として児童生徒理解・基本的指導技術・学習風土の形成等の授業実践に関する項目群から構成されており，これを「授業実践力（α係数；2009〔平成21〕年度=.89, 2010〔平成22〕年度=.92）」と命名する。第Ⅱ因子は，主として教材解釈力と授業構成力に関する項目から構成されており，これを「授業デザイン力（α係数；2009〔平成21〕年度=.91, 2010〔平成22〕年度=.91）」と命名する。ただし，これら2因子の因子間相関係は，2009（平成21）年度調査が.786, 2010（平成22）年度調査が.806であり，いずれも高い数値を示している。したがって，分析においては2因子の因子得点の積を求め，「教師の授業力」の1要因指標とする。

② PLC

PLCを対象とする研究（Bryk et al. 1999；Louis et al. 1996）の理論と測定項目を参考として，また，調査対象国・地域の特性を考慮した上で，19項目から成るPLC尺度を新たに作成し，教員に対して回答を求めた（表6-2参照）。尺度は「④

第6章　教師の授業力を高める学校組織の特性

表6-1　教師の授業力尺度の因子分析の結果

項　目	2009 I	2009 Ⅱ	2010 I	2010 Ⅱ
・児童生徒の反応や状況を把握し，適切に対応すること。	.798	-.069	.767	-.035
・児童生徒の思いや考えを引き出すこと。	.731	.010	.735	.028
・先生や友達の話をしっかり聞ける状況を作り出すこと。	.700	-.028	.795	-.100
・個別指導の中で，個の学習状況を把握し，適切に対応すること。	.692	-.026	.559	.157
・児童生徒の反応を生かしながら授業を構成(再構成)すること。	.683	.056	.599	.090
・的確な指示を行ったり，分かりやすく説明を行ったりすること。	.655	.124	.704	.050
・支持的風土づくりに努め，発言しやすい状況を作り出すこと。	.643	.079	.729	.006
・基本的な学習ルールを定着させて，的確な指示を出して学習集団を動かすこと。	.637	.093	.690	.054
・児童生徒の思考を促したり焦点化したりするために適切な発問を行うこと。	.504	.242	.558	.221
・児童生徒の興味関心を高め，課題意識や学習意欲を持たせること。	.440	.350	.525	.282
・教材研究に対して時間をかけ，教材の吟味を重ねること。	-.095	.828	-.077	.806
・ねらいを達成するのにふさわしい教材や教具を選択し，適切な使い方をすること。	-.012	.708	-.069	.768
・教材について正しく理解したり，深く理解したりすること。	.009	.680	.186	.501
・単元目標や授業目標を明確にし，児童生徒の状況に応じて単元の指導計画や一単位時間の授業を計画すること。	.138	.638	.137	.591
・学習過程を工夫し，体験的な学習や問題解決的な学習を積極的に取り入れること。	.076	.592	.292	.414
・各児童生徒の思考スタイルや性格の特徴を理解し，教材の選択や指導計画立案に生かすために整理すること。	.124	.573	.205	.578
・ICTを効果的に活用すること。	-.058	.551	-.079	.620
・児童生徒の到達度や意欲などの学習状況を的確に把握し，授業改善のために整理すること。	.171	.547	.131	.540
・適切な学習評価や授業評価の場を設定すること。	.183	.467	.269	.452
・一斉学習とグループ学習や個別学習など，適切な学習形態を工夫すること。	.154	.443	.367	.340
・児童生徒の理解や思考に役立つような構造的な板書を行うこと。	.245	.427	.329	.361
・学習活動とリンクした掲示物を掲示したり，学習に集中できるように教室環境を整えたりすること。	.295	.295	.270	.471

注：N＝2009；638, 2010；644.　因子分析は主因子法，プロマックス回転による。因子間相関係数は2009；.786, 2010；.806.

ひじょうにあてはまる」～「①　まったくあてはまらない」までの4件法である。因子分析の結果，2009（平成21）年度および2010（平成22）年度ともに，3因子が析出された。第Ⅰ因子は，学力向上や授業改善に対する使命感や責任感の

第Ⅱ部　組織・リーダーシップと「つながり」

表6-2　PLC尺度の因子分析の結果

項　目	2009 I	2009 Ⅱ	2009 Ⅲ	2010 I	2010 Ⅱ	2010 Ⅲ
・授業改善の必要性を，多くの教員が理解している。	.771	.059	-.108	.789	-.089	.053
・同僚の多くは，本校において達成すべき使命を共有している。	.762	-.067	.030	.748	-.012	.003
・多くの教職員が学校改善に対する責任を意識している。	.751	-.084	.128	.493	.357	-.043
・多くの教職員が自分自身に高い水準の目標を課している。	.733	.028	.050		.159	.120
・職員が努力し実現したくなるようなビジョン（グランドデザイン）が示されている。	.704	.044	-.108	.585	.015	.053
・児童生徒の学力向上のためには，どうすればよいかを多くの教員が理解している。	.668	.040	.002	.886	-.149	-.087
・安心して働くことのできる，働きやすい職場である。	.529	-.081	.245	.450	.277	.320
・同僚と学校の重点目標に関する会話を交わすことがある。	.512	.296	-.081	.342	.111	.320
・自分が担当している児童生徒の学力成果の状況を，他の教員も知っている。	.347	.047	.195	.364	.048	.174
・同僚の授業を参観し，意見交換することが習慣化している。	-.022	.983	-.123	-.030	.911	-.046
・自分の授業を同僚に公開することが習慣化している。	-.051	.845	-.038	-.001	.913	-.110
・自分の授業に対する同僚からの効果的なフィードバックがある。	.024	.681	.082	.044	.682	.039
・校外での研修等で獲得した知識を同僚同士で交換し合うことがある。	.145	.424	.243	.032	.299	.423*
・新しい授業技法や実践についての知識を同僚同士で交換しあうことがある。	.113	.421	.283	.038	.393	.352
・教員は，休み時間などでも，授業や教育実践に関する話を同僚と交わしている。	-.087	-.094	.837	-.130	-.031	.836
・同僚と授業運営や学級経営上の課題についての会話を交わすことがある。	-.097	.054	.813	-.118	.035	.809
・特別に配慮する必要のある生徒に対する支援の方法について，同僚同士で話し合う。	.157	.103	.504	.140	.205	.322
・本校の教職員は，同僚に対して誠意をもって接している。	.337	-.016	.482	.372	-.117	.459
・多くの教職員が，他の教師を自発的に支援している。	.357	-.035	.465	.212	-.106	.678

注：$N=2009；638, 2010；644$．因子分析は主因子法，プロマックス回転による。2009年データの因子間相関係数はⅠ-Ⅱ：.630，Ⅰ-Ⅲ：.768，Ⅱ-Ⅲ：.521．2010年データの因子間相関係数はⅠ-Ⅱ：.761，Ⅰ-Ⅲ：.568，Ⅱ-Ⅲ：.629．＊印の「校外での研修等で獲得した知識を同僚同士で交換し合うことがある」は第Ⅲ因子に含まれる項目である。

共有状況を示す項目群で構成されており，これを「使命と責任の共有（α係数；2009〔平成21〕年度＝.89，2010〔平成22〕年度＝.88）」と命名する。第Ⅱ因子は，実践の公開やそれと関連して実施される省察的対話の状況を示す項目群で構成されており，これを「公開省察規範（α係数；2009〔平成21〕年度＝.86，2010（平成22）年度＝.85）」と命名する。第Ⅲ因子は，教職員相互の情報共有，相互信頼・相互支援の状況を示す項目群で構成されており，これを「同僚性（α係数；2009〔平成21〕年度＝.84，2010〔平成22〕年度＝.82）」と命名する。PLC尺度は，2年続けてほぼ同様の因子構造を示しており，比較的信頼性の高い尺度であると言える。例外は，2010（平成22）年度調査で第Ⅱ因子に含まれる「校外での研修等で獲得した知識を同僚同士で交換し合うことがある」のみである。2010（平成22）年度調査では，この項目が第Ⅲ因子に含まれているが，2009（平成21）年度調査の結果を尊重し，第Ⅱ因子の項目群に含め，合成変数を設定することとした。

③ 校長のリーダーシップ

Barbuto & Wheeler（2006）が開発した理論と測定項目を参考として，愛他的使命（"児童生徒・保護者・職員に対して日々貢献している"），傾聴行動による情緒的安定（"職員の話に耳を傾けている"），賢明さ・説得的図解・組織的貢献の美徳（"職員が実現したくなるようなビジョン〔グランドデザイン〕が示されている"）の視点から，それぞれ1項目を作成した。因子分析の結果，2009（平成21）年度調査（因子負荷量；.564～.884）および2010（平成22）年度調査（因子負荷量；.594～.857）共に1因子構造であることが判明した（α係数；2009〔平成21〕年度＝.80，2010〔平成22〕年度＝.80）。

④ 統制要因

教員の性別（男性＝1，女性＝0のダミー変数），教職経験年数（5年区間の順序変数を標準化），学校籍（小学校＝1，中学校＝0のダミー変数）の3変数を統制変数として設定した（2010〔平成22〕年度調査データを使用）。

2）学校レベルデータ

① PLC

個人レベルデータで析出された「使命と責任の共有」「公開省察規範」「同僚

性」の各因子について得られた得点から学校レベルの平均得点を算出し，PLCの学校レベル得点として設定した。

② 校長のリーダーシップ

個人レベルのリーダーシップの得点から学校レベルの平均得点を算出し，リーダーシップの学校レベル得点として設定した。

③ 統制要因

各学校における男性教員比率，教職経験年数平均（標準化の後に集合化）・教員数（標準化の後に集合化），前年度の授業力水準を学校レベルの統制変数として設定した。

5 教師の授業力を高める個人・組織レベル特性は何か？

本章では8つの個人レベル変数（被説明変数である教師の授業力を含む）と8つの集団レベル変数を設定している。後述するように，主たる分析データは2010（平成22）年度調査データであることから，2010（平成22）年度調査データについての記述統計量を整理する（表6-3参照）。

マルチレベルモデルは次の通りである（表6-4）。第1に，他のモデルとの対比をねらいとして，説明変数を投入しないモデルを設定する（Model 0）。この操作はマルチレベル分析では一般的な手法である。第2に，教師の授業力に対する個人レベル変数の効果を検証する。まずは，統制要因の3変数（性別ダミー・教職経験年数・学校籍ダミー）を投入する（Model 1）。その上で，直接効果を期待する個人レベル説明変数であるPLCの3変数（使命と責任の共有・省察公開規範・同僚性）を投入する。また，PLC実感と教師の授業力との調整効果を期待する校長のリーダーシップを交互作用項として投入する（Model 2）。第3に，個人レベル変数を統制した上での，集団レベル変数の効果を検証する。個人レベル変数に加えて，集団レベルの統制変数（男性比率・教職経験平均年数・学校教員数・昨年度の授業力）を投入する（Model 3）。最後に，直接効果を期待する説明変数であるPLC，およびPLCと教師の授業力との調整効果を期待する校長の

第6章 教師の授業力を高める学校組織の特性

表6-3 記述統計量および相関マトリクス

	M	SD	1	2	3	4	5	6	7	8	9	10	11	12	13	14	15
【個人レベル変数】																	
1. 教師の授業力	.86	1.41															
2. 性別ダミー	.44	.50	.08*														
3. 教職経験年数	.00	1.00	.11**	-.08*													
4. 学校籍ダミー	.47	.50	-.03	-.26**	.03												
5. 使命と責任の共有	.07	.85	.22**	-.06	.00	.00											
6. 同僚性	.04	.87	.13**	-.12**	-.02	-.01	.69**										
7. 公開省察規範	.07	.86	.23**	.00	.03	-.06	.66**	.57**									
8. 校長のリーダーシップ	.00	1.00	.13**	-.01	.03	.08*	.58**	.49**	.39**								
【集団レベル変数】																	
9. 男性比率	.44	.15	.09*	.31**	-.05	-.84**	.00	-.01	.07	-.07							
10. 教職経験年数平均	.02	.17	-.01	-.09*	.16**	.18**	-.02	-.04	-.03	-.01	-.28**						
11. 学校教員数	.00	.98	-.10**	-.02	-.02	.24**	.03	.02	.05	-.16**	-.10**	-.07					
12. 昨年度の授業力	.02	1.04	.13**	-.06	.03	.34**	-.01	-.02	-.04	.19**	-.22**	.20**	-.04				
13. 使命と責任の共有	.05	.47	.07	-.08*	.02	.37**	-.02	-.04	-.04	.47**	-.27**	.13**	-.17**	.56**			
14. 同僚性	.03	.40	.07	-.09*	.02	.42**	.01	-.04	-.01	.44**	-.30**	.13**	-.12**	.43**	.92**		
15. 公開省察規範	.02	.52	.00	-.19**	.06	.70**	.00	-.02	-.03	.30**	-.61**	.39**	.11**	.64**	.74**	.68**	
16. 校長のリーダーシップ	.07	.56	.06	-.04	.00	.15**	.05	.05	.04	.57**	-.13**	-.01	-.27**	.34**	.82**	.77**	.53**

注:学校レベル ($N=33$),個人レベル ($N=644$). * $p<.05$; ** $p<.01$. Mは平均値,SDは標準偏差を示す。

表 6-4 教師の授業力を被説明変数とするマルチレベル分析の結果

	Model 0	Model 1	Model 2	Model 3	Model 4
切 片	.87**	.75**	.60**	−.18	−.16
〔個人レベル変数〕					
性別ダミー		.22*	.25*	.24*	.24*
教職経験年数		.17**	.15**	.15**	.15**
学校籍ダミー		.06	.08	.36	.52
使命と責任の共有			.24**	.28**	.29**
同僚性			−.07	−.06	−.05
公開省察規範			.20*	.21*	.21*
校長のサーバント・リーダーシップ			.01	−.06	−.09
使命と責任の共有×校長のサーバント・リーダーシップ			.00	−.01	−.02
同僚性×校長のサーバント・リーダーシップ			.01	.02	.02
公開省察規範×校長のサーバント・リーダーシップ			.29**	.29**	.29**
〔集団レベル変数〕					
男性比率				1.40	1.10
教職経験年数平均				−.25	−.08
学校教員数				−.19**	−.17*
前年度授業力				.18**	.25**
使命と責任の共有					.22
公開省察規範					−.44
校長のサーバント・リーダーシップ					.05
使命と責任の共有×校長のサーバント・リーダーシップ					.52
公開省察規範×校長のサーバント・リーダーシップ					−.38
学校内分散	1.87**	1.84**	1.69**	1.69**	1.69**
学校間分散	.09**	.09**	.08**	.01	.01
ICC	4.59%	4.66%	4.52%	0.59%	0.59%
−2LL	2202	2198.36	2157	2144	2144
AIC	2206	2202.36	2161	2148	2148

注:個人レベル ($N=644$),学校レベル ($N=33$). ** $p<.01$, * $p<.05$. SL=Servant Leadership.

リーダーシップの交互作用項（いずれも集団レベル変数）を投入する（*Model 4*）。ただし，集団レベル変数の「同僚性」は，「使命と責任の共有（$r = .92, p < .01$）」との相関係数が高く，多重共線性の発生が危惧されるため，これを分析モデルから除外している。なお，マルチレベル分析においては *SPSS Advanced Model ver.19.0* を使用している。

Model 0 では，ICC（Intraclass Correlation Coefficient；級内相関係数）に興味深い数値が示されている。ICC とは，集団間分散／（集団間分散＋集団内分散）の式で求められる。数値が高い場合は，教師の授業力の分散は，学校間差によって説明される。すなわち，特定の学校で教師の授業力が飛躍的に上昇し，別の学校ではほとんど伸びないといった現象が生じていると解釈できる。一方，数値が低い場合は，教師の授業力の分散は，学校間差ではなく，学校内の個人間差によって説明される。すなわち，学校間での授業力向上の傾向にバラツキは少なく，学校の中で授業力が向上している教師とそうでない教師が出現していると解釈できる。*Model 0* では，有意な学校間分散（$f = .09, p < .01$）が認められているが，ICC は4.59％にとどまっており，教師の授業力の分散のほとんどは，学校内の個人間差（95.41％）によって説明されている。いわゆる「教師の授業力（向上）格差」は，学校間ではなく，学校内で発生していることがわかる[4]。

以下，本章の仮説に関わる部分を中心に，結果の記述と解釈を行う。

最終モデルであり，最も適合度が高い *Model 4* に注目したい[5]。*Model 4* を見ると，学校レベルの PLC は教師の授業力に対して有意な影響を及ぼしていない。学校レベル変数では，前年度の組織的な授業力水準が影響を及ぼすにとどまっている（前年度授業力；$B = .25, p < .01$）。PLC については，個人として PLC を実感しているがどうかを示す「使命と責任の共有（$B = 29, p < .01$）」および「公開省察規範（$B = .21, p < .05$）」が有意な影響を及ぼしている。また，*Model 4* において設定した説明変数による教師の授業力向上への効果について，学校間差はほとんど認められていないことも明らかとなっている（ICC ＝ 0.59％）。ある学校においては PLC 等によって教師の授業力が高まり，ある学校では高まらないといった現象は，本調査サンプルでは確認できない。教師の授業力は，どの

第Ⅱ部 組織・リーダーシップと「つながり」

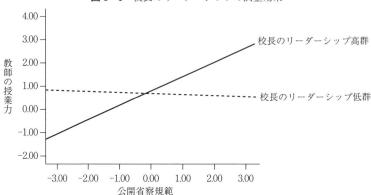

図6-1 校長のリーダーシップの調整効果

学校に勤務しているかではなく，学校の中で，PLC（専門家の学習共同体，使命と責任の共有や公開省察規範）を実感できているかどうかによって説明される。

次に，*Model 4* を参照し，校長のリーダーシップの調整効果について検討する。PLCと教師の授業力の関係における，校長のリーダーシップの調整効果を検討した結果，公開省察規範と校長のリーダーシップの交互作用項の効果は，他の変数の影響力を統制した状況下においても，統計的に有意であった（B＝.29，$p<.01$）。ただし，こうした調整効果も，集団レベル変数ではなく，個人レベル変数において認められている。したがって，この分析結果は，校長のリーダーシップを実感している教師は，PLC実感が授業力の向上につながりやすいと解釈する必要がある。また，逆の視点からみれば，校長のリーダーシップを実感できていない教師は，PLC実感が授業力の向上につながらない，とする解釈も可能である（図6-1参照）。

6 授業改善の日常化と校長のリーダーシップ

本章の目的は，教師集団のつながりの代理指標である「専門家の学習共同体」が教師の授業力に及ぼす影響について，マルチレベル分析の方法によって解明することであった。具体的な研究課題は，「学校レベルのPLC醸成は教師個々

の授業力向上に対して効果をもつ」「校長がサーバント・リーダーシップを発揮している学校では，PLCが教師の授業力の向上に結びつきやすい」とする2つの仮説を検証することであった。

　分析の結果，第1の仮説は支持されなかった。教師の授業力の分散は，学校レベルのPLCの醸成状況ではなく，学校の中で，PLC（専門家の学習共同体，使命と責任の共有や公開省察規範）を教師個人が実感できているかどうかによって説明されることがわかった。教師のPLC実感を促進するためには，学校全体での授業研究を年間数回行うイベント型の校内研修よりも，小さな規模での授業研究チームを編制し，当該チームの活動を日常化させることが効果的であると考えられる。学年・教科・テーマ別等のカテゴリーで授業研究チームを編制し，その中で，授業研究の頻度と質を高め，授業改善の日常化を促進することで，教師のPLC実感は高まり，授業力の向上という現象が生起するのであろう。小集団での授業研究チーム（Teacher Team/Lesson Study Team）による日常的な授業改善の効果については，Scribner, Sawyer, Watson & Myers（2007）やTsuyuguchi & Kuramoto（2011）の質的研究においても提示されている。

　第2の仮説は，個人レベル変数を対象とする場合に支持されている。教師によるPLC（専門家の学習共同体，公開省察規範）実感と授業力向上の関係は，校長のリーダーシップによって調整されていることが明らかとなった。公開省察規範は，同僚の授業参観後の意見交換，授業公開の習慣化，同僚からの効果的フィードバック，研修・授業技法等に関する知識の交換等の要素によって構成されている。校長のサーバント・リーダーシップを実感している教師，すなわち，校長からの効果的支援を実感している教師は，これらの要素が授業力の向上につながりやすい。逆に，校長からの効果的支援を実感していない教師は，授業公開・授業参観・知識の交換等を教師が実感していたとしても，それが授業力の向上につながりにくい。露口（2012）では，公開授業とワークショップを組み合わせた授業研究を継続的に実施したにもかかわらず，授業改善の成果が上がらなかった学校の特徴を記述している。そこでは，授業観察，感想シート記入，研究協議での指導等に消極的であり，教員への関与に後ろ向きな校長の姿が描

かれている。サーバント・リーダーとして実感されない校長のこうした消極行動が，公開授業・協議の習慣はあるが，それらが授業力につながらないという現象を生み出しているのであろう。これらの知見は，今後，学校組織において教師の授業力向上を推進する上での重要な経営的知識であると言えよう。

注
(1) サーバント・リーダーとは，フォロワーや顧客の成功や幸福のために奉仕・貢献することを第一に考え行動するリーダーのことである。サーバント・リーダーシップは，1970年代以降，主としてリーダー哲学や思想論の領域で概念研究が進展してきた。実証的な研究が展開されはじめたのはここ数年の間である。たとえば，Barbuto & Wheeler（2006）では，SLQI（The Servant Leadership Questionnaire Items）を開発し，サーバント・リーダーシップの5次元を析出している。その5次元とは，自分の利益よりも常に部下の利益を優先して行動する「愛他的使命（altruistic calling）」，リーダーが傾聴行動を示しており，自らの情緒問題の解決をリーダーに期待できる「情緒的安定（emotional healing）」，現状を正確に理解し，未来を見通す「賢明さ（wisdom）」，部下の進むべき方向性を示し，行動選択を説得する「説得的図解（persuasive mapping）」，組織が共同体として機能し，社会貢献に邁進すべきことを説く「組織的貢献の美徳（organizational stewardship）」である。
(2) 経年データを使用することのねらいは次の2点である。一つは，尺度の信頼性の向上である。複数回の調査において均質な因子構造の出現を確認することで，尺度の信頼性の高さを確証することができる。もう一つは，前年度の成果の統制である。そうすることで，成果（被説明変数）の上昇分に対する説明変数の影響力の検証を行うことができる。
(3) 調査対象のA県では，授業力を「授業を通して，子どもたちに確かな学力を定着・向上させる力」と定義し，児童生徒理解力・教材解釈力・授業構成力・授業実践力の4つの構成要素において捉えている。児童生徒理解力とは，学習意欲やレディネス等，児童生徒の状況を把握する能力を示す。教材解釈力とは，教材や資料の分析を的確に行い，ねらいに合った教材や資料を選択・開発したり活用したりする能力を示す。授業構成力とは，単元や各時間のねらいを明確にし，その達成にふさわしい展開や学習形態の工夫を行う能力を示す。そして，授業実践力とは，板書を構造化したり，発問，指示を適切に行ったりする能力，児童生徒の学習状況等に応じて臨機応変に対応できる能力，学習習慣や学習態度を育成する能力，学習環境を整備する能力を示す。

(4) ただし，こうした結果は，本研究の調査対象サンプルの同質性（研究指定校）によって発生している可能性もある。学校経営に大いに課題のある学校等をサンプルに含めると，異なった結果が出現する可能性がある。
(5) モデル適合度については，-2LL（-2 Log Likelihood），AIC（Akaike's Information Criterion）の2指標を参照。数値が低いほど適合度が高い。

参考文献

秋田喜代美（2006）「教師の力量形成——協働的な知識構築と同僚性形成の場としての授業研究」基礎学力研究開発センター『日本の教育と基礎学力——危機の構図と改革への展望』明石書店，191-208頁。

露口健司（2008）『学校組織のリーダーシップ』大学教育出版。

露口健司（2010）「スクールリーダーのリーダーシップ・アプローチ——変革・エンパワーメント・分散」小島弘道・淵上克義・露口健司編著『スクールリーダーシップ』学文社，137-163頁。

露口健司（2012）『学校組織の信頼』大学教育出版。

西信雄（2006）「社会経済要因の多重レベル分析」川上憲人・小林廉毅・橋本英樹編『社会格差と健康——社会疫学からのアプローチ』東京大学出版会，189-21頁。

Barbuto jr, J. E. & Wheeler, D. W. (2006) "Scale development and construct clarification of servant leadership" *Group & Organizational Management* 31 (3), pp. 300-326.

Bryk, A., Camburn, E. & Louis, K. S. (1999) "Professional community in Chicago elementary schools: Facilitating factors and organizational consequences" *Educational Administration Quarterly* 35 (Sup.), pp. 751-781.

Bryk, A. S. & Raudenbush, S. W. (1992) *Hierarchical Linear Models: Applications and analysis methods*, Sage Pub.

Kreft, I. & Leeuw, J. D. (1998) *Introducing multilevel modeling*, Sage Pub. Inc.（= 2006，小野寺孝義・岩田昇・菱村豊・長谷孝治・村山航訳『基礎から学ぶマルチレベルモデル——入り組んだ文脈から新たな理論を創出するための統計手法』ナカニシヤ出版）

Lee, V. E. & Smith, J. B. (1996) "Collective responsibility for learning and its effects on gains in achievement and engagement for early secondary students" *American Journal of Education* 104, pp. 103-147.

Louis, K. S. & Marks, H. M. (1998) "Dose professional community affect the classroom? Teachers' work and student experiences in restructuring schools" *American Journal of Education* 106 (4), pp. 532-575.

Louis, K. S., Marks, H. M. & Kruse, S. (1996) "Teachers' professional community in restructuring schools" *American Educational Research Journal* 33 (4), pp. 757-798.

Scribner, J. P. (1999) "Teacher efficacy and teacher professional learning: Implications for school leaders" *Journal of School Leadership* 9, pp. 209-234.

Scribner, J. P., Sawyer, R. K., Watson, S. T. & Myers, V. L. (2007) "Teacher teams and distributed leadership: A study of group discourse and collaboration" *Educational Administration Quarterly* 43 (1), pp. 67-100.

Stoll, L. & Louis, K. S. (2007) *Professional learning communities: Divergence, depth and dilemmas*, Open University Press.

Supovitz, J., Sirinides, P. & May, H. (2010) "How principals and peers influence teaching and learning" *Educational Administration Quarterly* 46 (1), pp. 31-56.

Tsuyuguchi, K. & Kuramoto, T. (2011) *Fostering lesson improvement through leadership practices: A distributed leadership perspective*, 2011 America Educational Research Association, New Orleans, LA.

第7章 校長はネットワークをどのように活用しているのか

川上泰彦

1 「つながり」と学校経営活動の関係

　本章の目的は，校長が他の校長等に対して行う「相談」に着目し，学校経営におけるソーシャル・キャピタルの実態とその機能を明らかにすることである。具体的には，①どのような校長が他の校長等への「相談」を行っているのか，②そうした「相談」を行う校長の学校経営にはどのような特徴があるのか，というそれぞれを明らかにする。

　露口（2008）が指摘するように，校長等の学校管理職は他の教職員と職責や価値基準が異なり，学校における「孤独」な存在となりがちである。川上（2008）による勤務実態調査のデータ分析を見ても，校長の業務が教諭・教頭の業務と相当に異なっている様子が示されている。このような特性は校長が校内で「孤独」になりうる要因の一つに挙げられ，校長がリーダーシップを構築する上で，まずフォロワーたる一般教員との業務・価値観の違いを乗り越えることが求められていることも指摘できる。

　しかし，校長はすべてにおいて「孤独」なのか，というとそうとも言い切れない。川上（2005）は，学校管理職が学校の外部，すなわち他の学校の教職員や学校管理職との間に相談や情報交換の関係（人脈）を築いており，これが一種のソーシャル・キャピタルとして機能する可能性を指摘した。また露口（2011）は，学校教育においても多次元にわたるソーシャル・キャピタルが存在しており，研究の余地が広がっていることを指摘している。これらの知見は，学校管理職にとって重要な社会的「つながり」が校内だけでなく校外にも広がっていることを示している。近年，多くの研究で指摘される教員の「同僚性」は，無意識

のうちに校内限定の「つながり」を前提としているが，定期的な人事異動等を通じて多くの教員と同僚関係や情報交換・相談の「つながり」や「人脈」を蓄積してきた学校管理職層には，特有のソーシャル・キャピタルの存在と機能を検討する余地が示されていると考えられる。

とはいえ，そうした学校管理職にとっての「つながり」をもつのはどのような者で，そうした「つながり」が学校経営活動とどのような関係性にあるのかについては十分明らかにされていない。本章ではこれらの点に着目し，学校管理職（校長）の「相談」関係について分析する。

2　学校経営に関するアンケート調査の実施

（1）学校経営に関するアンケート調査の対象者

以上のような関心のもと，本章では2010（平成22）年9月にA県小中学校校長会の協力のもとで実施したアンケート調査（「学校経営」に関する調査）から得られたデータをもとに，校長の行う「相談」行動から，社会的な「つながり」の実態とその効果について分析を試みる。アンケート調査の対象となったのはA県内の全公立小・中学校の校長で，調査票は467通（小学校333通，中学校134通）を配布，全数を回収した。

調査票は「組織・運営に関すること」「児童生徒に対する方策に関すること」「教職員に対する方策に関すること」「家庭・地域との連携に関すること」という項目群で構成され，学校経営上の重点項目や，具体的な課題に対する取り組み状況や意識について回答を得た。

（2）校長の属性と地区の特性

回答者であるA県の校長がどのような経験年数で，地区ごとの分布がどのようなものかを簡単にまとめる。校長としての経験年数は，1年から11年と幅広く分布している（表7-1）。7年目の校長までが，毎年50～60名程度（全体の10～12％）で推移しているところから，毎年の登用数がこの程度であること，さ

第7章　校長はネットワークをどのように活用しているのか

表7-1　校長経験年数と現任校在職年数

	校長経験年数			現任校在職年数	
経験年数	人数（名）	構成比率(%)	在職年数	人数（名）	構成比率(%)
1年目	56	12.0	1年目	187	40.0
2年目	58	12.4	2年目	157	33.6
3年目	65	13.9	3年目	102	21.8
4年目	51	10.9	4年目	20	4.3
5年目	48	10.3	5年目	1	0.2
6年目	48	10.3			
7年目	53	11.3			
8年目	36	7.7			
9年目	29	6.2			
10年目	18	3.9			
11年目	5	1.1			
合計	467	100.0	合計	467	100.0

らに言えば校長キャリアの標準として55歳前後で登用され，6～7年程度経験ののち退職するという流れが推察できる。また，現任校での在校年数については，最長の回答が5年目というもので，多くの回答は3年までに集中していた（表7-1）。ここからは，校長の異動サイクルが3年程度であることを読み取ることができる。

また学校規模として，回答者の勤務する学校の学級数データを入手している。小学校については学級数6～8程度，中学校については学級数3程度と7～8程度の学校が多い（図7-1）。

また，A県内は20の市と町（11市9町）で構成されているが，校長会の構成は17の地区に分かれている（表7-2）。市町村を基本単位に「平成の大合併」以前の郡・市を単位としている。各地区の構成をみると，最小で6校（地区ID：17），最大で84校（地区ID：13）で校長会が構成されている。各地区の校長の平均経験年数を比べてみると，ベテラン校長の多い地区（地区ID：5）がある一方で，経験の浅い校長の多い地区（地区ID：17）もみられた。一元配置分散分析の結果，地区別による経験年数の有意差が認められている（$f = 2.40, p < .01$）。また，大規模校の多い地区（地区ID：13）から小規模校の多い地区（地区ID：1・15・17）

第Ⅱ部　組織・リーダーシップと「つながり」

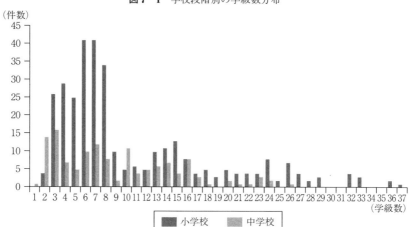

図7-1　学校段階別の学級数分布

表7-2　地区別比較

地区ID	小学校		中学校		学校数	校長経験年数		校長在校年数	
	学校数	平均学級数	学校数	平均学級数		M	SD	M	SD
1	9	4.78	3	5.00	12	3.92	2.84	2.08	1.17
2	30	12.57	18	8.56	48	5.54	2.73	1.85	.83
3	18	12.44	8	10.75	26	4.77	2.75	2.19	1.02
4	16	7.25	7	7.00	23	5.48	2.57	1.87	.87
5	9	6.56	3	6.00	12	7.08	2.71	1.83	.94
6	18	5.78	6	5.67	24	4.13	2.80	1.87	.90
7	10	6.60	4	6.00	14	4.07	2.34	2.00	.68
8	19	12.37	7	13.00	26	5.12	2.69	2.19	1.06
9	28	6.11	9	6.33	37	3.92	2.99	1.59	.87
10	36	7.75	7	10.57	43	5.67	2.50	1.77	.84
11	16	16.75	11	10.73	27	4.81	2.69	2.33	.88
12	7	12.14	2	16.00	9	4.33	2.69	1.89	.93
13	53	19.79	29	15.07	84	4.85	2.46	1.74	.87
14	26	6.27	5	7.40	31	4.87	2.78	1.90	.98
15	9	5.33	3	4.67	12	5.00	3.13	1.75	.75
16	25	11.48	10	11.40	35	3.94	2.29	2.11	.87
17	4	5.25	2	4.50	6	2.00	.89	2.00	.89
						$f=2.40$**		$f=1.43$	

注：** $p<.01$. M は平均値，SD は標準偏差を示す。

といったバリエーションも観察された。なお現任校での在校年数には大きな偏りはなく，どの地区の平均も2年前後となっていた（$f=1.43$, $n.s.$）。

3 校長の相談活動

以下，校長のソーシャル・キャピタルとしてのネットワークに着目してアンケートを分析するが，これを計る指標として他の校長に対する「相談」の回答を活用した。すなわち「学校経営上の課題を解決するために，先輩校長や他校の校長に相談している」という質問について得た回答（「あてはまる〔＝活発〕」「ややあてはまる〔＝やや活発〕」「あまりあてはまらない〔＝やや不活発〕」「あてはまらない〔＝不活発〕」）を「つながり」すなわちネットワークの指標として採用した。

まず，どういった校長が豊かなネットワークを有しているのか（＝活発な「相談」を行っているのか）について検討した。

その結果，表7-3に示すように，学校段階（小学校か中学校か）による差は見受けられなかった（$\chi^2=.86$, $n.s.$）。学校規模との関連で言えば，特に小学校において学校規模の影響が認められており（$\chi^2=14.74$, $p<.05$），小規模校の校長による相談活動が活発な一方で，中規模校・大規模校では一定程度の「（やや）不活発」の回答がみられた。

一方，校長としての経験年数と相談活動との間には関係があり（$\chi^2=33.07$, $p<.01$），校長経験年数の短い校長ほどほかの校長への相談活動が盛んである様子が確認できた（表7-3）。これについては，校長経験年数の増加を加齢と解釈した場合は，周囲に相談できる校長がいなくなるために，年を追って相談活動が低調になるという説明が可能なほか，経験年数の増加を校長キャリアの蓄積と，それによる学校経営能力（もしくはそれに対する自己評価）の上昇と解釈した場合は，これによって相談の必要を感じなくなってきているという説明も可能であろう。現任校での在職年数と相談活動との関係については，特に有意な関係は見出されなかった（$\chi^2=10.37$, $n.s.$）。

校長会を構成する地区ごとの比較については，相談活動の活発な地区（たと

第Ⅱ部　組織・リーダーシップと「つながり」

表7-3　相談活動との関連要因

	活　発	やや活発	やや不活発	不活発	χ^2検定
〔学校段階〕					.86
小学校	34.8	47.1	16.8	1.2	
中学校	31.3	51.5	15.7	1.5	
〔小学校学校規模〕					14.74*
大規模（13学級以上）	37.4	40.2	22.4	0.0	
中規模（7-12学級）	28.7	47.5	21.8	2.0	
小規模（6学級以下）	37.6	52.8	8.0	1.6	
〔中学校学校規模〕					7.12
大規模（13学級以上）	34.1	50.0	15.9	0.0	
中規模（7-12学級）	25.5	53.2	21.3	0.0	
小規模（6学級以下）	34.9	51.2	9.3	4.7	
〔校長経験年数〕					33.07**
3年以下	43.2	43.2	10.8	2.7	
4～6年	29.8	59.6	10.6	0.0	
7年以上	24.0	50.0	24.0	2.0	
〔校長在校年数〕					10.37
1年目	33.5	54.6	11.9	0.0	
2年目	33.8	45.9	18.5	1.9	
3年目	35.0	42.3	21.1	1.6	

注：** $p<.01$，* $p<.05$．数値は％。

えば地区1・11・16・17）と相談活動の低調な地区（たとえば地区4・5・8）が判明したが，いずれも校長経験年数の長短と相関する傾向（$r=-.720, p<.01$）がみられた（表7-4，図7-2）。地区独特の事情・風土からくる相談活動の活発・不活発というよりは，若手（もしくは初任）校長の多い地区では相談活動が活発で，ベテラン校長の多い地区では相談活動が低調という様子が指摘できる。回答の散らばり（標準偏差）については，若手中心の地区17とベテラン中心の地区5に特徴が見出された以外は，あまり大きな特徴はみられなかった。

　このことから，比較的経験の浅い校長は相談活動を活発に行う一方で，ベテラン校長は相談活動が低調になるという全体的な傾向が指摘できる。学校の規模や地域差といった条件については，それらが直接的に相談活動を左右すると

表7-4 校長会地区別の相談活動

校長会地区ID	「相談」M	「相談」SD
1	3.42	.70
2	3.15	.74
3	3.15	.73
4	3.09	.79
5	3.00	.43
6	3.17	.87
7	3.29	.73
8	2.96	.53
9	3.19	.52
10	2.84	.81
11	3.37	.74
12	3.00	.71
13	3.17	.75
14	3.16	.74
15	3.17	.94
16	3.29	.62
17	3.50	1.23

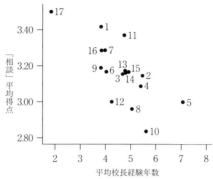

図7-2 校長会地区別の「相談」×「校長経験年数」

は言いきれず,そうした勤務条件を枠づける人事異動の傾向(特定の地区にベテラン校長が集まり,初任校長は比較的小規模校に勤務しがちである)から説明できるだろう。

4 相談活動と学校経営

　以下,相談活動と学校経営活動との関係性について検討する。学校経営活動については,「あてはまる」を「高群」,「ややあてはまる」を「中群」,「あまりあてはまらない」並びに「あてはまらない」を「低群」として分析を行う。分析の結果,学校管理職による「相談」は,多くの学校経営活動に関する回答と関連がみられた。

　まず挙げられるのが,「相談」の活発な校長は学校の組織体制整備についての意欲が高い(もしくは自己評価が高い)という特徴である。具体的には,「教職員は教育目標達成のために一体となって取り組んでいる($\chi^2=28.63, p<.01$)」「規

第Ⅱ部　組織・リーダーシップと「つながり」

表7-5　相談活動と組織体制整備

	高群	中群	低群	χ^2検定
〔教職員は目標達成のために一体となって取り組んでいる〕				28.63**
校長の相談　活発	59.5	40.5	0.0	
やや活発	49.6	50.0	0.4	
やや不活発	41.6	54.5	3.9	
不活発	33.3	50.0	16.7	
〔規範意識の向上に努めている〕				17.51**
校長の相談　活発	65.2	34.2	0.6	
やや活発	49.6	50.0	0.4	
やや不活発	42.9	54.5	2.6	
不活発	33.3	66.7	0.0	
〔気軽に報告連絡相談できる雰囲気作りに努めている〕				50.70**
校長の相談　活発	81.0	19.0	0.0	
やや活発	63.7	35.8	0.4	
やや不活発	46.8	50.6	2.6	
不活発	33.3	50.0	16.7	
〔多くの教職員が場面に応じてリーダーシップを発揮する組織〕				36.51**
校長の相談　活発	50.6	46.2	3.2	
やや活発	38.5	57.1	4.4	
やや不活発	32.5	55.8	11.7	
不活発	33.3	16.7	50.0	

注：** $p<.01$，* $p<.05$．数値は％。

範意識の向上に努めている（$\chi^2=17.51$, $p<.01$）」「気軽に報告連絡相談できる雰囲気作りに努めている（$\chi^2=50.70$, $p<.01$）」「多くの教職員が場面に応じてリーダーシップを発揮できる組織となっている（$\chi^2=36.51$, $p<.01$）」といった項目で，「相談」の活発な校長ほど積極的に取り組む（もしくは自らの取り組みを高く評価する）傾向がみられた（表7-5）。

　また，これらの結果は，校長間での相談や情報交換を行うテーマの一つとして，学校内の組織づくりがあるだろうということも示唆している。学校の組織体制整備は校長になって初めて本格的に接する事項だという特徴に着目すると，校長間で相談・情報交換する際の話題にものぼりやすいと考えられる。このことが「相談」の活発さと組織体制整備との関連性を説明していると考えること

表7-6 相談活動と教職員の育成

	高群	中群	低群	χ^2検定
〔日々成長しようとする姿勢をもった教職員を育てている〕				23.37**
校長の相談　活発	45.6	53.2	1.3	
やや活発	30.5	66.4	3.1	
やや不活発	19.5	76.6	3.9	
不活発	16.7	66.7	16.7	
〔授業改善のために研修の機会を多く設けている〕				20.82**
校長の相談　活発	42.4	52.5	5.1	
やや活発	27.9	61.9	10.2	
やや不活発	37.7	45.5	16.9	
不活発	16.7	50.0	33.3	
〔授業を積極的に公開する場を設けている〕				13.89*
校長の相談　活発	39.9	51.9	8.2	
やや活発	27.9	57.5	14.6	
やや不活発	31.2	48.1	20.8	
不活発	33.3	33.3	33.3	
〔個々の能力と適性を生かした人材育成に努めている〕				42.99**
校長の相談　活発	47.5	49.4	3.2	
やや活発	20.4	75.7	4.0	
やや不活発	19.5	71.4	9.1	
不活発	16.7	66.7	16.7	

注： ** $p<.01$, * $p<.05$. 数値は％。

ができるだろう。

　次に，教職員の育成に関する項目でも，「相談」が活発な校長ほど意識が強い様子が観察された。具体的には「日々成長しようとする姿勢をもった教職員を育てている（$\chi^2=23.37, p<.01$）」「授業改善のために研修の機会を多く設けている（$\chi^2=20.82, p<.01$）」「授業を積極的に公開する場を設けている（$\chi^2=13.89, p<.05$）」「個々の能力と適性を生かした人材育成に努めている（$\chi^2=42.99, p<.01$）」といった項目である（表7-6）。

　これらの項目には，先に挙げた質問群と共通して，学校の組織体制整備という側面を読み取ることができ，ここから「相談」の活発度と経営活動の関連を理解することもできる。また「相談」の活発な校長は，自らコミュニケーショ

第Ⅱ部　組織・リーダーシップと「つながり」

ンを通じた課題解決を志向していると言えるが，そうした校長の志向を自らの学校経営にも反映した結果，コミュニケーションを通じた能力形成や，その基礎となる組織の「風通しの良さ」を実現しようとしていると説明することもできる。ただし，こうした校長の組織づくり志向が学校組織内でうまく機能しなければ，実際に所属する教員（集団）の能力形成・力量向上として影響が及ぶことにはならない。学校を基礎とする力量向上の仕組みが同時に求められるのである。

また「相談」が活発な校長は，現代的な学校教育課題への取り組み意識が高いという傾向も指摘できる。具体的には「危機管理マニュアルは，毎年，丁寧に見直している（$\chi^2=42.91, p<.01$）」「学力向上を目指した全校体制による取組をしている（$\chi^2=25.54, p<.01$）」「特別支援教育への理解を深め，個に応じた対応をしている（$\chi^2=60.29, p<.01$）」「危険を予測し回避するための安全教育を推進している（$\chi^2=32.33, p<.01$）」「幼小中連携の有効性を教職員が実感する場を設定している（$\chi^2=21.11, p<.01$）」「『理不尽な要求』に対して組織的に対処するシステムを整備している（$\chi^2=29.13, p<.01$）」といった項目への取り組み（意識）について，「相談」の活発な校長ほど積極的であるということが判明した（表7-7）。

これらの項目は，校長登用までの経験がどのようなものかを問わず，近年になって新たに取り組みが求められている課題である。したがって，取組事例の収集を含め，意識的に相談や情報交換を行うことが，学校経営の充実（や自己評価の向上）につながるものと考えられるのである。

さらに「学校評価」や「学校評議員制度」といった施策への受け止め方の違いも顕著であった。具体的には「学校評価は学校改善に結びついている（$\chi^2=13.52, p<.01$）」「教職員一人ひとりのよさを伸ばす評価を工夫している（$\chi^2=28.00, p<.01$）」「学校評議員制度は有効に機能している（$\chi^2=29.29, p<.01$）」「学校関係者評価は有効に機能している（$\chi^2=27.95, p<.01$）」といった項目で，相談の活発な校長ほど，施策を積極的に評価する傾向にあった（表7-8）。

ここで取り上げたような現代的な学校経営課題は，先に挙げた項目群と同様

第7章 校長はネットワークをどのように活用しているのか

表7-7 相談活動と現代的課題への対応

	高群	中群	低群	χ^2検定
〔危機管理マニュアルは，毎年，丁寧に見直している〕				42.91**
校長の相談　　活発	36.1	57.0	7.0	
やや活発	18.1	60.6	21.2	
やや不活発	15.6	54.5	29.9	
不活発	16.7	16.7	66.7	
〔学力向上を目指した全校体制による取組をしている〕				25.54**
校長の相談　　活発	65.8	33.5	0.6	
やや活発	50.9	46.9	2.2	
やや不活発	37.7	59.7	2.6	
不活発	50.0	33.3	16.7	
〔特別支援教育への理解を深め，個に応じた対応をしている〕				60.29**
校長の相談　　活発	65.2	32.9	1.9	
やや活発	54.4	45.6	0.0	
やや不活発	50.6	48.1	1.3	
不活発	16.7	50.0	33.3	
〔危険を予測し回避するための安全教育を推進している〕				32.33**
校長の相談　　活発	42.4	53.2	4.4	
やや活発	21.7	69.9	8.4	
やや不活発	11.7	77.9	10.4	
不活発	16.7	83.3	0.0	
〔幼小中連携の有効性を教職員が実感する場を設定している〕				21.11**
校長の相談　　活発	27.2	49.4	23.4	
やや活発	17.7	48.7	33.6	
やや不活発	13.0	39.0	48.1	
不活発	16.7	0.0	83.3	
〔「理不尽な要求」に対して組織的に対応するシステムを整備〕				29.13**
校長の相談　　活発	24.1	56.3	19.0	
やや活発	14.6	61.1	24.3	
やや不活発	13.0	37.7	49.4	
不活発	33.3	33.3	33.4	

注：** $p<.01$，* $p<.05$．数値は％。

表7-8 相談活動と教育政策の推進

	高群	中群	低群	χ^2検定
〔学校評価は学校改善に結びついている〕				13.52**
校長の相談　活発	53.8	44.9	1.3	
やや活発	37.6	59.7	2.7	
やや不活発	37.7	59.7	2.6	
不活発	16.7	50.0	33.3	
〔教職員一人ひとりのよさを伸ばす評価を工夫している〕				28.00**
校長の相談　活発	27.2	60.1	12.7	
やや活発	9.7	74.8	15.5	
やや不活発	9.1	68.8	22.1	
不活発	16.7	33.3	50.0	
〔学校評議員制度は有効に機能している〕				29.29**
校長の相談　活発	31.3	62.5	6.3	
やや活発	16.4	63.7	19.9	
やや不活発	5.6	63.0	31.5	
不活発	20.0	40.0	40.0	
〔学校関係者評価は有効に機能している〕				27.95**
校長の相談　活発	45.6	51.1	3.3	
やや活発	24.3	67.6	8.1	
やや不活発	21.8	58.2	20.0	
不活発	16.7	33.3	50.0	

注：** $p<.01$，* $p<.05$．数値は％。

に，これまでのキャリアでは経験のないものであると考えられる。また従来の公教育では要請されなかったものでもあり，政策的な導入が進められた性質上，抵抗感をもって受け入れられるものも多い。この結果は，これらの施策について独力では理解を深めたり，取り組みを充実させたりすることに困難を感じ，ともすると施策への抵抗感をもっているかもしれない校長の姿が想起される一方，「相談」や情報交換といったコミュニケーションによって，実践事例のみならず施策の意義や効果についても理解を深め，新しい施策に積極的に順応する校長の様子を読み取ることができる。

なお，学校運営にとって「普遍的」といえるような課題については，校長による「相談」の活発・不活発で経営行動の違いを説明することはできなかった。

具体的には「新学習指導要領への移行は，順調に進んでいる」「家庭学習の習慣化に努めている」「基本的生活習慣の定着に努めている」「いじめ・不登校の予防や解消に努めている」「体力の向上を目指して，具体的な取り組みを続けている」といった項目がこれに当たる。これらは先に挙げたような課題と異なり，近年になって取り組みが求められる課題でもなければ，管理職になって本格的に求められるような課題でもない。むしろ，校長に登用されるまでの間に各々がキャリアの中で「指導観」を確立させてしまっている要素の強い課題といえる。こうした特徴が「相談」の影響力の現れにくさに反映されていると考えられるのである。

　なお，先に相談活動の多寡が校長としてのキャリア（経験年数）と対応関係にある事を指摘したが，これらの経営行動について，多くの項目では校長の経験年数との間に対応関係を見出すことはできなかった。したがって，学校規模の擬似相関として相談による経営行動の差を説明することは難しいといえる。ちなみに学校規模との間でも対応関係がみられた項目は地域と学校の関係に関するものを中心に「地域の教育資源を有効に活用している」「PTA活動に興味関心を持っている保護者が多い」「学校行事への参加者は，多い方である」「教職員は地域へよく足を運んでいる」「体力の向上を目指して，具体的な取組を続けている」「すべての教職員がグランドデザインを明確に理解している」であった。ちなみにここでみられた対応関係は，経験年数が増えるほど経営活動が消極的になる（もしくは評価が厳しくなる）というものであった。

　さらに，校長としての経験年数別（1～3年目，4～6年目，7年目以降）に，相談活動の活発・不活発と学校経営活動との関係を整理したところ，1～3年目の校長についてはあまり対応関係がみられず，4～6年目の校長については多くの学校経営項目で対応関係がみられた。しかし，さらに経験年数の長い校長（7年目以降）については対応関係の確認できる学校経営項目が若干減少していた。先の分析とあわせて考えると，校長1校目（1～3年目）の際は皆が周囲に相談をするため，相談の多寡による差は生じにくいが，2校目（4～6年目）になると周囲への相談を行う者と行わない者が分化しだして，その違いが経営活

動にも反映されていると考えることができるだろう。

5　学校経営資源としてのソーシャル・キャピタル

　以上のように，校長の「相談」は一部の学校経営活動との間に対応関係を示しており，活発な「相談」が学校経営の充実（もしくは自己評価の向上）と関連している様子が示された。校長にとって「相談相手」が一種の経営資源となる可能性が指摘できる。特に管理職特有の業務や，近年になって対応が求められるような学校経営課題において，その差は顕著であった。現代的課題に積極的に対応する学校管理職像を追求する上で，周囲への相談が不可欠であるということが指摘できるのである。

　このように，長年の経験で学校像・教師像を構築し，熟成させるという従来型の管理職像に対し，現代の学校では「相談できる校長」が求められる。とはいえ，相談関係を構築し，それを維持するには，相談しようとする個人のほかに「相談相手」となる同僚も必要である。そういう意味では個々の校長の努力に解決を求めても十分ではない部分があり，校長間の相談関係が構築・維持できるような環境の整備や働きかけが求められる。

　特に2校目以降（4年目以降）の校長については，多くの経営行動について相談との関連がみられた。個々の校長が，その資質能力を維持向上するという観点では，校長の職に「慣れてくる」と思われる2校目以降でも，気軽に相談を続けることが重要ということになるが，政策的には，2校目以降の校長が「相談」ができるような環境を整えること，ベテラン校長と新任校長が適度に混ざった同僚関係を提供したり，ベテラン校長が相互に（もしくは「顧問」役のような退職校長等に）相談できる環境を整えたりすることが，学校経営の充実につながるものと考えられるのである。

参考文献
川上泰彦（2005）「学校管理職による情報交換と相談——校長・教頭のネットワークに着目して」『日本教育経営学会紀要』47，115-132頁。

川上泰彦（2008）「役割別分析」平成19年度文部科学省新教育システム開発プログラム報告書（代表：小川正人）『教員の業務の多様化・複雑化に対応した業務量計測手法の開発と教職員配置制度の設計』69-119頁。

露口健司（2008）『学校組織のリーダーシップ』大学教育出版。

露口健司（2011）「教育」稲葉陽二・大守隆・近藤克則・宮田加久子・矢野聡・吉野諒三編『ソーシャル・キャピタルのフロンティア――その到達点と可能性』ミネルヴァ書房，173-195頁。

第8章 信頼を構築する学級・学校の経営戦略

露口健司・清田雄二

1 保護者による集団的信頼への着目

　本章の目的は，学級レベルでの保護者による集団的信頼（Collective Trust）の決定要因を，ネットワークと情報に焦点を当てたモデルの検討を通して解明し，「信頼される学級づくり」のための学級・学校レベルでの実践的示唆を提示することにある。

　中央教育審議会答申『新しい時代の義務教育を創造する』（2005〔平成17〕年），教育再生会議『社会総がかりで教育再生を』（2007〔平成19〕年），『文部科学白書』（2008〔平成20〕年）等でも指摘されているように，公立学校における信頼構築は日本における教育政策の最重要課題の一つである。保護者による学校信頼およびその部分を構成する学級信頼の決定要因の解明は，教育分野の信頼研究において比較的新しいテーマであり，関心は高い（研究動向については露口〔2012〕等を参照）。「学級」が分析の集団単位となりにくい欧米では，信頼研究の焦点は「学校」であり（Bryk & Schneider 2002；Forsyth, Adams & Hoy 2011；Goddard, Salloum & Berebitsky 2009；Tschannen-Moran 2004等），この点についての研究は蓄積されている。「学級」を対象とする信頼研究は，日本において展開されるべきものであり，その学術的知見の蓄積が俟たれるところである。また，学校（教員）による信頼される学級づくりへの近年の関心状況（たとえば，藤本 2012；河村 2007等）を鑑みると，学級を対象とする信頼研究は，学術面に加えて，実践面でも有用性が高いと言える。このように，本章は，学術的・実践的有用性の要件を同時に充足しようとする研究であり，研究の意義と価値は大きい。

　本章では，上記研究目的を達成するために，以下の3つの視座を基盤として，

分析モデルの構築を試みる。

2 分析モデルを構築するための3つの視座

(1) 信頼概念

　第1は，学校（教員）と保護者の関係を説明する「信頼」概念である。Bryk & Schneider (2002：16-19) は，学校（教員）と保護者との信頼を，本質的信頼 (Organic Trust)，契約的信頼 (Contractual Trust)，関係的信頼 (Relational Trust) の3点において捉えている。本質的信頼とは，学校（教員）の社会的地位が高く，保護者による教員の専門性への畏敬の念が強い状況下において成立するものであり，教育は専門家である教員に任せ，保護者は口出しすべきではないとする他者依存性の強い信頼関係を意味する。契約的信頼とは，保護者の委託（期待）内容を学校が履行（応答）することで成立する信頼関係を意味する。この信頼概念にしたがえば，保護者は学校（教員）にとっての顧客であり，学校選択の権利をもち，学校運営や授業を評価する主体として位置づけられる。関係的信頼とは，学校（教員）と保護者が共通の目標に向けて，互いに期待感をもつとともに，協力的態度で接する信頼関係を意味する。学校と保護者の関係を，中長期的な相互依存関係として捉える概念である。学校と保護者のいずれの機能が低下しても，子どもの教育はうまくいかないとする立場を採る。Bryk & Schneider (2002) は，本質的信頼は現代の学校文脈では成立が困難な実態を指摘し，また，契約的信頼を基盤とする市場志向の学校経営が，多くの学校において十分に機能していない実態を指摘している[1]。結論として，関係的信頼を，これからの学校組織が目指す理想的な姿として位置づけている。本章では，近年の信頼研究の基盤として位置づいている Bryk & Schneider (2002) の見解に依拠し，関係的信頼の概念によって，学校（教員）と保護者の信頼関係を捉えることとする。

(2) 信頼の決定要因

　第2は，信頼の決定要因である。学校―保護者間の信頼を対象とする研究で

は，主として次の4要因が信頼の決定要因として特定されている。すなわち，①児童生徒の学業成績や出席状況（Adams & Christenson 2000；Adams, Forsyth & Mitchell 2009）等の保護者が認知する我が子の状況に関する要因。②学校（教員）と保護者との相互交流（Adams & Christenson 2000；露口 2012）等の保護者が認知する学校（教員）とのコミュニケーション状況に関する要因。③落ち着いて学習に臨むことができる学校環境構成や教員の授業力等の保護者が認知する学校（教員）の有能性に関する要因（Tsuyuguchi & Kuramoto 2014）。④保護者の社会的・経済的階層や家族構成（Goddard, Tschannen-Moran & Hoy 2001；露口 2012；Tsuyuguchi & Kuramoto 2014）等の家庭属性要因である。これらの決定要因に加えて，近年注目されている要因が，保護者を取り巻く「ネットワーク」要因と学校・学級から発信する「情報」要因である。

　保護者を取り巻くネットワークは，保護者相互の関係に焦点を当てた「保護者間ネットワーク」と，保護者と地域住民との関係に焦点を当てた「地域ネットワーク」に区分することができる。前者の指標としては，保護者が自分の子どもの友達の保護者を互いに認知し合っている「世代間閉鎖性（Intergenerational Closure）」が有名である（Coleman 1988＝2006）。これは，子ども相互と保護者相互の複数世代にわたって結束的・閉鎖的なネットワークを形成している状況を示す概念である。世代間閉鎖性には，学力向上，退学率抑制等の教育効果が認められている。一方，地域ネットワークの代理指標としては，転居・転校回数，地域組織への所属数・参加頻度および地域行事や会合への出席率等が設定されており，退学率抑制や市民性の涵養等の教育効果が検証されている（露口 2011参照）。

　これらのネットワークに保護者が参加することで，子どもに対する教育効果だけでなく，学校（教員）との信頼関係の醸成においても効果が発生すると考えられる。保護者ネットワークに参加し，頻繁に顔を合わせ，協力的活動を継続することで，子ども・学校・地域のための貢献行動を重視する愛他的規範や相互支援に価値を置く協力的規範が醸成されるであろう。これらの規範が定着している保護者集団は，学校行事やPTA活動に積極的に関与し，学校の実態や

教員の努力を理解し，期待感を高めるであろう。保護者ネットワークに参加できていない孤立傾向の保護者，すなわち，愛他的・協力的規範に触れる機会が乏しい保護者は，学校（教員）との信頼関係の醸成が困難であることが，先行研究において検証されている（露口 2012；Tsuyuguchi & Kuramoto 2014）。

　また，学校（教員）を信頼している保護者は，多様なルートから学校情報を収集しており，学校で生じた事象を総合的に判断している（露口・清田 2013；Turney & Kao 2009）。学校（教員）を信頼している保護者は，学校訪問頻度が高く，学級担任や管理職と対話しており，学校通信や学年・学級通信等を精読し，他の保護者からも学校に関する情報を集め，学校の総合的理解を図っていると考えられる。これとは逆に，学校（教員）に対する信頼が低調な保護者は，情報収集のルートが制約されており，学校側の熱意と努力に関する情報に触れる機会が乏しく，わずかな情報から学校・学級イメージを組み立てていると考えられる（明らかに学校〔教員〕の側に不信の原因がある場合を除く）。多くの保護者が，多様なルートから学校情報を収集し，学校理解に活用できるような状況を整備することで，学校（教員）に対する信頼は高まると考えられる。

（3）信頼の分析単位

　第3は，分析単位である。学校組織を対象とする信頼研究のほとんどが，保護者個人の認知に焦点を当てる個人的信頼（Interpersonal Trust）の概念を使用している（Forsyth et al. 2011）。個人的信頼とは，自己の認知や経験に基づき形成される他者や集団に対する信頼認知であり，個人の認知データによって測定される。しかしながら，本章のように，学級レベルの信頼度を表現する場合には，それらの集団に所属する保護者の回答を集約化した集団データ（Aggregated Data）が必要となる。学級単位での保護者の信頼現象を説明する概念として集団的信頼がある（Forsyth et al. 2011）。集団的信頼は，個人的信頼の対概念として使用されている。集団的信頼とは，「集団レベルでの規範・感情・信念等の集団の持つ潜在的影響力によって均質化された信頼認知」（Forsyth et al. 2011：32）であり，本調査では個人レベルで測定したデータの集約化によって表現する。

したがって，学級における集団的信頼とは，学級という集団単位の様々な影響を受けた保護者が，当該学級および関連する教員に対して抱く信頼認知を集約化したものである。本章では，保護者個人の信頼認知ではなく，学級に所属する保護者の集約化された信頼認知を分析の対象とする。埴淵・市田・平井・近藤（2008）が明らかにしているように，分析単位が変わると分析結果は変容する。集団的信頼を被説明変数とする本章では，個人的信頼を被説明変数として設定した分析モデルと同様の説明変数を用いたとしても，異なる結果が出力される可能性がある。

　本章では，「信頼される学級」という実践レベルでの現象を，集団的信頼の概念で捉え，測定を行うことで，学級単位での信頼の状況を表現する。その上で，学級レベルおよび学校レベルでの集団的信頼の決定要因の解明を試みる。学級レベルでの教員の努力が，集団的信頼のすべてを説明するわけではない。現実的には，学校管理職の動きや学校通信による情報提供等，学校レベル要因の影響を多分に受けていると考えられる。それでは，信頼される学級を説明する学級・学校レベル要因とは何であろうか。

3　分析モデルの構築

　本章では，個人的信頼を対象として蓄積されてきた研究の成果を踏まえ，集団的信頼に対する有意な効果が期待できる以下の3点を，主たる説明変数とする分析モデルを設定する。

　第1は，保護者を取り巻くネットワークである。学級レベルでの保護者相互のネットワーク（学級レベル）および保護者と地域住民とのネットワーク（学校レベル）は，保護者の集団的信頼に対して影響を及ぼすであろう。前述したように，個人的信頼を対象とする先行研究では，保護者ネットワークに参加している保護者は学校を信頼し，孤立傾向の保護者は学校との信頼関係が結びにくいとする結果が得られている。保護者相互のネットワークが脆弱な学級，保護者と地域住民とのネットワークが脆弱な学校では，個人的信頼と同様，集団的

信頼の醸成も困難となるであろう。

　第2は，学級・学校情報である。保護者は，学級・学校から，様々な情報を受け取り，学校（教員）の実情を理解すると考えられる。多くの保護者が信頼を寄せる学級では，学級・学校レベルでどのような情報を提供し，また，保護者はどのように情報を受信し，学級・学校理解を進めているのであろうか。本章では，この研究課題を解明するために，露口・清田（2013）において設定されている，保護者の学級情報ルート（授業参観，担任対話，学級通信）および学校情報ルート（学校行事，学校管理職との対話，学校通信，ホームページ）を説明変数として設定する。

　第3は，情報の質的側面である。保護者を取り巻くネットワーク形成や保護者への情報提供は，そのネットワーク内を巡る情報が，保護者の学級・学校に対する有能性評価を高める場合に，信頼醸成に結合すると考えられる。情報流通の構造（保護者ネットワーク），情報提供の方法（情報ルート）に加えて，流通する情報の質（有能性評価）による信頼への影響力の検討も重要であるといえる。

　なお，本章では，統制変数として，学年，学級規模，学校規模を設定する。また，保護者の社会的・経済的要因については，保護者ネットワークの規定要因としてこれを捉え，分析モデルからは除外している。露口（2012）やTsuyuguchi & Kuramoto（2014）の先行研究では，保護者の社会的・経済的要因は，保護者による学校信頼にほとんど影響を及ぼしていないことが検証されている。

4　学校信頼調査の実施

（1）学校信頼調査の記録

　調査対象は宮城県（8校）・山口県（12校）・愛媛県（28校）・福岡県（17校）に所在する調査協力校65校（小学校43校，中学校22校）の保護者である。65校の世帯数平均（M）は258（$SD=180$），範囲（$Range$）は32〜779である。調査は平成23〜24年度に実施された。質問紙調査は該当年度の10〜2月に各学校において調査マ

ニュアルに従って実施された。調査票は全学年の保護者を対象として各世帯1通配布され，各学校において回収作業を行っている。調査対象世帯は1万6,780世帯であり，1万4,696世帯（回収率87.6％）からの回答が得られた。

（2）学校信頼調査のデータ

1）学級レベルデータ

① 集団的信頼

関係的信頼の理論に基づき，保護者が学校に対して抱く期待感に関する8項目と，協力的態度に関する9項目の計17項目を作成し，保護者に対して回答を求めた。尺度は「④　ひじょうにあてはまる」～「①　まったくあてはまらない」までの4件法である。因子分析（主因子法・プロマックス回転）の結果，予定していた期待性（a 係数=.88）と協力性（a 係数=.85）の2因子が抽出された（表8-1参照）。関係的信頼の得点は，その定義に鑑み，各因子の得点の積を採用している。これを学級レベルで集約化（平均得点を算出）したものが集団的信頼の得点である。

② 保護者ネットワーク

保護者間ネットワークの視点から，1項目を設定し，保護者に対して回答を求めた。[3]すなわち，「子どもの友達の親はほとんど知っている（世代間閉鎖性）」である。尺度は「④　ひじょうにあてはまる」～「①　全くあてはまらない」までの4件法である。これらを学級レベルで集約化したものが変数の得点である。

③ 学級情報ルート

学級理解のための情報活用状況について，いくつかの学級情報ルートを示し，それぞれについての保護者による活用状況を質問した。学級情報ルートとしては，主として学級理解のための情報である「学級の様子を見て得られる情報（学級参加）」「学級担任との対話によって得られる情報（担任対話）」「学級・学年通信によって得られる情報（学級通信）」を設定した。尺度は，「④　ひじょうに役立っている」～「①　全く役立っていない」までの4件法である。肯定率（「3

第8章　信頼を構築する学級・学校の経営戦略

表8-1　関係的信頼尺度の因子分析の結果

	I	II	共通性
15. 学校の先生は，悩みや心配事を理解してくれている。	.858	-.093	.457
14. 悩みや心配事を，学校先生と共有できている。	.824	-.043	.647
5. 学校の先生は保護者の意見に耳を傾けている。	.746	-.032	.534
13. 悩みや心配事があるときは，学校の先生に相談している。	.721	-.005	.517
1. 学校の先生に親しみを感じる。	.674	.030	.475
6. 子どもの学力向上に関して，学校に期待している。	.591	.060	.386
7. 子どもの心の教育や体力健康づくりについて，学校に期待している。	.563	.081	.368
4. 子どもが通っている学校に愛着を感じる。	.438	.262	.370
12. PTA活動にはできるだけ参加したい。	-.058	.799	.597
3. PTA活動に，積極的に協力している。	-.101	.729	.470
9. もっといろいろな行事活動で，保護者に協力を依頼して欲しい。	.018	.682	.477
2. 学校の行事等には，積極的に参加している。	-.007	.646	.412
16. 学校から依頼があれば，ボランティアとして協力したい。	.118	.612	.457
8. PTAの役員や委員をやってみたい。	-.006	.577	.330
11. 運動会や文化祭など，学校行事にはできるだけ参加したい。	.057	.568	.357
10. 自分の特技が役立つのであれば授業にも協力したい。	.035	.524	.293
17. 学校からの通信等には，じっくりと目を通している。	.144	.287	.143

注：因子相関係数は.479．$N=13,923$。

と「4」を選択した保護者の比率）を学級レベルで集約化したものが各変数（学級参加・担任対話・学級通信）の得点である。

④　有能性評価C（Classroom）

学級に所属する保護者が抱く学校の有能性評価を，落ち着いた学校，教員の高い指導力，改善の定着化の3つの視点から設定し，保護者に対して回答を求めた。すなわち，「子どもの学校は，落ち着いたよい学校だと思う」「子どもの学校の先生は，指導力が高いと思う」「子どもの学校は，着実に改善が進んでいる」である。尺度は「④　ひじょうにあてはまる」～「①　全くあてはまらない」の4件法である。3項目の平均値（a係数 = .82）を算出し，学級レベルでの集約化を行った。

⑤　統制要因

子どもの学年（第1学年～第9学年），学級規模（各学級の回答者数データを標準正規分布に従う値に変換する標準化操作を実施）を統制変数として設定する。

2）学校レベルデータ
① 保護者ネットワーク

保護者と地域住民とのネットワークの視点から，1項目を設定し，保護者に対して回答を求めた。すなわち，「地域行事に積極的に参加している（地域行事参加）」である。尺度は「④ ひじょうにあてはまる」〜「① 全くあてはまらない」までの4件法である。これを学校レベルで集約化したものが変数得点である。

② 学校情報ルート

学校理解のための情報活用状況について，いくつかの学校情報ルートを示し，それぞれについての保護者による活用状況を質問した。学校情報ルートとしては，主として学校理解のための情報である「学校行事等の様子を見て得る情報（学校行事）」「管理職との対話によって得られる情報（学校管理職）」「学校通信によって得られる情報（学校通信）」「ホームページによって得られる情報（ホームページ）」を設定した。尺度は，「④ ひじょうに役立っている」〜「① 全く役立っていない」までの4件法である。肯定率（「3」と「4」を選択した保護者の比率）を学校レベルで集約化したものが各変数（学校行事・管理職・学校通信・HP）の得点である。

③ 有能性評価S（School）

学級レベルの変数得点を学校レベルで集約化した。

④ 統制要因

学校規模（世帯数を標準化）を設定した。

（3）分析モデルの構築

学級は学校という上位組織にネストされている。学級レベルで発生する事象の説明においては，学級レベルの説明変数だけでなく，学校レベルの説明変数を設定する必要がある。ある事象は一見，学級要因によって説明されているかに見えるが，実は，学校要因によって説明されている可能性がある。こうしたデータ解析上の問題を回避するために，本章では，マルチレベル分析の方法を

採用する（清水 2014；三輪・林 2014等参照）。

　データベース作成は以下の手順で行った。最初に，保護者の個人レベルデータを学級レベルで集約し，新たな集団レベル変数を作成する。変数の作成においては，1学級6名以上の学級を対象とした。こうした操作を行うことで，個人レベルデータは1万3,923名となる。集約化によって65校・650学級のマルチレベルデータを作成した。1学級当たりの児童生徒数平均（M）は21.42名，標準偏差（SD）は7.10，標準誤差（SE）は.28，範囲（$Range$）は6～39である。なお，有能性評価Cについては，学校レベル得点を引くセンタリング処理を施した上で分析に使用している。

　マルチレベルモデルの構築においては，学級レベル変数である集団的信頼を被説明変数として設定し，7個の学級レベル変数および7個の学校レベル変数を説明変数として設定している。集団的信頼を被説明変数として設定し，説明変数を投入しない *Model 0*，学級レベル変数を投入した *Model 1*，学校レベル変数を順次追加投入した *Model 2～5*，すべての説明変数を投入した *Model 6* を構築する。マルチレベル分析に使用する統計ソフトは *SPSS Advanced Model ver.19.0* である。

5　学級レベルの集団的信頼を決定する要因は何か？

　本章で使用する15変数の記述統計量および相関マトリクスは表8-2（学級レベル変数）および表8-3（学校レベル変数）に示す通りである。表8-4は，集団的信頼の学級平均値を被説明変数とするマルチレベルモデルの分析結果である。

　まず，*Null* モデルと呼ばれる説明変数を含まないモデル（*Model 0*）の分析を行う。*Null* モデルの学校間分散は有意（τ_{00} = .417, $p<.01$）であり，学校間で異なる要因によって説明される分散が十分にあることが示されている。

　Model 1 は，学級レベル変数を投入したモデルである。学級レベルにおける集団的信頼は，世代間閉鎖性（γ = .724, $p<.01$），学級参加（γ = 1.432, $p<.01$），担任対話（γ = 1.208, $p<.01$），学級通信（γ = .824, $p<.01$），有能性評価C（γ

表8-2　学級レベル変数の記述統計量および相関マトリクス

	M	SD	SE	Min	Max	1	2	3	4	5	6	7
1．集団的信頼	7.51	.88	.03	5.00	11.38							
2．世代間閉鎖性	2.49	.33	.02	1.77	3.91	.44**						
3．学級参加	.74	.14	.01	.25	1.00	.57**	.21**					
4．担任対話	.81	.13	.00	.27	1.00	.43**	.02	.44**				
5．学級通信	.86	.10	.00	.41	1.00	.41**	.10*	.40**	.36**			
6．有能性評価C	2.88	.21	.01	2.13	3.49	.66**	.28**	.43**	.46**	.39**		
7．所属学年	4.45	2.41	.09	1.00	9.00	-.22**	.11**	-.37**	-.28**	-.25**	-.22**	
8．学級規模	0.00	1.00	.04	-2.17	2.48	-.20**	-.13**	-.17**	-.12**	-.04	-.12**	.41**

注：$N=650$　** $p<.01$, * $p<.05$. M ＝平均値, SD ＝標準偏差, SE ＝標準誤差, Min ＝最小値, Max ＝最大値.

表8-3　学校レベル変数の記述統計量および相関マトリクス

	M	SD	SE	Min	Max	1	2	3	4	5	6
1．地域行事参加	2.67	.31	.03	2.14	3.59						
2．学校行事	.81	.09	.01	.59	1.00	.42**					
3．学校管理職	.49	.17	.02	.23	.86	.17	-.11				
4．学校通信	.82	.08	.01	.47	.97	.33**	.49**	.18			
5．ホームページ	.32	.17	.02	.00	.74	.04	-.14	.16	.00		
6．有能性評価S	2.88	.14	.02	2.42	3.31	.45**	.56**	.44**	.49**	.06	
7．学校規模	-.57	.92	.12	-1.71	2.08	-.39**	-.45**	.07	-.07	.24	-.19

注：$N=65$　** $p<.01$, * $p<.05$. M ＝平均値, SD ＝標準偏差, SE ＝標準誤差, Min ＝最小値, Max ＝最大値.

$=1.416, p<.01$）によって影響を受けている。これらの5変数は，すべての学校レベル変数を投入してもなお，集団的信頼に対して統計的に有意な影響を及ぼすことが確認されている（Model 6参照）。

Model 2～5は，Model 1に対して学校レベル変数を追加投入したモデルである。すべての学校レベル変数を投入したModel 6では，学級レベルの集団的信頼に対して学校規模（$\gamma=-.128, p<.01$）が負の影響を及ぼしていること，地域行事参加（$\gamma=.328, p<.05$），有能性評価S（$\gamma=1.206, p<.01$）が正の影響を及ぼしていることが示されている。なお，学校行事および学校管理職は，Model 4では有意な影響が認められているが，Model 6では有意な影響力が消失している。学校行事への参加や学校管理職との対話によって学校の状況を理

第8章 信頼を構築する学級・学校の経営戦略

表8-4 集団的信頼を被説明変数とするマルチレベルモデル

	Model 0	Model 1	Model 2	Model 3	Model 4	Model 5	Model 6
固定効果							
γ^{00}切片	7.643**	3.142**	3.229**	1.375**	1.086	-1.161**	-1.100
【学級レベル】							
γ^{10}所属学年		-.022	-.025	-.018	-.015	-.008	-.011
γ^{20}学級規模		-.003	.011	-.001	.004	-.011	.004
γ^{30}世代間閉鎖性		.724**	.638**	.584**	.605**	.621**	.445**
γ^{40}学級参加		1.432**	1.465**	1.465**	1.323**	1.393**	1.407**
γ^{50}担任対話		1.208**	1.239**	1.223**	1.123**	1.061**	1.109**
γ^{60}学級通信		.824**	.821**	.829**	.791**	.725**	.794**
γ^{70}有能性評価C		1.416**	1.409**	1.413**	1.469**	1.503**	1.485**
【学校レベル】							
γ^{01}学校規模			-.212**				-.128**
γ^{02}地域行事参加				.775**			.328*
γ^{03}学校行事					3.429**		1.144
γ^{04}学校管理職					1.013**		.341
γ^{05}学校通信					-.1.143		-.761
γ^{06}ホームページ					.470		.369
γ^{07}有能性評価S						1.788**	1.206**
変量効果 τ_{11}							
世帯間閉鎖性							.000
学級参加							.698
担任対話							1.050
学級通信							1.519
有能性評価C							.682
学校内分散 σ_{00}	.434**	.243**	.243**	.244**	.248**	.247**	.248**
学校間分散 τ_{00}	.417**	.168**	.131**	.118**	.080**	.072**	.040*
ICC	.490	.409	.350	.326	.244	.226	.139
AIC	1449	1068	1060	1055	1041	1038	1021

注：学級レベル $N=650$，学校レベル $N=65$． ** $p<.01$, * $p<.05$．

解することで，学級レベルの集団的信頼が直接的に高められるわけではない。学校レベルでの落ち着いた学習環境の構成状況や教員の指導力の高さを，これらの情報ルートを通して実感することで，間接的に高められるものと解釈できる。

また，Model 6 では，ICC（Intraclass Correlation Coefficient；級内相関係数）が.139を示している。つまり，Model 6 において投入した学校レベル変数は，学

級レベルの集団的信頼の全分散のうち13.9%を説明している。保護者による集団的信頼は，ネットワークと情報に焦点を当てたモデルでは，その86.1%は学級レベル要因によって説明されるが，13.9%は学校レベル要因によって説明されると解釈できる。信頼される学級づくりは，すべての原因が学級に関わる教員に帰属されるわけではない。学校レベルのネットワーク・情報戦略によって，少なからず影響を受けていることが示されている。

　最後に，変量効果の分析を行うことで，学級レベル変数と集団的信頼の傾きの学校間差の確認を行った（表8-4参照）。最適モデルである *Model 6*（AIC：Akaike's Information Criterion＝1,021）において集団的信頼に正の影響を及ぼしている5つの学級レベル変数を対象として変量効果分析を実施した結果，いずれの変数も，統計的に有意な学校間差は認められなかった。つまり，5つの学級レベル変数と集団的信頼との相関性はどのような学校においても一律に認められることが示されている。これら5変数は，学校条件の影響を受けにくい，信頼される学級の規定要因であると解釈できる。

6　集団的信頼を高める学級・学校経営戦略

　集団的信頼に対して影響を及ぼす学級レベル変数として，世代間閉鎖性，学級参加，担任対話，学級通信，有能性評価Cの各変数が析出された。

　学級に所属する保護者が，保護者相互のつながりを醸成している場合に，集団的信頼は高まる。保護者を取り巻くつながりを醸成することの教育効果は，Coleman（1988＝2006）をはじめ，数多くの研究において検証されている。本章では，保護者相互のつながりの新たな効果，すなわち，信頼される学級の基盤形成効果が解明されている。保護者相互がバラバラな学級では，信頼される学級づくりが困難となるという実践的な示唆が，分析結果より得られている。近年，学級懇談会等，保護者相互のつながりを醸成する会合の停滞化（参加率の低下）が，多くの学校において報告されている。こうした状況の放置が，実は学級に対する保護者の信頼を蝕んでいく可能性が示唆されている。

また，保護者が学級に訪問・参加し，学級担任と対話し，学級通信等によって情報を受信することが，信頼される学級づくりの基盤となることも，分析結果より明らかにされている。保護者が学級に足を運び，学級に関する様々な情報に触れ，学級理解を深めることが，信頼される学級の決定要因となっている。学校行事の日時が保護者にとって参加困難な設定となっている場合，学級に関する情報発信量が少なく，多くの保護者が学級の様子を理解できていない場合等に，信頼される学級づくりは困難となる。

　さらに，落ち着いた学習環境で子どもが学習していること，教員の授業力・指導力が高いこと，改善が定着していること等，保護者集団が学校（教員）の有能性を実感する場合に，集団的信頼は向上する。有能性に関する情報が，より多くの保護者による学級参加，保護者相互のネットワーク内での流通を通して，保護者集団に浸透することで，信頼される学級の基盤が形成されるのである。

　信頼される学級は，これらの学級レベル要因によって80％以上が説明される。各学級レベル要因は，学校条件の影響をそれほど受けることなく，高い確率で集団的信頼を高めることができる。

　集団的信頼に対して効果を有する学校レベル変数として，学校規模，地域行事参加，有能性評価Sの各変数が析出された。

　学校規模は集団的信頼の醸成に対して負の影響を及ぼしていた。つまり，大規模校では，信頼される学級づくりが困難となる。大規模校は都市部あるいは都市部近郊住宅地等の人口密集地域に設置されており，一般的に保護者の教育関心は高く，移住者が多いため必然的に保護者の階層・属性・価値観等が多様化しやすく，保護者相互のつながりの醸成が困難となる。大規模校における信頼構築の困難さを理解した上での人事配置が，教育委員会には求められる。

　一方，保護者と地域住民とのつながりが醸成されている校区では，信頼される学級づくりが促進される可能性が示唆されている。近所・地域住民と一定の関係を築いている保護者は，学校に対しても協力的態度を示しやすいことが先行研究では明らかにされている（露口 2012；Tsuyuguchi & Kuramoto 2014）。学校規模は学校側による意図的なコントロールの余地は稀少であるが，保護者と地

域とのつながりの醸成であれば，社会教育・生涯学習分野との連携協力により影響を及ぼすことは可能であろう。

　学校レベルでの有能性評価は，信頼される学級づくりに対しても正の影響を及ぼしている。つまり，学校全体が高度な有能性評価を得ている評判の良い学校では，信頼される学級づくりが容易となる傾向が示されているのである。評判の良い学校では，保護者が教員に対して期待を抱きやすく，協力的態度を採る傾向にある。評判が良くない学校では，これとは逆の現象が学級レベルで生起することに，教員は留意する必要がある。なお，学校行事と学校管理職は，集団的信頼に対して直接的に影響を及ぼしていないが，有能性評価を媒介して間接的に集団的信頼に対して影響を及ぼしていた。学校行事の精選を行うとともにその質を高め，積極的な広報等を行うことで参加率が向上する。また，学校管理職自らが保護者に対して，積極的に情報を発信し，対話の場において，魅力的なビジョン等を語ることで学校への有能性評価が高まり，各教員が信頼される学級づくりを促進できる。なお，今回の調査では，学校通信とホームページについては，集団的信頼に対する効果は認められなかった。集団的信頼を高めるためには，学校通信やホームページ等の非対面的方法よりも，学校・学級内における実態観察や直接対話等の対面的方法の方が，より効果的であることが示唆される。

注
(1) 契約的信頼の概念では，保護者は顧客・依頼者として仮定される。こうした仮定に基づく学校経営が，学校に対する理不尽要求や過度な要望の増加現象の背景にあると考えられる。
(2) Forsyth et al. (2011) は，集団的信頼の次元として，児童生徒と教員，教員相互，教員と校長，教員と保護者の4次元を設定している。本章は，教員と保護者の関係に焦点を当てた集団的信頼の研究である。
(3) 本章では，4件法の1項目を説明変数として使用しているが，個人レベルではなく学級レベルの平均値を使用しているため，正規分布形状の問題はクリアできている。大量の保護者サンプル収集のためには，教育委員会・学校との連携が不可欠であるが，実施協議の過程で設問内容および項目数の制約を受ける。本章では1項目

測定の変数が多いが，これは調査の実現を優先することによって生じた現象でもある。

参考文献

河村茂雄（2007）『教師のための失敗しない保護者対応の鉄則』学陽書房。

清水裕士（2014）『個人と集団のマルチレベル分析』ナカニシヤ出版。

露口健司（2011）「教育」稲葉陽二・大守隆・近藤克則・宮田加久子・矢野聡・吉野諒三編『ソーシャル・キャピタルのフロンティア——その到達点と可能性』ミネルヴァ書房，173-195頁。

露口健司（2012）『学校組織の信頼』大学教育出版。

露口健司・清田雄二（2013）「学校組織における信頼の生成過程——保護者による情報収集のルートとフォーカス」『九州教育経営学会研究紀要』19，57-65頁。

埴淵知哉・市田行信・平井寛・近藤克則（2008）「ソーシャル・キャピタルと地域——地域レベルソーシャル・キャピタルの実証研究をめぐる諸課題」稲葉陽二編著『ソーシャル・キャピタルの潜在力』日本評論社，555-572頁。

藤本浩行（2012）『信頼を勝ち取る「保護者対応」』明治図書。

三輪哲・林雄亮（2014）『SPSSによる応用多変量解析』オーム社。

Adams, K. S., & Christenson, S. L. (2000) "Trust and the family-school relationship examination of parent-teacher differences in elementary and secondary grades" *Journal of School Psychology* 38 (5), pp. 477-497.

Adams, C. M., Forsyth, P. B. & Mitchell, R. M. (2009) "The formation of parent-school trust: A multi-level analysis" *Educational Administration Quarterly* 45 (1), pp. 4-33.

Bryk, A. S. & Schneider, B. (2002) *Trust in schools : A core resource for improvement*, Russell Sage Foundation.

Coleman, J. S. (1988) "Social capital in the creation of human capital" *American Journal of Sociology* 94, pp. 95-120.（＝2006，野沢慎司編・監訳『リーディングス ネットワーク論——家族・コミュニティ・社会関係資本』勁草書房，205-241頁）

Forsyth, P. B., Adams, C. M. & Hoy, W. K. (2011) *Collective trust: Why school can't improve without it*, Teachers College Press.

Goddard, R. D., Salloum, S. J. & Berebitsky, D. (2009) "Trust as a mediator of the relationships between poverty, racial composition, and academic achievement: Evidence from Michigan's public elementary schools" *Educational Administration Quarterly* 45 (2), pp. 292-311.

Goddard, R. D., Tschannen-Moran, M. & Hoy, W. K. (2001) "A multilevel examination and effects of teacher trust in students and parents in urban elementary schools" *The Elementary School Journal* 102 (1), pp. 3-17.

Tschannen-Moran, M. (2004) *Trust matters: Leadership for successful schools*, Jossey-Bass.

Tsuyuguchi, K. & Kuramoto, T. (2014) "Parent networks as determinants of relational trust" *Bulletin of the Faculty of Education,* Ehime University 61, pp. 57-69.

Turney, K. & Kao, G. (2009) "Barriers to school improvement: Are immigrant parents disadvantaged?" *The Journal of Educational Research* 102 (4), pp. 257-271.

第9章　学校と地域との信頼構築のための学校経営

伊藤文一

1　学校と地域をつなぐために

　この数年間，日本の学校では，「開かれた学校づくり」や「地域とともにある学校づくり」のキーワードのもと，学校評議員制度，コミュニティスクール（学校運営協議会），学校関係者評価制度，学校支援地域本部事業等の様々な教育政策・事業が推進されている。これらの教育政策・事業には，学校経営・教育活動への地域人材等による支援，すなわち，人的資本の補完が意図されている。また，それだけではなく，学校を中核とした校区における人々の社会関係資本の醸成が意図されている。地域住民による学校支援や校区における人々の信頼づくりのためには，上記教育政策・事業の導入は確かにその契機となるが，導入しただけでは必ずしも予定している成果をあげると限らない。成果をあげるためには，校長のリーダーシップと学校―地域の基本的対話関係が必要であると考えられる。校長を中心とした学校経営が展開され，地域住民との間に一定頻度での対話関係が存在することが，信頼構築に向かう原動力であると考えられる。それでは，校長として実践し得る，学校と地域との信頼関係を形成する具体的な方法とは何であろうか。以下，筆者（伊藤）が校長として勤務した中学校の事例[1]を手がかりに検討を行う。

2　学校から先に動く

　筆者は，2004（平成16）～2006（平成18）年度までの3年間，公立B中学校で校長を務めた。B中学校は住宅地と農村が混在した都市部近郊の小規模校である。

第Ⅱ部　組織・リーダーシップと「つながり」

以下，そこで実践した，地域からの信頼を得るための取り組みについて述べる。
　B中学校は，数年前まで，授業中に卒業生がバイクで爆音を鳴らしながら学校のまわりを走り，授業の妨害をしたり，何度か窓ガラスが数十枚割られていたりする状態であった。また，校舎内の落書きや破損を放置したままの箇所が多く，子どもにとって決してよい学習環境ではなかった。子どもや地域にとって，誇れる学校とはいえなかった。
　当校に校長として採用された私は，環境整備，挨拶運動，学習規律の確立，組織文化の変容を通して学校改善に取り組んだ。そのプロセスは次の通りである。

（1）環境整備

　人は環境をつくり，環境は人をつくる。この精神に則り，まずは学校の周辺を徹底的にきれいにすることから始めた。学校周辺の清掃に，校長自ら率先して取り組んだ。学校の中は見えないが，外は見える。そのうちに，教頭を中心に何人かの教員が朝早くから学校周りの清掃を始めた。本校の校地は比較的広い方であり，グランドの周囲や校舎裏の敷地の隅の方には草が生え放題になっていたが，「おやじの会」の協力による，定期的な校内の除草作業（草刈り機による除草）を年に3回程度行い，校地内の草がほとんど見あたらない状態にまでになった。またPTAフラワーサークルの活動が月に1回行われ，花壇整備により季節毎に花が咲き乱れ，年中，咲いている状態が保たれている。学校の周りを早朝散歩される地域の人たちは，学校の周辺がだんだん綺麗になっていく過程（状態）を見ておられた。「学校がきれいになりましたね」という言葉がでるようになった。
　次に，校内の破損箇所の修繕や整備を徹底的に行った。これは前校長が始めたものであり，それを継承した。当時ブロークンウインドウズ理論[2]が注目されはじめていた。この理論の下，校舎内外の補修と美化に努めた。当初は校内の壁が薄く汚れていたため，明るいクリーム色に塗り替えた。教職員と子どもが一緒になって，夏休みを使って，各階ごとに塗り替えをしていった。これによ

り校内の落書きは消え，校舎の構造上暗かった廊下の雰囲気がかなり明るくなった。床のワックスがけ，ポリッシャーからワックス塗りまで，徹底して実施した。穴が開いて見苦しい天井のボードを取り替え，落書きを消した。壊された鍵はすべて元のドアについていた鍵を取り替え，本来の状態に変えた。

　昇降口には，専用のマットを設置した。特に一階の廊下は屋外にある渡り廊下につながり，上靴と土足が共用になっている部分があった。この部分から土や砂が屋内廊下にもちこまれ，砂ほこりで廊下がざらざらになる。これをマットで防いだ。特に昇降口から上がる砂や土に対しては大きな効果があり，掃除できれいになった状態を長く保つことができた。環境整備のプロセスで，子ども，教師，時には保護者も一緒に取り組むこうした地道な師弟同行の姿に子どもの心も動き，一つになっていったのではないかと思う。

（2）朝の挨拶運動

　さらに，「挨拶」を徹底した。まず教員から先に挨拶することを励行した。いつどこで会ってもきちんと立ち止まって気持ちの良い挨拶をするようになった。

　毎週月曜日と木曜日の2回，朝8時前からPTAの方とともに教員，生徒会が校門前で挨拶運動を行った。すべての保護者が年間2回は必ず校門前に立つことになるが，これは自分の子ども以外の子どもの状況，朝の子どもの様子を把握してもらう上で役に立っている。地域の人たちから，「生徒さんもよく挨拶をしますね」という言葉がでるようになった。

（3）学習規律の確立

　赴任当初子どもたちは，チャイムが鳴っても廊下に出て遊んでいたり，授業中も席を立ったりしている状態で落ち着きがなかった。そこで，授業規律を高めるために，教師は授業チャイムの5分前には職員室を出て授業前の態勢を整え，チャイム開始と共に授業を始める指導を続けた。このことによって，チャイムが鳴っても廊下に出ている子どもはいなくなり，席について静かに教師を待つ学習規律を身に付けることができた。

礼を正し，場を清め，時を守る。この言葉は，よく使用される言葉である。特に，礼節については，今日的課題である。子どもたちに，対人関係における未熟さ（特に言葉遣い，礼儀等）がみられたため，「総合的な学習の時間」に講師を招聘し，基本的な挨拶や声の出し方について講話と実習をお願いした。子どもたちは，この時間で礼節の意味や大切さを学んだ。

このことで少しずつではあるが，教師に対する言動や態度が次第に丁寧で素直なものになっていった。礼儀だけでなく行動や言動まで一定の改善がみられた。

（4）組織文化の変容

環境整備・朝の挨拶運動・学習規律の確立を効果的に推進するためには，学校の組織文化の変容が必要となる。これまで職員が「当たり前」と考えてきた価値にゆらぎをもたらし，環境・状況に適した新たな価値観を形成していかなければ前に進めない。B中学校では，以下の4つの実践を通して，組織文化の変容を試みた。

第1は，「閉じる」文化から「開く」文化への変容である。B中学校は，市の研究指定（学力向上）を受けていたこともあり，来客が大変多い。いつの間にか来校者と共に校長が教室に入ってきて，授業を参観しているような学校である。来校者や校長が生徒に話しかけることも度々ある。給食時間も覗きに来る。そのうち，外部の人々が校内にいることが当たり前のこととなり，教師にも生徒にも特別なことではなくなった。地域の老人会の方が来校されても，授業を見ていただいた。学校・授業は常に見られているという緊張感が浸透していった。校長としては，多くの関係者に積極的に呼びかけ，学校に来てもらい，授業の様子や子どもたちの様子を見ていただくことに尽力した。

第2は，「叱る」文化から「ほめる」文化への変容である。生徒指導が困難な学校では，どうしても叱り批判する文化が強調されやすい。日々叱られることで，子どもたちの自己肯定感や自尊感情はさらに低下し，教師不信は高まり，否定的な態度・行動につながっていた。B中学校では，「ほめて育てる」を経営

方針に据えた。「良いこと」探しに力を入れ，良いことは必ずほめるようにした。それを学校通信という形で，校内の職員・生徒にとどまらず，保護者や地域にも知らせた。学校にいるときは，いつも「良いこと」を見つけることを考えていた。すると，以前に増して生徒や職員のことをよく見るようになり，また，知ろうと努力するようになった。

　第3は，「経験重視」文化から「得意重視」文化への変容である。教師には，教科以外に得手分野がある。対外的な交渉がうまい実践派の教師，パソコンに精通した教師，それらをまとめていく教師。教師集団がまとまり，連絡・連携がうまくいくと，学習指導，生徒指導等において共通認識が生まれ，全体で取り組もうとする雰囲気が生まれる。これがいわゆる教師力，ひいては学校力といわれるものである。校内人事配置やチーム開発においては，教師の経験年数や年齢ではなく，教師が得意とすることに焦点を当てた。

　第4は，「個業」文化から「協働」文化への変容である。3年間で1度だけ，机をたたきながら怒ったことがある。それは，1人の生徒に対する進路指導がバラバラで学年の見解が一致していなかったときである。本当にその生徒のことを考えれば，学年での取り組みが一致していなければならないはずである。生徒には，個で当たるのではなく組織として対応しなければならない。事に当たるときには教師は一枚岩でなければ良い結果は出ないことを強調した。就任2年目からは，2人学級担任制にして，朝の会，帰りの会の内容，掲示物，家庭訪問も，2人一緒に行うようにした。これまで学校で当たり前とされてきた「個業」を，根底から見直した。2人学級担任制の効果はてきめんであり，放課後の教室は，常に日直清掃が行き届き，机が整然と並び，椅子も上げられていた。

3　学校と地域の信頼構築のプロセス

　B中学校では，学校が率先し，職員が一体となって学校改善に邁進した。職員と子どもたちの姿は確かに変容してきた。しかし，保護者や地域を巻き込ま

ない,学校主導型の学校改善は継続性と持続性に課題がある。職員には異動がある。校区での生活は管理職で3年程度,教諭で6年程度である。しかし,地域住民は,それらよりも長い期間,学校に関わることとなる。学校改善を継続的・持続的なものにしようとするのであれば,地域住民に改善のための知識と機能を分散化しておく必要がある。また,地域住民が,どの時期にあっても,学校を支えてくれるように,確固たる信頼関係を築いておく必要がある。「ソーシャル・キャピタルとしての信頼」の醸成が,B中学校における次なる課題であった。そこで筆者は,地域との信頼構築のために次の4つの実践を展開した。

(1) 直接対話の重視

校長自ら,校区を回り,地域の人々,保護者,関係機関の方々と話をするように努力した。校区内の会議や行事参加はもちろんのこと,後述の学校通信を,自転車にのって公民館等の地域住民が集まる場をまわり配付した。「回覧」や「配布(多くの人に配り,広く行き渡らせること)」ではなく,「配付(一人一人に手渡すこと)」したことの意義は大きかった。

地域の人々や保護者と対話を重ねるうちに,学校への期待の大きさ,子どもへの思いの深さを感じ取ることができた。これが私たちのエネルギー源となり,学校再生への意欲にもつながった。そうこうするうちに他の職員も意識的に地域にでかけ,情報収集や関係づくりに努めるようになった。多くの職員も,可能な限り,人に会い,対話を続け,連携・協力するための苦労を厭わなかった。

(2) 思いを伝える学校通信の活用

校内では,授業を見ること・生徒と話すこと・教師と話すことを心がけた。時間の許す限り,生徒が活動している教室や運動場,体育館に足を運び,生徒や教師,保護者と対話をした。そして,少しでも「よさ」があると学校通信の中でほめるようにした。学校生活の中での一コマ,一コマの教職員の姿が,大きな教育力であると信じている。子どもが知らないところで努力する教師の姿が映れば,子どもの心に大きな影響力を及ぼすのではないかと思っている。週

に一回，学校通信を発行し，教師の思いや姿を伝える手段とした。保護者や地域に教師の願いが届くことが大事であると思っている。たとえば，次のように，地域・保護者・教師の子どもへの思いや姿を「学校通信」で伝えるようにした。学校通信は，週1回の発行で，3年間で200号を超えた。

「朝早く学校に来て，窓を開ける先生：

子どもが登校してくる前に，毎日，ストーブに入れる灯油を運んだり，窓を開けて換気をしたり，子どものために骨身を惜しまない姿が，そこにはある。

挨拶運動で自分から先に子どもにあいさつする保護者や地域の人たち：朝，『おはよう，元気か』『昨日みなかったけどどうした？』こんな言葉をよく聞く。部活動の練習で疲れていないかどうか朝から子どもに声をかけている。

子どもと一緒に給食を食べている先生：

各教室には，二人以上の先生が子どもたちと一緒に給食を食べている。『これ，ちょっと辛いね』『おいしいね』自然に会話が弾むひとときである。

ゼッケンに子どもの名前を書いている保護者：

名札やゼッケンに，思いを込めて丁寧に自分の子どもの名前を書いている保護者の姿がある。子どもを思う気持ちが，きっと伝わるはずである。

組体操やダンスを見つめる地域の人たち：

子どもが体育会の練習でダンスをしているその姿をじっとみつめるその目は慈愛に満ちている。限りなくやさしい父母のような目である。

昼休みや放課後に勉強を教える先生：

子どもの質問にていねいに答えている。しっかり責任を持って教えようとしている。この教師の熱意は伝わっているはずである。

夜遅くまで，地域のパトロールをする地域の人たち：

夜11時過ぎまで，公園等を回っている。非行防止に大きな効果を出している。」

第Ⅱ部　組織・リーダーシップと「つながり」

　これらの子ども・職員・保護者・地域住民らの，他者には見えにくい頑張りや努力が，同じく子ども・職員・保護者・地域住民らの心に次第に伝わっていったように思っている。

（3）テーマ・コミュニティの形成

　本書のテーマであるソーシャル・キャピタルの視点に立てば，学校と地域の連携協力それ自体が資本であり価値がある。連携協力関係を構築するためには，協働活動のための目標やテーマが必要となる。たとえば，中学校でいえば，「学習支援」「環境支援」「安全支援」「(部)活動支援」「学校行事支援」等のテーマである。Ｂ中学校では，これらのテーマに即して，地域のネットワークを「活用」し，人材を集め，学校支援のためのテーマ別コミュテニィを形成していった。特に力を入れたのは，学校の重点課題である「環境」と「安全」である。

　①　環境支援コミュニティ

　学校が１年中，花が咲いている状態を保持するために，「フラワーサークル」という自主団体が，学校の花壇の手入れを定期的に実施している。また，学校の樹木が伸びすぎて危険な状態になったときには，機械や道具を使って伐採していただいている。地域，保護者，子どもが一緒に作業し，汗を流すことが教育方法としても，有効であると思われる。また，入試前に３年生が「餅つき」を行うが，その時の餅を地域の人たちに配ることを通して，地域とふれあうひとときをもった。

　②　安全支援コミュニティ

　安心して住むことができる地域を目指して，朝夕の子どもの登校時の見守り，夜間パトロールを定期的に危険地域等の見回りを実施して，子どもたちの安心・安全に務めている。継続的な取り組みが大きな効果を生み出している。まさに，学校・家庭・地域が一体となって取り組む姿が子どもの安全を支えていると言える。

(4) 信頼を構築する説明責任

　地域住民が学校に足を運ぶことは多い。しかし，地域住民は，来校した後，どこに行っているのだろうか。校長室と会議室にのみ足を運び，管理職層のみと対話していないだろうか。子どもたちの様子を見ていただく場合も，体育祭や文化祭など，非日常の姿のみを見せていないだろうか。非日常的な子どもの姿を見せ，学校評価のデータを示し，管理職層から情報提供したとしても，それだけでは本当に学校の実態を説明したとは言えない。B中学校では，地域の人たちが来校されたときには，必ず教室まで案内し，子どもたちの様子を参観してもらうようにしている。子どもたちの日常の姿を見てもらっている。また，B中学校では，挨拶と掃除に力を入れており，子どもたちのあいさつの様子や清掃の時間の様子も，見ていただいている。これらを徹底させるためには時間と労力が必要である。掃除は，水拭きが原則である。玄関のタイルも子どもが水拭きをしている姿を見て，来校された方々は感心されていた。

4　ネットワークを機能させる学校経営戦略

　最後に，B中学校における実践を，ソーシャル・キャピタルの視点から整理しておきたい。

　B中学校では，学校と各地区・団体の代表者らによる対話交流の機会はすでにできていた。しかし，学校においてネットワーク（対話交流機会）が形成されただけでは，新たな変化は生じない。B中学校では，構築されているネットワークを機能させるために，4つの戦略を採用した。

　第1は，学校側が先に動くことで，お互い様の関係を築く戦略（互酬性規範の形成）である。地域からの協力や支援を獲得するためには，まずは，学校から動く必要がある。地域住民に「学校が頑張っているなら私たちも」という意識をもってもらう必要がある。そして，地域住民からの支援を，学校職員が実感することで，「地域が頑張っているから私たちも」という意識が醸成できる。B中学校では，職員が積極的に地域行事に参加している。学校に対する地域の支援

を多くの職員が実感しているからこそ,こうした動きが出現するのであろう。地域からの支援が実感できない状況では,職員は地域行事に参加することに意欲を感じないであろう。

第2は,目標や価値規範の発信である。地域からの支援協力を獲得する場合に重要なことは,学校が目指しているもの,学校が大事にしていることを,地域住民にしっかり理解してもらうことである。学校が大事にしている価値を理解していると,地域住民も学校(子どもたちや職員)に関わりやすいし,主体的な支援行動をとることができる。B中学校では,事あるごとに地域に出かけ,学校の方向性や大事にしたいこと,そして子どもや職員の努力の様子について,語るように心がけてきた。また,学校の様子を,より多くの地域住民に知ってもらうために,学校通信を校区内に幅広く配布(配付)した。学校通信には,子ども・職員だけでなく,保護者・地域住民らの他者には見えにくい頑張りや努力をも掲載し,校区内の人々に発信している。

第3は,協力規範の形成である。学校と地域住民との連携協力を促進するためには,双方の協働体験が重要であり,そのためのテーマが必要である。B中学校では,特に,環境支援と安全支援をテーマとして,学校と地域との協働体験の機会を設け,協力規範の形成を試みている。学校(子どもたちや職員)と地域(保護者・地域住民)が,汗を流して協働体験を味わい達成感と成就感を味わうことで,また,そうした経験を継続することで,私たちは子どもたちのために積極的に協力すべきとする規範が生まれる。

第4は,信頼関係の醸成である。これまで述べた互酬性規範・価値規範・協力規範の形成と浸透は,学校と地域との信頼関係と結びつくものである。B中学校では,信頼構築において特徴的な実践を展開している。それは,日常の授業・学習場面を,保護者や地域住民に積極的に見せている点である。保護者や地域住民の大半は,授業参観や学校行事等の非日常の姿である。子どもたちや職員の日常の姿を見ることは稀である。B中学校では,地域住民が来校されたときには,必ず教室まで案内し,子どもたちの様子を参観してもらうようにしている。校長室や会議室に,地域住民をとどめるのではなく,子どもたちの様

子を見てもらうことで，学校の実態に対する理解を深める。子どもたちが落ち着いて学習に取り組んでいる様子や，清掃活動の様子，挨拶の様子を体験することで，地域住民の学校に対する信頼は一層高まるであろう。また，「普通は見ることができないもの」を，積極的にオープンにすることで，地域住民は「この学校は不都合を隠さない学校」とする意識をもつであろう。こうして生まれた信頼は，学校と地域との関係を，より盤石なものとしている。

注
(1) 本事例の詳細については，八尾坂・増田・伊藤（2007）を参照。
(2) 窓ガラスが割れた自動車を放置しておくとその車は，さらにいたずらされ荒らされて壊されてしまう。軽犯罪も放っておくと，それが大きな犯罪を誘発してしまうという考え。ニュージャージー州の大学教授ジョージ・ケリング博士によって発表され話題になった。この理論を応用し，ニューヨーク市は殺人犯罪を67％減少させたことでさらに有名になった。

参考文献
八尾坂修・増田健太郎・伊藤文一（2007）『信頼を創造する公立学校の挑戦——壱岐丘の風がどのように吹いたか』ぎょうせい。

第Ⅲ部　「つながり」を強める教育施策・制度とは

| 第10章 | 学校評価は教育効果の向上に貢献しているのか |

露口健司

1 学校経営におけるソーシャル・キャピタルの位置

　本章の目的は，ソーシャル・キャピタルを「評価に焦点を当てた学校改善（Evaluation-Based School Improvement：EBSI）」と「教育効果」を媒介する要因として位置づけ，学校組織におけるどのような改善努力がソーシャル・キャピタルを拡充し，また，ソーシャル・キャピタルがどのような教育効果につながるのかを解明することである。

　ソーシャル・キャピタルは，Coleman（1988＝2006）以降，人的資本（学業成績等）を説明する重要な要因として位置づけられ，研究が蓄積されてきた。教育経営（Educational Administration）分野では，環境変動が生じてもなお持続的・安定的な学校経営を展開するための重要な資本としてソーシャル・キャピタルを位置づける研究も出現している（Goddard 2003）。ソーシャル・キャピタルとは経営行動によって蓄積可能な資本であり，また，必要に応じてその資本を問題解決のために活用することができる。こうしたソーシャル・キャピタルの視点は，ソーシャル・キャピタルの近接概念である連携・協働・チームワーク等を扱った従来の教育経営研究にはない特色である。これらは蓄積・活用可能な資本ではなく，どちらかと言えば，目標達成の手段・方法・機能等として位置づけられている。

　ソーシャル・キャピタル研究には，州や都道府県を分析単位とするマクロ視点の研究（稲葉 2007；Putnam 2000＝2006等）もあれば，家庭を分析単位とするミクロ視点の研究（Carbonaro 1998等）もある。これらの他にも，市町村・投票区・校区・農村集落等の分析単位がソーシャル・キャピタル研究では設定されてい

る（埴淵・市田・平井・近藤 2008）。小学校経営に対する有用な知識の獲得を意図する本章では，小学校区レベルを分析単位として設定する。小学校区の中には，家庭をはじめとして，クラス（Anderson 2008），学年（Penuel, Riel, Krause & Frank 2009），職員相互（Bryk & Schneider 2002），保護者─学校（Pong 1998），保護者相互（Teachman, Paasch & Carver 1997），子ども─地域（Kahne & Sporte 2008），保護者─地域（Croll 2004）等の多様な分析単位が包括されている。これらの各次元を校区レベルにおいて集合変数として操作し，その教育効果（学業成績）を検証した研究として Goddard（2003）がある。Goddard（2003）では，小学校における校区レベルのソーシャル・キャピタル（以下，校区SC）が，従前の学業成績等の諸変数をコントロールしてもなお，児童の学業成績の向上を有意に説明することが明らかにされている。

2　ソーシャル・キャピタルの規定要因としての「評価に焦点を当てた学校改善」

　教育分野におけるソーシャル・キャピタル研究は，Goddard（2003）のように，ソーシャル・キャピタルの教育効果を分析対象とする研究（外生変数として設定）と，ソーシャル・キャピタルの規定要因を分析対象とする研究（内生変数として設定）に区分できる。

　最初に，ソーシャル・キャピタルの規定要因についての研究動向を整理しておきたい。小学校区レベルにおけるソーシャル・キャピタルの促進－抑制要因としては，校区のフリーランチ比率，校内の有色人種比率（Goddard, Salloum & Berebitsky 2009），教師間・児童間の人種葛藤（Bryk & Schneider 2002）等の影響力が検証されている。社会階層要因が校区レベルのソーシャル・キャピタルを決定している実態が明らかにされている。また，校区に豊かなソーシャル・キャピタルが醸成されていたとしても，それに対するアクセス可能性は，個人の人種・民族・SES等の社会階層要因（Carbonaro 1998；Croll 2004；Kahne & Sporte 2008），一人親家庭・きょうだい数・母親就労形態等の家族構成要因（Turney & Kao 2009），転居・転校要因（Hofferth, Boisjoly & Duncan 1998）によって影響を受

ける。

　このように，ソーシャル・キャピタルの規定要因としては，社会階層要因等，どちらかと言えば，学校組織の側にとってコントロール困難な要因についての検討が進められてきた。しかし，近年では，学校組織の側が意図的に校区 SC の拡充を操作できるとする視点から，生徒の学校所属意識の向上と保護者の学校参加の促進（Adams, Forsyth & Mitchell 2009），保護者と教師との相互作用の促進（Adams et al. 2009 ; Hoy & Tschannen-Moran 1999），生徒と地域をつなぐサービス・ラーニングのカリキュラム改革と実践（Kahne & Sporte 2008）等に焦点を当てた研究が報告されている。保護者の学校参加，相互作用改善，カリキュラム改革は，ソーシャル・キャピタル醸成のための経営的要因であると解釈できる。そして，ソーシャル・キャピタル醸成のための経営的要因として，焦点を当てるべきは，多くの学校組織において実践されている「評価に焦点を当てた学校改善」であろう。これは，日本の今日的な教育政策・学校経営文脈を踏まえた重要な説明要因である。先行研究（九州大学大学院人間環境学研究院・学校評価支援室 2009）を踏まえると，EBSI は以下の 4 要因によって構成されていると解釈できる。

　第 1 は，目標設定と共有化である。「評価」とは設定した「目標」に対して行うものである。学校管理職には，学校・家庭・地域社会がぜひとも達成したいと思うような目標の設定が求められている。教育的リーダーシップ（instructional leadership）論では，メンバーのやる気を高める目標を設定し，それをコミュニケーションを通して浸透化・共有化することが，優れたリーダーの特徴として描かれている（Hallinger & Murphy 1986）。学校組織内外における目標の共有化は，凝集性の向上に結びつくであろうし，また，つながりの形成にも寄与するであろう。

　第 2 は，データ分析と省察である。学校組織において生成されたデータを意思決定に活用し，学校改善を推進すること（Data-Driven Decision Making : DDDM）が今日の学校管理職には求められている（Halverson, Grigg, Prichett & Thomas 2007）。実践過程のデータを，学校組織内の小グループあるいは組織全体での省

察活動に活用することで、実践の質は高まる。省察活動に焦点を当てる「専門家の学習共同体」（PLC）研究では、実践の公開や同僚相互の省察的対話の意義と効果が複数の研究において検証されている（Bryk, Camburn & Louis 1999等）。省察や振り返りの推進は、変革型リーダーの行動特性でもある（Leithwood & Jantzi 1999）。データ分析を実施する仕組みを形成し、関係者の問題意識や改善意欲を刺激するような分析結果・表現が報告され、また、その内容に基づいた省察活動が設定されることで、成果と課題の共有が促進されるであろう。

第3は、学校組織内における評価観である。「自分や組織の能力や達成状況を正確に測るため」「実践上の課題を正確につかむため」等の職能成長を志向したポジティブな評価観、あるいは公正さのイメージが強い評価観をもつ学校組織もあれば、そうでない学校組織もある。組織におけるポジティブかつ公正な評価観の醸成は、組織への一体感や所属感を高めることが先行研究において明らかにされている（Folger & Konovsky 1989）。

第4は、保護者・コミュニティによる評価である。アカウンタビリティ政策の一貫として、学校組織は、自己評価の結果を、保護者・コミュニティに対して説明・報告する義務がある。日本では、保護者や地域住民の代表によって構成される「学校関係者評価委員会」が多くの学校組織において設置されている。学校関係者評価委員会は、学校の自己評価の結果報告を受け、評価の妥当性を検証する役割をもつ。また、そうした監視的役割にとどまらず、学校・家庭・地域の連携・協力関係の推進的役割も期待されている。保護者・コミュニティからの評価を受けることで、教育実践および学校経営面での課題を特定化・共有化させるとともに、学校とコミュニティとの紐帯を深めることも可能であろう。

以上、本章では、評価に焦点を当てた学校改善（EBSI）が校区における人々のつながり（校区SC）を拡充するものと仮定し、影響関係を明らかにする【研究課題1】。

3 校区レベルでみるソーシャル・キャピタルの教育効果

　教育分野におけるソーシャル・キャピタル研究では，ソーシャル・キャピタルによる教育効果の分析が蓄積されている。小学校区では，家庭，子ども相互，子どもと教師，教師間，保護者─学校，保護者相互，子ども─地域，保護者─地域等の様々な単位においてソーシャル・キャピタルの教育効果が検証されている（露口 2011）。教育効果の指標としては，学業成績・高校中退率・大学進学率（人的資本の代理指標）等が設定されている。しかし，ほぼすべての研究が，海外での調査研究であり，日本を対象としたものではない。日本では，確かに，自治体レベルの集合データを用いた教育効果の検証（稲葉 2007；日本総合研究所 2008；山内・伊吹 2005等）が実施されているが，これらは分析単位が都道府県である。本章のように校区を分析単位とする大規模サーベイによるソーシャル・キャピタルの教育効果研究は，国内では管見の限り皆無である（本書第2章のように，特定自治体内の校区を対象とする小規模サンプルのサーベイリサーチはいくつか報告されている）。学力や生徒指導関係のデータが都道府県レベルデータとして報告されているため，都道府県を分析単位とするソーシャル・キャピタル研究は着手が比較的容易である。しかし，校区レベルの調査は，既存のデータがほとんど手に入らないため，新たに調査を起こさねばならず，調査コストが高くなるという問題がある（埴淵ら 2008）。本章は，校区SCの教育効果を大規模サンプルによって検証しようとする，日本において新たな試みである【研究課題2】。

4 学校改善調査の実施

（1）学校改善調査の対象校

　調査対象は，九州・沖縄地区8県内の全公立小学校3,164校である。調査は郵送留置法によって2009（平成21）年12月～2010（平成22）年1月に実施された。

第10章　学校評価は教育効果の向上に貢献しているのか

表10-1　測定項目一覧

変　数	測定項目
校区SC	学校と地域が協力して子どもを育てようとしている。保護者は学校に対して協力的である。保護者は学校を信頼している。教員は保護者を信頼している。教員は生徒を信頼している。本校の児童生徒は，教員からの支援を期待している。児童生徒同士は，互いに信頼しあっている。保護者は，子どもの生活習慣の形成に意欲的である。
目標共有化	目標・項目の重点化が図られている。魅力的で挑戦したいと思うような目標・項目が設定されている。「何が」「どこまで」できたのか理解できる明確な目標・項目が設定されている。職員が目標・項目を理解し，受容している。職員が目標の達成を意識して，活動している。
データ分析・省察	目標達成のための支援やフィードバックが提供されている。児童生徒，保護者，職員等からの多角的なデータを収集している。データを分析し，改善のための有効な情報を得ている。分析結果を職員や保護者等に対して分かりやすく説明している。
評価観	評価の意義とは能力をのばすことや成長することである。失敗は，してはならないものではなく役立つものである。管理職は，教職員の判定者ではなく，支援提供者である。評価は，学校・教員の以前の姿と比較すべきものである。自己評価は，厳しく行うべきものである。評価においては，能力や成長を把握するための正確な情報が求められる。評価は，職能成長や学校改善のために必要不可欠である。
学校関係者評価	職員は，学校関係者評価の趣旨を理解している。保護者は，学校関係者評価の趣旨を理解している。学校関係者評価の会議では，情報をうまく整理し，分かりやすく説明している。学校関係者評価の会議では，自己評価や教育課題についての的確な指摘がなされている。学校関係者評価の会議では，学校改善につながる指摘がなされている。学校関係者評価は，学校と地域との連携・協力に貢献している。学校関係者評価をはじめたことで，学校と保護者・地域との関係に肯定的な変化が見られた。

1,278校からの有効回答があり，有効回収率は40.8％であった。各学校に対しては，学校評価の担当者が回答するように明記した上で依頼している。学校評価の担当者は，学校のことを客観的なデータに基づき正確に認識している教員の一人であると推定できる。

（2）学校改善調査のデータ

① 校区SC

Goddard（2003）を参考として，新たに8項目から成る校区SC尺度を作成し

た(表10-1参照,以下同様)。Goddard (2003) の測定尺度の特徴は,校区における多様なソーシャル・キャピタルの分析単位を包括的に捉えて,ネットワーク・互酬性規範・信頼の側面から測定している点である。尺度は「④ 非常にあてはまる」~「① 全くあてはまらない」の4件法リッカートスケールである(以下同様)。確証的因子分析(主因子法,プロマックス回転)の結果,1因子構造であった。因子負荷量は.55~.80の範囲であった。8項目から作成された合成変数の基本統計量は平均値($M=3.18$),標準偏差($SD=.38$),信頼性係数($a=.87$)である。

② 目標共有化

教育目標の設定・共有化・実践の視点から新たに5項目を作成した。確証的因子分析の結果,1因子構造であることが判明した。因子負荷量は.57~.74の範囲であった。5項目から作成された合成変数の基本統計量は平均値($M=2.95$),標準偏差($SD=.42$),信頼性係数($a=.80$)である。

③ データ分析・省察

評価データの分析や評価に伴うフィードバック提供の視点から新たに4項目を作成した。確証的因子分析の結果,1因子構造であることが判明した。因子負荷量は.50~.82の範囲であった。4項目から作成された合成変数の基本統計量は平均値($M=2.91$),標準偏差($SD=.44$),信頼性係数($a=.77$)である。

④ 評価観

学校組織に浸透している肯定的・積極的な評価観の視点から7項目を新たに作成した。確証的因子分析の結果,1因子構造であることが判明した。因子負荷量は.56~.69の範囲であった。7項目から作成された合成変数の基本統計量は平均値($M=2.90$),標準偏差($SD=.41$),信頼性係数($a=.83$)である。

⑤ 学校関係者評価

学校関係者評価の機能化および連携協力関係の構築の視点から新たに7項目を作成した。確証的因子分析の結果,1因子構造であることが判明した。因子負荷量は.56~.75の範囲であった。7項目から作成された合成変数の基本統計量は平均値($M=2.77$),標準偏差($SD=.46$),信頼性係数($a=.86$)である。

⑥ 教育効果

教育効果の指標として,「学力向上傾向」と「秩序的な学習環境」を設定した。いずれも,回答者認知に基づく主観的な成果指標である。学力向上傾向は,「学力向上の傾向が認められる」かどうかを4件法リッカートスケールにて測定した。回答結果から,「ひじょうにあてはまる」(144校；16.6%)を学力向上高群,「ややあてはまる」(582校；67.2%)を学力向上中群,「あまりあてはまらない」(138校；15.9%)および「まったくあてはまらない」(2校；0.2%)をあわせて学力向上低群とする3カテゴリーを作成した。秩序的な学習環境については,「学習環境は秩序があり整備されている」かどうかを同様に質問した。「まったくあてはまらない」とする回答が無かったため,「ひじょうにあてはまる」(193校；22.3%)を学習環境高群,「ややあてはまる」(590校；68.2%)を学習環境中群,「あまりあてはまらない」(82校；9.5%)を学習環境低群とする3カテゴリーを作成した。

⑦ 統制要因

学校レベルの統制要因として学校規模を設定し,特別支援学級を除く学級数について質問した。記述統計量は平均値 ($M = 10.36$),標準偏差 ($SD = 7.13$) である。学校規模については,Zスコアに換算し,標準化の手続きを施した。また,市町村レベルの統制要因として,市町村の人口規模について質問した。分布は30万人以上 (62校；7.1%),5万人以上30万人未満 (157校；18.1%),3万人以上5万人未満 (384校；44.2%),3万人未満 (265校；30.5%) である。30万人以上と3万人未満について,該当を「1」,非該当を「0」とするダミー変数を設定した。さらに,本章で設定した4つのEBSI要因については,市町村教委の政策動向と関連性があると考え,市町村レベルの集合化変数(所属校回答の平均値)を新たに設定した。

5 分析モデルの構築

第1の研究課題を解明するために,EBSIを説明変数,校区SCを被説明変数

第Ⅲ部　「つながり」を強める教育施策・制度とは

とする分析モデルを設定する。しかし，評価に焦点を当てた学校改善は，学校組織レベルはもちろんのこと，教育委員会レベルにおいても分散が認められそうである。つまり，EBSIに対して関心をもち，それらを着実に支援している教育委員会もあれば，そうでない教育委員会もある。校区SC拡充には，学校組織レベルの効果とともに，教育委員会レベルの効果が予測される。学校組織レベルの効果と教育委員会レベルの効果を同時に分析する手法として，近年，マルチレベル分析が注目されている。本章では，この手法を活用することで，教育委員会レベルの影響力をコントロールした上での，学校組織レベルの効果を明らかにする[1]。使用した統計ソフトは *SPSS Advanced Model ver.19* である。

　また，第2の研究課題を解明するために，校区SCを説明変数，教育効果を被説明変数とする分析モデルを設定する。校区SCの教育効果を検証する上で，欠かせないのは，学校改善変数のコントロールである。学校改善をコントロールしてもなお，校区SCが教育効果を高めるとする結果が出れば，それは校区SCの固有の効果であるといえる。【研究課題1】の分析モデルと組み合わせると，EBSIが校区SCを拡充し，それが教育効果を間接的・媒介的に高めるとする影響プロセスを仮説的に描くことができる。教育効果の説明においては，操作後の変数構造が質的尺度としても扱えるため，多項ロジスティック回帰分析を使用する。使用した統計ソフトは *SPSS Regression Model ver.19* である。

　以上の2つの分析において使用する変数の記述統計は表10-2に示す通りである[2]。

6　評価に焦点を当てた学校改善が
　ソーシャル・キャピタルに及ぼす影響

　小学校における校区SCは，評価に焦点を当てた学校改善（EBSI）によって拡充可能なのであろうか【研究課題1】。この研究課題を解明するため，表10-3に示すマルチレベルモデルによる分析を行った。説明変数を投入しない *Model 0*，学校レベル変数を投入した *Model 1*，学校レベル変数と市町村レベル変数の双方を投入した *Model 2* の3回の分析を実施した。分析の結果，次の2点を指

表10-2 記述統計

マルチレベル分析			多項ロジスティック回帰分析		
変数	M	SD	変数	% or M	SD
【学校レベルデータ】			【カテゴリカルデータ】		
校区 SC	3.18	.38	学力向上低群	16.1%	−
目標共有化	2.95	.42	学力向上中群	67.2%	−
データ分析・省察	2.91	.44	学力向上高群	16.6%	−
評価観	2.90	.41	学習環境低群	9.5%	−
学校関係者評価	2.77	.46	学習環境中群	68.2%	−
学校規模	.00	1.00	学習環境高群	22.3%	−
【市町村レベルデータ】			人口規模（30万以上）	7.1%	−
目標共有化（G）	2.95	.15	人口規模（5-30万未満）	18.1%	−
データ分析・省察（G）	2.91	.18	人口規模（3-5万未満）	44.2%	−
評価観（G）	2.90	.14	人口規模（3万未満）	30.5%	−
学校関係者評価（G）	2.77	.17	【共変量データ】		
人口規模(30万以上ダミー)	.07	.16	目標共有化	2.95	.42
人口規模(3万未満ダミー)	.31	.37	データ分析・省察	2.91	.44
			評価観	2.90	.41
			学校関係者評価	2.77	.46
			校区 SC	3.19	.39
			学校規模	.00	1.00

注：(G) はグループレベル変数。M は平均値，SD は標準偏差を示す。

摘することができる。

　第1は，説明変数としての EBSI 要因が，いずれも有意な正の影響を及ぼしている点である。明確なビジョンと目標を設定し，その達成を意識した実践を展開すること。実践過程で収集したデータを分析・省察し，学校内外で共有すること。評価に対する肯定的かつ積極的なイメージを形成すること。学校関係者評価が機能し，地域と連携協力した学校づくりが進めること。こうした実践が展開されている学校組織では，校区 SC の水準が高くなっている。そして，Model 2 に示されているように，市町村レベルの影響力をコントロールしてもなお，学校レベルでの有意な影響力が認められている。

　第2は，市町村レベルの EBSI の一部が校区 SC に有意な正の影響を及ぼしている点である。目標共有化（B = .26, $p < .05$）および評価観（B = .31, $p < .01$）に有意な影響が認められている。市町村レベルで学校の目標共有化や積極的な

表10-3 校区SCを被説明変数とするマルチレベル分析

	Model 0	Model 1	Model 2
切片	3.18**	3.18**	3.18**
Level 1：学校レベル			
目標共有化		.13**	.13**
データ分析・省察		.10**	.10**
評価観		.08**	.10**
学校関係者評価		.15**	.15**
学校規模		-.05**	-.04**
Level 2：市町村レベル			
目標共有化（G）			.26*
データ分析・省察（G）			-.05
評価観（G）			.31**
学校関係者評価（G）			.20
人口規模（30万以上）			-.04
人口規模（3万未満）			.00
自治体内分散	.142	.102	.098
自治体間分散	.005	005	.002
ICC（%）	3.4	4.8	2.0
-2LL	794.97	536.82	490.39
AIC	798.97	540.82	494.39

注：** $p<.01$，* $p<.05$．学校（$n=868$），市町村（$n=83$）。(G) はグループレベル変数。

評価観の形成に成功している場合，当該市町村に所属する学校では校区SCが向上する傾向が示されている。

しかし，ICC (Intraclass Correlation Coefficient；級内相関係数) に着目すると，市町村レベルの影響は全分散の2.0%にとどまっており，分散のほとんどが学校間分散で説明されている。また2.0%という数値は，*Model 0* の ICC (3.4%) よりも低い数値である。これは，学校が調査対象である九州・沖縄地区のどの市町村に所在していても，校区SCの拡充要因にそれほど大きな差は生じていないことを意味している。

7　校区ソーシャル・キャピタルが教育効果に対して及ぼす影響

校区SCは，EBSI要因をコントロールしてもなお，教育効果に対して正の効

第10章 学校評価は教育効果の向上に貢献しているのか

表10-4 学力向上傾向を被説明変数とする多項ロジスティック回帰分析

	学力向上低群			学力向上高群		
	B	Exp(B)	95％信頼区間	B	Exp(B)	95％信頼区間
切片	8.88**	−	−	−14.26**	−	−
目標共有化	−.82**	.44	.24 〜 .80	.37	1.45	.78 〜 2.70
データ分析・省察	−.65*	.52	.29 〜 .94	.61*	1.84	1.02 〜 3.33
評価観	.01	1.01	.99 〜 1.03	.01	1.01	98 〜 1.03
学校関係者評価	−.19	.83	.48 〜 1.42	−.13	.88	.53 〜 1.45
校区SC	−2.03**	.13	.07 〜 .25	2.89**	17.95	9.69 〜 33.23
学校規模	−.01	.99	.83 〜 1.19	.28**	1.32	1.09 〜 1.60
人口規模（30万以上）	.13	1.14	.67 〜 1.94	.16	1.17	.65 〜 2.11
人口規模（5-30万未満）	−.05	.95	.56 〜 1.60	.30	1.35	.75 〜 2.42
人口規模（3-5万未満）	−.12	.88	.55 〜 1.41	.02	1.02	.61 〜 1.72
人口規模（3万未満）	−	−	−	−	−	−

注：** $p<.01$, * $p<.05$. 参照カテゴリーは「ややあてはまる（学力向上中群）」。疑似 R^2 (Nagelkerke) は.32。

果を及ぼしているのであろうか【研究課題2】。

まず第1に，学力向上傾向に対する効果を検証するため表10-4に示す多項ロジスティック回帰分析を実施した。参照カテゴリーは学力向上中群である。こうした設定にすることで，学力低下の要因と学力向上の要因とをセットで分析することができる。分析の結果，学力低下を抑制する要因として，「目標設定と実施（B =−.82, $p<.01$）」「データ分析と報告（B =−.65, $p<.05$）」「校区SC（B =−2.03, $p<.01$）」の効果が認められている。学力低下の抑止に対しては，学校改善と校区SC共に効果を及ぼしていると解釈できる。一方，学力向上に対しては，「データ分析と報告（B =.61, $p<.05$）」「校区SC（B =2.89, $p<.01$）」「学校規模（B =.28, $p<.01$）」の効果が認められている。学力向上ためには実践から得られたデータを丁寧に分析し，それを関係者間で共有するプロセスがより重要であることがここでは示されている。

第2に，秩序ある学習環境に対する効果を検証するため，表10-5に示す多項ロジスティック回帰分析を実施した（参照カテゴリーは学習環境中群）。学習環境の荒れを抑止する要因として，「目標設定と実施（B =−1.12, $p<.05$）」「校区SC（B =−3.39, $p<.01$）」の効果が認められている。また，秩序ある学習環境の促進

表 10-5　学習環境を被説明変数とする多項ロジスティック回帰分析

	学習環境低群			学習環境高群		
	B	Exp(B)	95%信頼区間	B	Exp(B)	95%信頼区間
切片	11.22**	−	−	−14.91**	−	−
目標共有化	−1.12*	.33	.15 〜 .73	.36	1.43	.80〜 2.57
データ分析・省察	.29	1.33	.62 〜 2.87	−.03	.97	.56〜 1.68
評価観	−.01	.99	.96 〜 1.02	.01	1.01	.99〜 1.03
学校関係者評価	−.09	.92	.44 〜 1.89	.22	1.24	.52〜 1.68
校区 SC	−3.39**	.03	.01 〜 .08	3.39**	29.52	16.36〜53.25
学校規模	.00	1.00	.80 〜 1.26	−.04	.96	.80〜 1.16
人口規模（30万以上）	−.34	.71	.35 〜 1.47	−.34	.71	.41〜 1.24
人口規模（5-30万未満）	−.19	.83	.42 〜 1.61	.06	1.06	.61〜 1.85
人口規模（3-5万未満）	−.04	.96	.53 〜 1.74	.25	1.29	.80〜 2.07
人口規模（3万未満）	−	−	−	−	−	−

注：** $p<.01$, * $p<.05$. 参照カテゴリーは「ややあてはまる（学習環境中群）」。疑似 R^2（Nagelkerke）は .43。

要因としては，「校区 SC（B =3.39, $p<.01$）」が認められている。秩序ある学習環境の創造に対しては，抑止と促進のいずれの場合においても，学校改善要因よりも校区 SC の方が，強い影響力を有することが示されている。

以上の分析結果より，EBSI 要因の影響力がコントロールされた状況においても，校区 SC の醸成は教育効果を高める要因として機能し，校区 SC が醸成されていない場合は教育効果を低下させる要因として機能することが明らかにされた。

8　学校評価と教育効果の媒介要因としてのソーシャル・キャピタル

評価に焦点を当てた学校改善はソーシャル・キャピタル醸成に正の影響を及ぼしていた。正の影響力は，「目標共有化」「データ分析・省察」「評価観」「学校関係者評価」のすべての変数において認められた。評価に焦点を当てた学校改善（特に評価活動）からソーシャル・キャピタルの醸成に至る過程は，次のように解釈できる。

学校組織における評価活動では，新たな情報の共有化が必要となる。魅力的

で挑戦したいと思うような目標の共有，データ分析と省察を通しての課題の共有，職能成長を志向した積極的な評価観の共有，学校関係者評価を通しての外部との学校情報の共有等である。これらの情報は組織内に随時発信され，また，組織外部にも発信される。関係者間に流通する情報は，それが重要で関心の高いものである場合，人と人との対話を促進する。学校組織で生成される情報は，人と人とのコミュニケーション・ネットワークを活性化させる触媒としての機能を果たしていると解釈できる。

　評価活動に伴う情報を受信する側は，当該情報を「成果シグナル」と「課題シグナル」に区分して解釈する。一般的な学校組織では，多くの「成果シグナル」を，評価情報の中に発見するであろう。組織内外での達成感の共有は，関係者間の有能性（competence）の認知につながるであろう。また，成果が複数年継続している場合は期待の継続性（reliability）の認知につながるであろう。一方，評価活動を通して析出した課題を，それが学校組織にとってもマイナス情報であっても，組織内外で共有することで公開性（openness）の認知を高めるであろう。さらに，当該課題を子どもや保護者等のために必ず改善することを宣言することで，関係者は善意性（benevolence）や誠実性（honesty）の認知を高めるであろう。評価情報の解釈とそれに対する反応の過程の中で，相手に対する信頼は決定される（Hoy & Tschannen-Moran 1999）。

　さて，本章では，校区 SC は，小規模校において生成されやすいとする傾向が示されている。確かに，小規模校であることが，子ども・教職員・保護者・地域住民間のつながりや信頼・協力関係に有利に働きそうである。しかし一方で，市町村の人口規模は，校区 SC に対してほとんど影響を及ぼしていなかった。市町村の人口規模の大小は，校区 SC の生成にほとんど影響を及ぼしていないのである。

　「評価に焦点を当てた学校改善」についても，同様のことが指摘できる。学校組織レベルでの学校改善は，校区 SC の構築に重要な影響を及ぼす。しかし，市町村レベルでの集約的な学校改善傾向は，校区 SC に対してほとんど影響を及ぼしていない。表10-3の *Model 2* をみると，ICC の値は極めて小さく，分

散のほとんどが自治体内分散であることが示されている。校区 SC の醸成は，市町村レベルではなく，学校組織レベルの要因によって説明される。校区 SC は，校区内に生活する人々の手で生成されることが示唆されている。

　校区レベルでの「評価に焦点を当てた学校改善」の効果的実践は校区 SC を生成する。この関係は，逆に捉えると，実践者にとっては，極めて刺激的な情報となる。すなわち，校区レベルでの「評価に焦点を当てた学校改善」活動がうまくいっていない学校組織では，校区 SC，すなわち，人々のつながりや信頼・協力関係が縮減するのである。人々がバラバラだから学校改善活動がうまくいかないという因果思考が，従来の研究成果によって示されてきた。しかし，学校組織には，学校改善がうまくいっていないから人々がバラバラであるとする因果思考も重要であるといえる。

　また，本章では，校区 SC の教育効果についても，その促進要因と抑制要因について検証を試みた。校区 SC は，学力低下と学習環境低下の強力な抑制要因であり，学力向上と学習環境向上の強力な促進要因であった。校区 SC の教育効果は，学校改善要因や組織・地域属性をコントロールしてもなお認められていた。本章の分析結果から，評価に焦点を当てた学校改善が，校区 SC の醸成を媒介し，教育効果を高めているとする影響関係を指摘することができる。学力向上や落ち着いた学習環境形成のためには，親と子ども，子ども相互，子どもと教師，教師相互，教師と保護者，保護者相互，学校と地域等の校区をとりまく様々な組み合わせの「つながり」が重要であり，評価に焦点を当てた学校改善はこれらの「つながり」を形成する効果を有しているのである。

注
(1) マルチレベル分析の実施においては，サンプルとなる集団数や個人数についての議論がある。一般的に，マルチレベル分析におけるサンプルは，どのレベルにおいても十分な分析サンプルが確保できていることが望ましいとされる。しかし，「150 の集団を集めれば1集団内のサンプル数は5でも十分」等の具体的な基準を示す論文もある（村澤 2006）。また，「必要な集団サンプルは44以上，個人サンプルは5名以上」といった基準を設定する研究もある（Goddard, Tschannen-Moran & Hoy

2001)。そこで，本章では，1集団のサンプル数の基準に着目し，1市町村当たり5校以上の回答がある83市町村868校を分析対象とした。
(2) マルチレベル分析の実施において，学校レベルデータ（目標共有化，データ分析・省察，評価観，学校関係者評価）については，市町村レベルの得点を減じるセンタリングの処理を行った後に分析を実施している。

参考文献

稲葉陽二（2007）『ソーシャル・キャピタル――「信頼の絆」で解く現代経済・社会の諸課題』生産性出版。

九州大学大学院人間環境学研究院・学校評価支援室（2009）『学校評価コンサルテーションの組織的実施手法に関する萌芽的調査研究』。

露口健司（2011）「教育」稲葉陽二・大守隆・近藤克則・宮田加久子・矢野聡・吉野諒三編『ソーシャル・キャピタルのフロンティア――その到達点と可能性』ミネルヴァ書房，173-195頁。

日本総合研究所（2008）『日本のソーシャル・キャピタルと政策――日本総研2007年全国アンケート調査結果報告書』。

埴淵知哉・市田行信・平井寛・近藤克則（2008）「ソーシャル・キャピタルと地域-地域レベルソーシャル・キャピタルの実証研究をめぐる諸課題」稲葉陽二編著『ソーシャル・キャピタルの潜在力』日本評論社，555-572頁。

村澤昌崇（2006）「高等教育研究における計量分析手法の応用（その1）――マルチレベル分析」広島大学高等教育研究センター『大学論集』37，309-327頁。

山内直人・伊吹英子（2005）「日本のソーシャル・キャピタル」大阪大学大学院国際公共政策研究科（http://www.osipp.osaka-u.ac.jp/npocenter/nihonnosc.pdf, 2015年12月1日アクセス）。

Anderson, J. B. (2008) "Social capital and student learning: Empirical results from Latin American primary schoos" *Economics of Education Review* 27, pp. 439-449.

Adams, C. M. & Forsyth, R. B. (2009) "The nature and function of trust in schools" *Journal of School Leadership* 19, pp. 126-152.

Adams, C. M., Forsyth, R. B. & Mitchell, R. M. (2009) "The formation of parent-school trust：A multilevel analysis" *Educational Administration Quarterly* 45 (11), pp. 4-33.

Bryk, A., Camburn, E. & Louis, K. S. (1999) "Professional community in Chicago elementary schools: Facilitating factors and organizational consequences" *Educational Administration Quarterly* 35 (Sup.), pp. 751-781.

Bryk, A. S. & Schneider, B. (2002) *Trust in schools : A core resource for improvement*, Russell Sage Foundation.

Carbonaro, W. J. (1998) "A little help from my friend's parents: Intergenerational closure and educational outcomes" *Sociology of Education* 71 (4), pp. 295-313.

Coleman, J. S. (1988) "Social capital in the creation of human capital" *American Journal of Sociology* 94, pp. 95-120. (＝2006, 野沢慎司編・監訳『リーディングスネットワーク論――家族・コミュニティ・社会関係資本』勁草書房, 205-241頁)

Croll, P. (2004) "Families, social capital and educational outcomes" *British Journal of Educational Studies* 52 (4), pp. 390-416.

Folger, R. & Konovsky, M. A. (1989) "Effects of procedual and distributive justice on reactions to pay raise decisions" *Academy of Management Journal* 32 (1), pp. 115-130.

Goddard, R. D. (2003) "Relatinal networks, social trust, and norms : A social capital perspective on students' chances of academic success" *Educational Evaluation and Policy Analysis* 25(1), pp. 59-74.

Goddard, R. D., Salloum, S. J. & Berebitsky, D. (2009) "Trust as a mediator of the relationships between poverty, racial composition, and academic achievement: Evidence from Michigan's public elementary schools" *Educational Administration Quarterly* 45 (2), pp. 292-311.

Goddard, R. D., Tschannen-Moran, M. & Hoy, W.K. (2001) "A multilevel examination and effects of teacher trust in students and parents in urban elementary schools" *The Elementary School Journal* 102 (1), pp. 3-17.

Hallinger, P. & Murphy, J. (1986) "Assessing the instructional management behavior of principals" *The Elementary School Journal* 86(2), pp. 217-247.

Halverson, R., Grigg, J., Prichett, R. & Thomas, C. (2007) "The new instructional leadership: Creating data-driven instructional system in school" *Journal of School Leadership* 17, pp. 159-194.

Hofferth, S. L., Boisjoly, J. & Duncan, G. J. (1998) "Parents' extrafamilial resources and children's school attainment" *Sociology of Education* 71(3), pp. 246-268.

Hoy, W. K. & Tschannen-Moran, M. (1999) "Five faces of trust: An empirical confirmation in urban elementary schools" *Journal of School Leadership* 9, pp. 184-208.

Kahne, J. E. & Sporte, S. E. (2008) "Developing citizens: The impact of civic learning opportunities on student' s commitment to civic participation" *American Educational Research Journal* 45(3), pp. 738-766.

Leithwood, K. & Jantzi, D. (1999) "The relative effects of princial and teacher sources of leadership on student engagement with school" *Educational Administration Quarterly* 35, pp. 679-706.

Penuel, W., Riel, M., Krause, A. & Frank, K. (2009) "Analyzing teachers' professional interactions in a school as social capital : A social network approach" *Teachers College Record* 111(1), pp. 124-163.

Pong, S. (1998) "The school compositional effect of single parenthood on 10th-grade achievement" *Sociology of Education* 71, pp. 24-43.

Putnam, R. D. (2000) *Bowling Alone : The collapse and revival of American community*, Simon & Schuster. (=2006, 柴内康文訳『孤独なボウリング——米国コミュニティの崩壊と再生』柏書房)

Teachman, J. D., Paasch, K. & Carver, K. (1997) "Social capital and the generation of human capital" *Social Forces* 75 (4), pp. 1343-1359.

Turney, K. & Kao, G. (2009) "Barriers to school improvement : Are immigrant parents disadvantaged?" *The Journal of Educational Research* 102 (4), pp. 257-271.

第11章 小中一貫教育の導入で教師の意識は変わるか

倉本哲男・露口健司

1 小中一貫教育導入が教育効果を高める過程

　中央教育審議会（2005）『新しい時代の義務教育を創造する』では，「小・中学校の連携や教育の一貫性が弱くなりがちとなっている」ことを課題として指摘し，「義務教育9年間を見通した目標について検討を行う必要がある」との方向性を示した。この答申を受け，2007（平成19）年，学校教育法第21条に義務教育9年間の目標が明記されたことで，小中一貫教育の展開は加速する。この頃から，小中一貫教育を全市で導入する地方自治体が複数出現している。そして，2016（平成28）年度からは，心身の発達に応じて，義務教育として行われる普通教育を基礎的なものから一貫して施すことを目的とする「義務教育学校」がスタートした。

　小中一貫教育の効果については，品川区を対象とする研究において多角的に議論されている。たとえば，小川（2009）では，品川区の教育改革検証作業の中で，小中一貫教育に焦点を当てた調査を実施している。教職員や保護者を対象とする一般的回答傾向を質問紙調査によって確認しているが，小中一貫教育の効果を検証する調査デザインとはなっていないようである。たとえば，品川区ではテストによって測定される学力の向上が認められているが，縦断的データの活用や変数のコントロールがなされていないため，小中一貫教育の導入によってもたらされた効果かどうかは不明である。品川区の小中一貫教育に対しては，新自由主義的教育改革の象徴としてそれを位置づけ，教職員の多忙感や4－3－2制への転換を批判する研究が報告されている（山本・藤本・佐貫 2011等）。しかし，批判のためのデータ・根拠が脆弱であり，説得力に欠けている。品川

区では，様々な教育改革を展開しているため，児童生徒・保護者・教職員の変容に対する小中一貫教育固有の効果が見えにくいといえる。ただし，施設一体型の小中一貫教育を推進する上での，様々なノウハウは，品川区を対象とする調査研究や国立教育政策研究所・文教施設研究センター（2009）等の研究成果により，着実に蓄積されている。

　一方，施設分離型を中心とする小中一貫教育（約86％を占める）を展開する呉市では，時系列データを用いて，小中一貫教育の成果を検証している（天笠 2011）。同市では小中一貫教育が教育改革の目玉であるため，学力向上・中1ギャップ解消・生徒指導問題の抑制等の教育効果の原因として解釈しやすい。

　小中一貫教育の効果検証作業は，児童生徒の変容や実践内容に焦点を当てて進められているが，教員の意識・態度変容については検証作業がそれほど進展していない。小中一貫教育とそれによってもたらされる教育効果の間を結ぶプロセスについては，実はそれほど明確化されていないのである。小中一貫教育の導入によって，大幅に変容するものは，教員が参加するネットワークであると考えられる。特に，中学校区内での小学校と中学校間，小学校間のネットワークに変容が発生するであろう。教員の意識・態度は，小中学校間のネットワークの量と質によって，影響を受けると仮定できる。本章では，小中一貫教育の導入が教育効果を高める過程について，教員が参加する「ネットワーク」と「教員の意識・態度変容」の視点から解明を試みる。

2　ネットワークと教員の意識・態度変容

（1）小中一貫教育におけるネットワーク

　小中一貫教育の導入によって，多くの教員は所属校の枠を超えた新たなネットワークを形成する機会を得る。呉市の小中一貫教育における成果も，そのプロセスは新たに形成された教員間ネットワークの視点から説明できる。天笠（2011）では，多くの教員が小中一貫教育の実践に携わることで，次の6つの実践知が生成されたと指摘する。すなわち，①小中一貫教育は「目的」ではなく

「手段」である。②児童生徒が抱える課題を小・中学校で共通に認識する。③それぞれの活動について，何のための取り組みなのか，「ねらい」を明確にする。④カリキュラムに残していく。⑤小・中学校のそれぞれの「よさ」を9年間に広げる。⑥小・中学校の文化の違いを理解する，である。これらの実践知は，小中学校間の「橋渡し型ネットワーク（Bridging Network）」における交流を通して生成されたものであろう。学校組織内の教員間でいくら協議したとしても生成されない知識である。そして，その後，各学校組織の中で共有化が試みられたものと解釈できる。「結束型ネットワーク（Bonding Network）」が強いと，これらの知識は組織の隅々まで浸透するであろうし，それが弱ければ浸透しないであろう。(1)小中一貫教育の機能を高める実践知は，小中学校間の「橋渡し型ネットワーク」によって生成され，学校組織における「結束型ネットワーク」を通して広く浸透すると考えられる。このように考えると，小中一貫教育をネットワークの視点から分析する場合には，橋渡し型／結束型の双方のネットワークに着目することが必要であろう。

（2）ネットワーク変容

　それでは，小中一貫教育の導入前後で，教員を取り巻く小中学校間の橋渡し型ネットワークと学校組織内の結束型ネットワークはどのように変容するのであろうか。小中一貫教育の導入は，小中学校間の交流頻度を高める効果をもつため，橋渡し型ネットワークについては高い確率で拡充が進むであろう。中学校区内の管理職は，従来からある校区協議会等の組織に参加することでネットワークを形成している。また，教員についても，これまでの教職経験の中で，他校の管理職や教員との間にインフォーマルなネットワークを形成している（図11-1左側）。ただし，そのネットワークは一部の者の参加に限定されており，ネットワークを介しての知識や情報の交流も限定的である。しかし，小中一貫教育の導入とともに設置される様々な協議会・部会への所属・参加を通して，管理職・教員は新たなネットワークを形成する（図11-1右側）。小中一貫教育とは，教職員の橋渡し型ネットワークを拡充する一つの方法として解釈すること

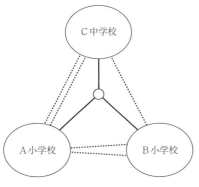

図11-1 小中一貫教育導入前後のネットワーク変容

小中一貫教育プロジェクト導入前　　　小中一貫教育プロジェクト導入後
・小中一貫教育推進協議会の設置
・各部会の設置

――― 管理職層による連絡調整ネットワーク
‥‥‥ 教員間のインフォーマルなネットワーク
――― 協議会・部会関連のネットワーク

ができる。そして，小中一貫教育という新たな政策の導入は，学校組織内の結束型ネットワークに対しても一定の影響を及ぼすと予測される。本調査対象の地方自治体では，後述のように「施設分離型（連携型）」の小中一貫教育を実施している。新たな政策に対応するためには，中学校区内の学校組織間の関係性を変容させるとともに，学校組織内に一致協力体制を築き上げることも重要となる。B市内の多くの学校が政策導入とともに，組織内ネットワークの再構成に動くことが予測される。

（3）ネットワークと教員の意識・態度変容

橋渡し型／結束型ネットワークは，教員の意識・態度変容に結びついているのであろうか。天笠（2011）では，呉市における小中一貫教育の成果（主観的評価）を，教員に対して質問している（複数回答可）。その結果，最も選択率が高かったものは，「指導方法等の改善（55%）」である。呉市が小中一貫教育の効果として捉える学力向上・中1ギャップ解消・生徒指導問題の抑制等は，いずれも

教員による指導方法の改善を要するものである。約半数の教員が，指導方法の改善に着手したことが，教育効果において大いに貢献していると解釈できる。ここで注目すべき点は，小中一貫教育導入を契機として，指導方法等の改善に着手できた教員が約半数いる一方，指導方法等の改善へのつながりを実感できていない教員も半数いるという実態である。それでは，こうした分散はどのようにして生まれるのであろうか。指導方法等の改善を実感している教員は，小中一貫教育の導入を契機として，橋渡し型／結束型ネットワークの拡充を経験し，様々な知的刺激を受けていると考えられる。

一方，指導方法等の改善が態度面の成果指標であるならば，意識面で着目したい成果指標は，小中一貫教育という政策に対する教員の効果期待である。学校組織内外のネットワークが拡充されたとしても，そのネットワークを活用することで様々な効果が得られるとする期待が形成されていないと，実質的な教育効果は発生しないであろう。ネットワークの拡充が教育効果への期待に結合しないと教員が認識している場合，小中一貫教育は，様々な場面で，教員に対して徒労感をもたらすおそれがある。逆に，ネットワーク拡充が教育効果への期待に結合している場合には，教員のさらなる職務態度の向上が見込まれるであろう。

3　B市教育委員会における小中一貫教育プロジェクト

調査対象地域は，A県B市である。B市は，都市部近郊に位置するベットタウンであり，人口は約6万人である。B市教育委員会では，2012（平成24）年度より，市内の全小中学校において小中一貫教育を実施している（小学校8校・中学校4校）。B市教育委員会は，小中一貫教育を「小学校と中学校が目標を共有し，小中の教職員が一体となって学習指導や生徒指導等に組織的，系統的に取り組み，義務教育9年間の連続性のある指導を行うことで，義務教育を修了するにふさわしい学力と社会性を育成する教育」であると定義している。なお，B市における小中一貫教育の特徴は次の通りである（B市教育委員会 2011）。

① 小中一貫教育のタイプ

小中一貫教育については，一般的に「施設一体型（一体型）」「施設隣接型（併用型）」「施設分離型（連携型）」の3タイプがある。B市教育委員会では，現行の6・3制を崩さず，既存の学校・校舎を利用して，小中学校の教職員および児童生徒が交流していく「施設分離型（連携型）」による小中一貫教育を推進している。

② 小中一貫教育の実施率

市内の全小中学校で児童生徒の実態，地域の状況等を踏まえ，共通の目標（育てたい児童生徒像等），指導内容および指導方法等を設定して，小中一貫教育を推進している。

③ 教育課程

学習指導要領の範囲内で，義務教育9年間を一貫したカリキュラムを軸として，地域の特色を活かした教育課程を編成している。

④ 指導区分

現行の6・3制を維持するが，指導区分として義務教育9年間を前期（4年）・中期（3年）・後期（2年）に区分し，特に中期の指導の充実を図っている。前期4年間を「基礎充実期」と位置づけ，繰り返し指導や補充指導等により習熟を図ることを重視し，学習規律や基礎的・基本的な知識・技能の確実な定着を図る。中期3年間を「活用期」と位置づけ，これまでの学習や生活で身に付けたことを活用することを重視し，論理的思考力の育成を図る。また，小学校高学年で一部教科担任制の実施，小中教職員の交換授業を行い，中学校の学習への円滑な移行を図り，中学校の学習に対する不安の軽減を図る。後期2年間を「発展期」と位置づけ，様々な場面での発展学習等により，自分の生き方を考えさせたり，これまで身に付けたことを発展させたりすることを重視し，自ら課題を見つけ解決する力の育成を図る。

⑤ 組織体制

各中学校区に，小中一貫教育推進協議会を設置し，専門部会として「小中一貫教育カリキュラム部会」と「小中一貫教育コーディネーター部会」を設置し

ている。

⑥　小中一貫教育推進に係る実施内容

以下の7点は必ず検討することとし，小中一貫教育実施計画の必須内容として位置づけている。①中学校区共通の教育目標の設定。②中学校区における推進組織の設置。③中学校区年間行事計画の作成。④中学校区校時表の作成および運用。⑤中学校区小中一貫教育指導計画の作成および実施。⑥小中一貫教育コーディネーターの指名（各校1名）。⑦兼務辞令の発令。

⑦　中学校区の具体的な取り組み

中学校区ごとに実施する取り組みの具体例として，次の6点が示されている。①9年間の系統性を踏まえた教科の指導計画，9年間を見通した基本的生活習慣・学習規律・家庭学習等の手引きの作成。②小中学校合同研修会・合同会議の実施。③乗り入れ授業（小学校教員が中学校で，中学校教員が小学校で授業）の実施。④一部教科担任制の実施。⑤小中合同行事，小中学校間の異学年交流活動等の実施。⑥その他（クラブ活動・部活動・学校行事の工夫等）。

⑧　期待される成果

B市教育委員会では，小中一貫教育に期待される成果として，①学力の向上，②不登校等の生徒指導上の諸課題の減少，③社会性や自己有用感，自尊感情の向上，④中学校1年生の不安の解消（「中1ギャップ」の克服），⑤教職員の意識の変化，⑥地域の教育力の向上の6点を掲げている。本調査プロジェクトは，B市教育委員会との共同研究であり，児童対象調査や学力検査において①〜④の成果を，教員対象調査によって⑤の成果を，保護者対象調査によって⑥の成果を，それぞれ検証しようとするものである。なお，本章は，教員対象調査データを活用し，主として⑤の成果の検証をねらいとしている。

4　小中一貫教育に関する調査の実施

（1）小中一貫教育に関する調査の対象校

本調査は，2011（平成23）年度から2012（平成24）年度の2年間にわたり実施さ

第11章 小中一貫教育の導入で教師の意識は変わるか

れた。2011(平成23)年度調査は6月，2012年度調査は7月に実施されている。調査対象は，小中連携のプロジェクトを推進するA県B市教育委員会が管轄するすべての小中学校(小学校8校，中学校4校)の教員・保護者・児童生徒である。なお，本調査プロジェクトは，B市教育委員会と筆者らとの共同調査であり，教員約300名，保護者約4,000名，児童生徒約5,000名を対象とする，日本では比較的規模の大きい調査である。今回は，教員間の関係性に焦点を当てた研究であるため，教員対象調査データを用いた分析を行う。2011(平成23)年度は291名，2012年度は328名の教員が調査に協力している。

ただし，分析においては，2011(平成23)年度から研究指定校として小中一貫教育を実践している1小学校・1中学校の計2校を除外している。こうした操作を行うことで，2011(平成23)年度には小中一貫教育を実施しておらず，2012(平成24)年度にそれを導入した小中学校を分析の対象とすることとなる。研究指定校の2校を除外したサンプルは2011(平成23)年度261名，2012(平成24)年度265名である。

なお，B市教育委員会の小中一貫教育プロジェクトを事例研究として取り上げる理由は，以下の通りである。A県は全国的にも著名な小中一体型の小中一貫校がいくつか存在する。このタイプは，各地方自治体がイニシアティブを発揮し，莫大な予算を投入して一体型の学校建設から始まり，小中学校の教員が同じ空間で過ごす職員室構成となっている。しかし，全国で盛んに論じられる小中連携教育の現状を垣間見ると，こうした事例は少数派であり，やはり小中学校の校舎が異なる敷地に隣接するスタイルが大部分となっている。たとえば，1小学校と1中学校の連携スタイルや，複数の小学校と1中学校の連携スタイルであり，これらが圧倒的な多数派を占めている(国立教育政策研究所・文教施設研究センター 2009)。こうした観点から考察する際に，B市教育委員会の小中一貫教育プロジェクトは4学校区に分類され，すべてが「1小1中型」と「複数小1中型」に相当する。その意味で，本事例を典型的事例として対象化することによって，全国で展開される小中一貫教育の推進にとって有益な示唆を得ることが可能であると考えられる。

（2）小中一貫教育に関する調査のデータ

① 小中学校間の橋渡し型ネットワーク

小学校教員と中学校教員の間の連携協力の様子を測定するために，9項目を新たに開発した（表11-1参照，以下，同様）。小中学校間の連携協力の測定においては，小中学校教員間での対話・交流・話し合いや小中学校教員の協働活動に焦点を当てて項目を開発した。尺度は，「⑤　とてもあてはまる」〜「①　まったくあてはまらない」の5件法である。2012（平成24）年度データを使用した因子分析（プロマックス回転，主因子法）の結果，1因子構造であった。因子負荷量は.545〜.819の範囲にある。α 係数は.881である。

② 学校組織内の結束型ネットワーク

学校組織内の結束型ネットワークを測定するために，11項目を新たに開発した。学校組織内での連携協力の測定においては，教員間での対話・交流・話し合い等のコミュニケーションのレベル，ビジョン・使命感・目標等の価値共有のレベルを含めて質問した。尺度は「⑤　とてもあてはまる」〜「①　まったくあてはまらない」の5件法である。2012（平成24）年度データを使用した因子分析（プロマックス回転，主因子法）の結果，1因子構造であった。因子負荷量は.480〜.765の範囲にある。α 係数は.895である。

③ 教員の意識・態度変容

態度変容に関する2変数，意識変容に関する1変数を設定する。

態度変容の測定においては，第6章において使用した教師の授業力尺度を参考として，主として授業過程において求められる力量群である「授業実践力（10項目）」と，教材研究・授業計画・授業評価等の授業デザイン過程において求められる力量である「授業デザイン力（9項目）」の向上努力を設定した。校内研修や授業実践での取組状況を，「⑤　かなり取り組んでいる」〜「①　まったく取り組んでいない」の5件法で質問した。確証的因子分析を実施したところ，授業実践力（因子負荷量.561〜.766）および授業デザイン力（因子負荷量.518〜.723）のいずれも一因構造であった。また，信頼性検定の結果は，授業実践力（α 係数 = .899），授業デザイン力（α 係数 = .856）であった。

第11章　小中一貫教育の導入で教師の意識は変わるか

意識変容の測定においては小中一貫教育の効果期待に関する3項目を新たに設定し，教員に対して回答を求めた。尺度は，「⑤　とてもあてはまる」〜「①まったくあてはまらない」の5件法である。確証的因子分析の結果，一因構造であった（因子負荷量.798〜.876）。信頼性検定の結果，$α$係数は.867であった。

④　属性要因

年齢について，「20歳代」「30歳代」「40歳代」「50歳代」のうち，一つを選択するよう教員に対して回答を求めた。2012（平成24）年度データでは，「20歳代（11.4％）」「30歳代（14.4％）」「40歳代（34.8％）」「50歳代（39.4％）」の構成比率となっている。本章の分析では，若年層教員ダミー（20歳代＝1，その他＝0；M＝.11，SD＝.32）およびベテラン教員ダミー（50歳代＝1，その他＝0；M＝.39，SD＝.49）の2変数を設定する。性別については，2012（平成24）年度データにおいて，男性（34.5％），女性（65.5％）の構成比率となっている。分析においては，男性ダミー（男性＝1，女性＝0；M＝.34，SD＝.48）を設定している。学校籍については，小学校（69.4％），中学校（30.6％）であり，中学校ダミー（中学校籍＝1，小学校籍＝0；M＝.31，SD＝.46）を設定している。

5　小中一貫教育導入前後のネットワーク変容

小中一貫教育の導入前（2011〔平成23〕年度）と導入後（2012〔平成24〕年度）における，ネットワークおよび教員の意識・態度変容度を解明するために，表11-2に示すt検定を実施した。橋渡し型／結束型ネットワーク得点とともに，教員の意識・態度変容を示す3変数の得点についてもあわせて比較を行った。分析の結果，橋渡し型ネットワーク（t＝4.80，p＜.01）と政策効果期待（t＝2.23，p＜.05）において，有意差が認められた。小中一貫教育の導入にあわせて，小中学校の教職員によって構成される協議会や部会が発足するため，橋渡し型ネットワークの得点が向上することは当然の結果であるといえる。

表11-3は，学校段階別のt検定の結果である。橋渡し型ネットワークについては，小学校（t＝3.13，p＜.01）・中学校（t＝3.62，p＜.01）ともに上昇して

表 11-1　測定項目一覧

【小中学校間の橋渡し型ネットワーク】
・小中学校間において，学習の基礎・基本徹底のための具体的な方策の話し合いが行われている。（.819）
・地域や家庭との連携を，小中学校が協力して取り組んでいる。（.774）
・小中学校間において，「教科や学年・学校の壁」を超えて，学校の「目指す子ども像」などについての話し合いが行われている。（.743）
・小中学校間において，「総合的な学習の時間」などについて系統性を持つ話し合いが行われている。（.710）
・小中学校間において，進路指導やキャリア教育についての話し合いが行われている。（.657）
・小中学校間において，生徒指導についての話し合いが行われている。（.648）
・小中学校間において，教育相談や特別支援教育についての話し合いが行われている。（.641）
・小中学校が共同した便りなどが，全ての保護者や多くの地域の方に向けて情報発信されている。（.621）
・小中学校の教師が協働で，授業を各学期に1度は，行っている。（.545）

【学校組織内の結束型ネットワーク】
・多くの教職員が学校改善に対する責任を意識している。（.765）
・学校目標に向かい，校長を中心に一丸となって取り組んでいる。（.760）
・新しい授業方法や実践についての知識を教え合うことがある。（.721）
・何事に対しても協力して取り組もうとする態度がある。（.715）
・職員が努力し実現したくなるようなビジョンが示されている。（.688）
・授業改善の必要性を，多くの教員が理解している。（.679）
・授業について意見交換をして，効果的なフィードバックを得ている。（.667）
・本校において達成すべき使命を共有している。（.648）
・休み時間などでも，授業や学級経営などについての会話を交わしている。（.642）
・校外での研修等で獲得した知識を，交換し合うことがある。（.591）
・自分の授業を同僚に公開したり，同僚の授業を参観したりすることがよくある。（.480）

【授業実践力】
・児童生徒の反応や状況を把握し，適切に対応すること。（.766）
・児童生徒の反応を生かしながら授業を構成（再構成）すること。（.758）
・児童生徒の思いや考えを引き出すこと。（.717）
・児童生徒の興味関心を高め，課題意識や学習意欲を持たせること。（.709）
・先生や友達の話をしっかり聞ける状況を作り出すこと。（.705）
・支持的風土づくりに努め，発言しやすい状況を作り出すこと。（.700）
・的確な指示を行ったり，分かりやすく説明を行ったりすること。（.696）
・児童生徒の思考を促したり焦点化したりするために適切な発問を行うこと。（.680）
・個別指導の中で，個の学習状況を把握し，適切に対応すること。（.583）
・基本的な学習ルールを定着させて，的確な指示を出して学習集団を動かすこと。（.561）

【授業デザイン力】
・児童生徒の到達度や意欲などの学習状況を的確に把握し，授業改善のために整理すること。（.723）
・単元目標や授業目標を明確にし，児童生徒の状況に応じて単元の指導計画や一単位時間の授業を計画すること。（.722）
・適切な学習評価や授業評価の場を設定すること。（.681）
・学習過程を工夫し，体験的な学習や問題解決的な学習を積極的に取り入れること。（.677）

第11章　小中一貫教育の導入で教師の意識は変わるか

・教材研究に時間をかけ，ねらいを達成するのにふさわしい教材や教具を吟味し，適切な使い方を工夫すること。(.657)
・各児童生徒の思考スタイルや性格の特徴を理解し，教材の選択や指導計画立案に生かすために整理すること。(.630)
・児童生徒の理解や思考に役立つような構造的な板書を行うこと。(.584)
・学習活動とリンクした掲示物や学びの足跡を掲示したり，学習に集中できるように教室環境を整えたりすること。(.543)
・一斉学習とグループ学習や個別学習など，適切な学習形態を工夫すること。(.518)
【政策効果期待】
・小中学校の教師が教育活動を協力することで，児童・生徒は，学習意欲・関心・態度などの学習面や生活面が向上すると思う。(.798)
・小中学校が協力することで，生徒は，「中1ギャップ」が軽減し，児童・生徒は適応しやすくなると思う。(.811)
・小中一貫教育を推進することで，児童生徒の学力向上が図られると思う。(.876)

注：カッコ内の数値は因子負荷量である。

いる。小学校では，この他にも，授業実践力を向上させる努力水準の上昇（$t = 2.08, p < .05$），政策効果期待（$t = 2.31, p < .05$）において得点の有意な上昇が認められている。ネットワーク変容については，小中学校間に差はないが，教員の意識・態度の変容において若干の差が発生している。小中一貫教育の導入において，小学校の方から先に，教員の意識・態度の変容が生じている。

6　ネットワークと教員の意識・態度の関係

橋渡し型／結束型ネットワークは，教員の意識・態度とどのような関係があるのだろうか。表11-4は，属性要因をコントロールした調査年度ごとの偏相関分析の結果である。

2011（平成23）年度調査では，橋渡し型ネットワークと政策効果期待の関係（$r = .274, p < .01$），結束型ネットワークと授業実践力の関係（$r = .168, p < .05$），結束型ネットワークと授業デザイン力の関係（$r = .173, p < .01$）において，有意な相関関係が認められている。学校組織内での結束型ネットワークが教員の授業力向上の努力水準を高めることは，第6章の結果とも符合する。注目すべきは，橋渡し型ネットワークと政策効果期待との相関関係である。これは，小中

第Ⅲ部 「つながり」を強める教育施策・制度とは

表11-2 t検定による経年変化量分析

	2011 ($N=256$)		2012 ($N=265$)		
	M	SD	M	SD	t値
橋渡し型ネットワーク	3.05	.75	3.36	.73	4.80**
結束型ネットワーク	3.74	.61	3.81	.60	.52
授業実践力	4.05	.51	4.12	.48	.65
授業デザイン力	3.92	.48	3.97	.47	.48
政策効果期待	3.77	.72	3.91	.75	2.23*

注:** $p<.01$. * $p<.05$. Mは平均値, SDは標準偏差を示す。

表11-3 t検定による学校段階別の経年変化量分析

	小学校					中学校				
	2011 ($N=164$)		2012 ($N=184$)			2011 ($N=92$)		2012 ($N=81$)		
	M	SD	M	SD	t値	M	SD	M	SD	t値
橋渡し型ネットワーク	3.15	.74	3.40	.71	3.13**	2.87	.74	3.28	.76	3.62**
結束型ネットワーク	3.85	.57	3.90	.55	.97	3.54	.62	3.60	.64	.70
授業実践力	4.10	.51	4.20	.42	2.08*	3.97	.48	3.93	.57	-.45
授業デザイン力	3.97	.48	4.04	.41	1.44	3.82	.48	3.80	.54	-.23
政策効果期待	3.73	.71	3.91	.74	2.31*	3.84	.74	3.93	.80	.73

注:** $p<.01$. * $p<.05$. Mは平均値, SDは標準偏差を示す。

学校間での対話機会を経験している教員ほど，小中一貫教育の効果への期待感が高いことを示している（もちろん相関関係であるため，小中一貫教育の教育効果に期待する教員が，小中学校間の対話交流に積極的に動いているとする解釈も成り立つ）。連携協力の相手の顔が見えることにより，「うまくやれそうだ」あるいは「うまく行きそうだ」とする期待感を抱く確率が高いといえる。

2012（平成24）年度調査では，橋渡し型ネットワークと政策効果期待との相関関係はさらに強くなっている（$r=.464, p<.01$）。小中学校教員間の対話交流に積極的な教員ほど，高い政策効果期待を抱く傾向がより顕著となっている。政策効果期待については，結束型ネットワーク（$r=.233, p<.01$），授業実践力（$r=.223, p<.01$），授業デザイン力（$r=.218, p<.01$）との正の相関が出現している。これらの正の相関関係は，2011（平成23）年度調査では認められていない。小中一貫教育導入以降に発生した相関関係であり，小中一貫教育の一つの成果

表11-4 偏相関マトリクス

	2011調査 ($N=256$)				2012調査 ($N=265$)			
	1	2	3	4	1	2	3	4
1. 橋渡し型ネットワーク								
2. 結束型ネットワーク	.115				.223**			
3. 授業実践力	.081	.168*			.114	.221**		
4. 授業デザイン力	.094	.173**	.745**		.076	.215**	.755**	
5. 政策効果期待	.274**	-.037	-.098	-.036	.464**	.233**	.223**	.218**

注:** $p<.01$, * $p<.05$. 2011調査の数値は中学校ダミーを統制した偏相関係数。2012調査の数値は若年層ダミー,ベテランダミー,男性ダミー,中学校ダミーの4変数を制御した偏相関係数。

であると解釈できる。

さらに,2012(平成24)年調査では,橋渡し型ネットワークと結束型ネットワークの間に,正の相関関係が新たに認められている($r=.223, p<.01$)。小中学校教員間の対話交流に積極的な教員ほど,学校組織内での結束性を実感するという共変動関係が,小中一貫教育の導入後に発生している。小中一貫教育の計画・実践に関する情報を獲得した教員が,学校組織内の同僚とそれらについての対応を協議・検討することで,当該教員が知覚する範囲内での教員相互の結束性が高まっているものと解釈できる。

7 ネットワーク・タイプと教員の意識・態度変容

次に,橋渡し型/結束型ネットワークの2つの軸から,教員が参加するネットワーク・タイプを構成し,各タイプごとの教員の意識・態度変容度を検討する。タイプ分類においては,クラスター分析(ワード法)を実施した。分析の結果,表11-5に示す4タイプが出現した。LL群は,橋渡し型と結束型の双方が低得点のグループである。LH群は,橋渡し型は低得点であるが結束型が高得点のグループである。HL群は橋渡し型は高得点であるが結束型が低得点のグループである。HH群は橋渡し型と結束型の双方が高得点のグループである。

ネットワーク・タイプを説明変数,教員の意識・態度変容を被説明変数とする一元配置分散分析比較したところ,授業実践力($f=2.24, p=n.s.$)と授業デ

第Ⅲ部 「つながり」を強める教育施策・制度とは

表11-5 ネットワーク・タイプと教員の意識・態度変容

	LL群	LH群	HL群	HH群	全体	f値	下位検定の結果
授業実践力	4.00	4.21	4.10	4.17	4.12	2.24	LH, HH, HL, LL
授業デザイン力	3.91	4.00	3.93	4.03	3.97	.99	HH, LH, HL, LL
政策効果期待	3.65	3.79	3.81	4.36	3.91	13.21**	HH > HL, LH, LL

注:** $p<.01$、* $p<.05$。N；LL群 (58), LH群 (79), HL群 (59), HH群 (69)。
下位検定はいずれの変数も等分散性が仮定されているため Bonferroni 法を使用。
有意差が認められたものについては不等号を付している。

ザイン力（$f=.99, p=n.s.$）については4グループ間において有意差は認められなかった。しかし，政策効果期待については，HH群の得点が突出する結果が得られた（$f=13.21, p<.01$）。政策効果期待を高めるためには，教員が学校組織内外においてネットワークに参加する必要があることが示唆されている。ネットワークに参加していない教員は，政策効果期待も高まらず，自らの指導方法等の改善に向かう意欲も低調である。

8　小中一貫教育導入におけるネットワークの価値

　本章の目的は，小中一貫教育の導入が教育効果を高める過程について，教員が参加する「ネットワーク」と「教員の意識・態度変容」の視点から解明を試みることであった。これまでの分析結果を踏まえて，当該プロセスの考察を行う。

　小中一貫教育導入において，最初に発生する現象は，教員の橋渡し型ネットワークの拡充である。小中学校間における教員の対話交流機会が，協議会や部会の設置を通して保障される。教員の学校内外でのネットワークの拡充は，小中一貫教育の政策効果期待を生み出すのである。このことは，学校内外のネットワークが脆弱な教員は，政策効果期待を抱きにくいことを意味する。

　また，政策効果期待が高い教員は，指導方法等の改善に意欲的に向かう確率が高くなる。小中一貫教育導入以前には，こうした関連性は認められていない。小中一貫教育に対する効果期待が高いかどうかは，指導方法等の改善のための

努力水準の向上と連動していなかった。しかし，小中一貫教育導入以後には，この両者の連動性が求められるようになったのである。このようなプロセスにおいて教員の指導方法等の改善の努力水準が高まり，それが，児童生徒の生活・学習習慣の改善，学力向上，中1ギャップの解消につながっていくと解釈できる。

注
(1) ネットワークには，地域，民族，社会階層等が同じグループ内での結束を固めるような，内向き・閉鎖的な結束型ネットワークと，異なるグループを橋渡しするような開放的・水平的な橋渡し型ネットワークに区分できる（稲葉2007等）。学校にあてはめて考えると，各学校における教員間の結びつきは結束型ネットワーク，各学校間の結びつきは橋渡し型ネットワークとして理解できる。小中一貫教育の導入とともに，その具現化に向けて結束性を高めている学校の教員は，当該政策の効果に期待を抱く傾向にある。

参考文献
天笠茂（2011）『呉市の教育改革——小中一貫教育のマネジメント』ぎょうせい。
稲葉陽二（2007）『ソーシャル・キャピタル——「信頼の絆」で解く現代経済・社会の諸課題』生産性出版。
小川正人（2009）『検証 教育改革——品川区の学校選択制・学校評価・学力定着度調査・小中一貫教育・市民科』教育出版。
国立教育政策研究所・文教施設研究センター（2009）『小中一貫教育の特色を活かした学校づくり——施設一体型校舎の計画・設計の留意点』（http://www.nier.go.jp/shisetsu/pdf/syoutyuu，2013年3月21日アクセス）。
中央教育審議会（2005）『新しい時代の義務教育を創造する』（http://www.mext.go.jp/b_menu/shingi/chukyo/chukyo0/toushin/05102601/all.pdf，2013年4月4日アクセス）。
B市教育委員会（2011）『B市小中一貫教育基本計画』。
山本由美・藤本文朗・佐貫浩（2011）『これでいいのか小中一貫校——その理論と実態』新日本出版社。

第12章　教師が成長する出会いとは
——教員人事制度再考の視点

高木　亮

1　「去る職場」と「新しい職場」

　近年，教育分野において「教職キャリア」をテーマとする研究が進展している。たとえば，川上・妹尾・波多江・高木（2012）は「教職キャリアと人事の関係」に着目し，教師の人事異動や病気休暇・病気休職を従来の「実質的な研修の機会」や「危機」という「非日常」と捉えるだけでなく，「誰しもがキャリア（職業を中心とした人生観）の中で通過する可能性の高い転機」として再構成すべきことを提案している。また，高木・川上・波多江・妹尾（2012）は，精神疾患事由病気休暇に関わる統計の議論の中で，自治体別よりも学区が変わる異動のリスクの大きさなどを提示しつつ，ありふれた「病休」とその復職に対策をとるには養成・採用・異動・研修・昇進，さらにその間に生じかねないキャリアの危機克服などを「教職キャリア」として総合的に議論することの必要性を指摘している。従来から"教師教育"として養成・採用・研修の効果のあり方については議論がなされてはいた。しかし，異動や昇進，さらに様々な危機等への適応を求められた教職の機会を検証した研究は高木ら（2012）に限られている。異動・昇進を含めた教職キャリアの視点に立つと，「去る職場」と「新しい職場」において構築される教職員間の社会的ネットワークの重要性が浮かび上がる。

　本章では教員の異動とその際に生じる適応課題の探索を第1の目的としてインタビュー調査を実施した。そもそも異動時は文部科学省による分限処分調査において再三指摘されているように，精神疾患事由病気休職者が発生するきっかけになりやすく，比率としては異動初年度および翌年度で概ね6割近くを占

めるといわれる(たとえば，文部科学省 2011)。異動時の主に児童生徒対応や職務の変化や適応課題については，近年，波多江・高木・川上(2012)や川上(2009)によって検討がなされている状況である。これらの成果を参照しつつ，本章はさらに職場環境(Enviroment of Job)について注目することとした。これにより，学校組織の構造やそれをまとめる教育行政の地域性，さらに異動ごとに構築されることになる同僚らとの社会的ネットワークについての基礎資料収集を試みることを第2の目的としている。

ところで，前述の異動と社会的ネットワークのようなテーマは，先行研究が非常に限られており発展途上にある。教職研究に限らず，民間企業においても人事異動は研究として十分な蓄積があるとは言いにくく，異動によりつくられる社会的ネットワークとその効果に関する研究は少ない。Makela & Suutari (2009)は国際的な企業における海外赴任経験についてのインタビュー調査を行う中で，社会的ネットワークを含むソーシャル・キャピタル(Social Capital：SC)の概念に着目している。そこでは，海外赴任によって構成される対人関係の成果としての「ポジティブなソーシャル・キャピタル」とともに，赴任期間中に本社や主な市場から離れることにより生じる諸々の資源の欠乏や対人関係の難しさ，つまり「ネガティブなソーシャル・キャピタル」が生じることを明らかにしている。

学校組織内における教職員間のポジティブな社会的ネットワークの検討については，第6章において言及されている。本章では，学校間あるいは自治体間にまたがる異動による社会的ネットワークは教師からどのように回想されるのかを分析・解釈することで，教職キャリア形成に対する社会的ネットワークの影響を明らかにする。

2　教職キャリアに関するインタビュー調査の実施

(1) 教職キャリアに関するインタビュー調査の対象者

インタビュー調査は2009(平成21)～2010(平成22)年度にかけて6回行われた。

表12-1　調査対象概要

調査名称	実施時期	職位	性別	年代	備考
岡山市中学校教諭調査	2009.9	A指導主事	男	50前	兵庫県教諭→備前事務所管区→教育行政
		B教諭	男	50中	美作→備中→備前事務所管区
		C教諭	男	40前	備前事務所管区（島嶼部→市街地）のみ
		D教諭	女	40前	美作→備前事務所管区
		E教諭	女	20後	備前事務所管区市街地のみ
岡山県事務職員調査	2009.9	F事務職員	男	30前	美作→備前事務所管区
		G事務職員	男	30前	美作事務所管区（山間僻地→市街地）
倉敷市中学校教諭調査	2010.3	H教諭	男	30中	備中事務所管区のみ
		I教諭	男	30前	備中事務所管区のみ
広島県中学校教諭調査	2010.9	J教諭	男	30中	備前→山口県高校→広島西部→広島東部
		K教諭	男	20後	広島東部→教育行政
福岡県中学校校長調査	2010.9	L校長	女	50後	
		M校長	男	50中	
		N校長	男	50前	教育行政勤務歴
		O校長	女	50前	教育行政勤務歴
岡山県教職員組合X支部調査	2010.9	P教諭	男	50前	専従経験あり
		Q教諭	男	40後	専従経験あり
		R教諭	男	40中	

　教育事務所管区を意識しつつ調査対象の設定を行った。岡山県中学校教諭調査において5名の教諭（2009年9月），岡山県事務職員調査において2名の事務職員（2009年9月），倉敷市中学校教諭調査において2名の教諭（2010年3月），広島県中学校教諭調査において2名の教諭（2010年9月），福岡県中学校校長調査において4名の校長（2010年9月），岡山県教職員組合X支部調査（2010年9月）において教職員組合活動に熱心な3名の教諭（いずれも現在は学校勤務）を調査対象としている。教諭についてはキャリアの中で採用以前に数年程度高校教諭勤務経験を有する者もいるが，いずれも中学校教諭として採用されている。F事務職員，G事務職員ともに義務教育学校事務職員として採用になっており，小学校および中学校の勤務経験を有する。表12-1は，大まかな異動の流れを備考に示した調査対象概要である。

（2）調査協力者の勤務地域における人事異動の特性

　教職員人事に関する数少ない量的研究である川上（2011）による教職員人事パターンの類型に基づくと，事務職員を除いていずれの教諭も県教育委員会教

育事務所の管轄により人事が規定される状況下で，そのキャリアの大半を過ごしている。そのため，一部例外を除いて，大枠として岡山県は岡山市が政令指定都市化する以前の備前・備中・美作の3つの教育事務所管轄地域に，広島県は県西部の備後教育事務所管轄地域，さらに福岡県は県南部地域の中で正式採用後は異動を積み重ねたこととなる。なお，例外は多いものの，現在の当該各地区は岡山市の政令指定都市化に加えて，近年の倉敷市や福山市，久留米市の中核市指定により独自の教育センター設置が軌道にのっていることが人事異動に大きく影響している。中核市周辺の小規模な近隣市町村も結果として中核市を人事異動のルートから除くことで以前よりは限られた異動の範囲が形成されることとなる。このことは，本章で報告する調査が県教委教育事務所の影響力が強い時代の公立義務教育教師の描写であり，今後の当該地域の人事異動の形態や社会的ネットワーク形成とは大きく異なるであろうことをあらかじめ留意する必要がある。そのような限定性と人数，質的調査という限界の上で，今後のより科学的厳密性のある検討の対象となるような仮説の提案を試みたい。

（3）インタビュー調査の内容

　当初の岡山市中学校教諭調査および岡山県事務職員調査では，人事異動による学校ごとの組織および学区特性による固有の負担や多忙，ストレッサーなどの適応課題を職務面や職場環境面に分けて半構造化面接法的な聞き取りを行った。その際，職場環境面における話題として同僚との関係や管理職のリーダーシップ，学校組織風土・地域教育経営の風土などが話題になる中で，異動や人間関係をめぐる教職キャリアの視点で特に強い話題として挙がったのが「教職員組合の活動程度」と「教育行政勤務経験」であった。あわせて，従来は研究としてはあまり描写されてこなかった「人間臭い」社会関係のつながりや葛藤，さらに「不適格教員」や「指導力不足教員」のエピソードなどが強く人事や分掌といった職務を規定する要因として教職員が感じていることが示された。そこで，倉敷市中学校教諭調査以降のインタビュー調査においては職務面と職場環境面の適応課題にあわせて，教職員組合や教育行政の勤務体験とともに組合

員と教育行政勤務者のイメージについても話題として尋ねている。

　教育行政研究および戦後教育史研究において教職員組合に関する議論は少なくない（たとえば，八木 2005；河上 2006；北神・高木 2007等）。教職員組合の機関誌の立場や批判の立場（たとえば，森口 2010）等のそれぞれの立場があるが，教職員の勤務感・職務感において調査を交えた検討は少ない。[3]このことは教育行政勤務者についても同様で，Cinii 等の文献検索においても「指導主事」等の教育行政勤務教員を研究対象とした論文がほとんど見当たらないのが現状である。そのような状況で教育行政勤務者・勤務経験者も調査実施対象地域（岡山，広島，福岡）では教職員組合員または休職扱いなどで組合専従勤務となる教員も全体の教員のキャリアルートとしては今のところ珍しいものとはいえない。これらのイベントが教職キャリアに対して与える影響を検討する価値は十分にあると考えられる。

3　インタビュー調査にみる教職キャリアの多様性

（1）岡山市中学校教諭調査

　全体的に，組合の存在意義を認める意見が前提となる発言が多くなされた。兵庫県での勤務経験と比べて備前地区が「（影響力やバランスが）ちょうどよい」（A指導主事）とされる。岡山県内でも美作地区は組合の権限が強く「教育行政と組合専従がいずれも昇進のルート」と化すなど「癒着しているように見える」（D教諭）現状などが語られる。一方で，教育行政・管理職の権限の強い備中地区では権限の強さゆえに行政・管理職や組合のそれぞれの「時代にそぐわない」「パワーハラスメント」等（D教諭）のイメージが語られる。その中間的な「バランスのとれた備前地区がちょうどよい」（B教諭）などとも語られている。

　部分的問題として一部の人間性や勤務態度に疑問をもたれやすい教員が自らを組合員であると強調しすぎる点（A指導主事，B教諭，C教諭，E教諭）や時代にそぐわない活動（B教諭，C教諭），組合費の負担の大きさや不透明さ（B教諭，C教諭，D教諭），組合参加の労力（B教諭，D教諭）が不満として語られ，適度な

関係の重要性に話が収束した。一方で，僻地勤務や各年代の教職員にとっては親睦や社会関係の情緒的ネットワーク（B教諭），地域性のアイデンティティ（D教諭）を理解する機会として語られる傾向がある。

なお，A指導主事の自らの行政勤務というキャリアに関する想いとして，「ずっと良い担任になるべく努力してきたけど，やっと経験を積んだ頃に主任になって（担任を外れ），今度は指導主事になって僕はもう担任をできない年齢になってしまった。そこで今している仕事は連絡ともめ事の後始末がメインで，その上で行政としてやらないといけない諸々の仕事がある。子どもを相手とする仕事ではないし，自分の個性が出せる部分は極端に少ない」と教育行政勤務への適応課題についての思いを語っている(4)。

（2）岡山県事務職員調査

F事務職員もG事務職員もいずれもいわゆる僻地勤務を新採用時に経験している。僻地勤務の際に，組合の親睦性，情緒的ネットワーク，地域とのネットワーク，さらに「学校一人職」を担う上での情報交換やアイデンティティ形成において，組合活動は大きな後ろ盾になったと回想している。現在は事務職員の勤務形態の転換期であるとされ(5)，教育行政の方針に対しての異議申し立ての機能としての組合であったり，教育行政が地方の政治・財政を説得しきれない場合は，暗に教育行政担当者側が組合関係者に組合側としての立場に立った発言を求めて調整点を探るエピソード等，F・G事務職員いずれもともに教育行政および組合に対して存在意義だけでなく共感のようなものを感じている様子がうかがえた。

岡山市中学校教諭調査同様に人間性や勤務態度に疑問をもたれやすい教員個人が自らの立場の後ろ盾として組合員であることを職場で強調する姿は「一般的な職員室の光景」（F事務職員）であり，個々のエピソードが特定の人名とともに挙げられ，特にその際に話が盛り上がるところなどに共通点がみられた。あわせて，そのような教員はパソコンなどのOA的側面が極度に苦手で，授業や書類関係のものでG事務職員本人も周りも苦労しやすく大変であったようで

ある。しかし，概ねその世代が退職をしたことで，このあたりのもめ事が減ったことなどの回想もなされた。こうした流れや岡山市中学校教諭調査の内容などの説明を行ったことを受けて，F事務職員は「組合を巡る問題・葛藤は政治や思想というよりは個々人の教職員の社会関係における葛藤の経験が"組合"や"管理職"という権力的な肩書として記憶されている」ことに問題の大部分があるのではないか，と語っている。

　一方，指導主事など教育行政勤務の教員に対する印象は事務職員と校長の聞き取りでは様々な話題が挙げられている。たとえば，教育行政から学校に電話がかかってくるケースはほとんどが行政への提出物やその確認に関わることで，学校以上に事務・形式的な業務が多いことがうかがえる。ここでは，締め切りの遅れなど「申し訳ない思い」を学校の立場からすると感じる部分が多く（G事務職員），何かと細かく照会や手続きについて調整してくれており「ありがたい」であったり，作業量を考えると「気の毒」（F事務職員）に感じるなどの指摘がなされている。

（3）倉敷市中学校教諭調査

　比較的組合の加入率が高い美作地区，それに次いで加入率が高い備前地区と比べ，備中地区は相対的に組合の加入率や影響力は低い。H教諭もⅠ教諭もそのような備中地区以外の勤務経験がないことなども関わってか，全体としては「組合員かどうか」の差は不明確になりつつあると認知しており，組合に関する話題はほとんど挙がらなかった。一方で，教職員にパワーハラスメント的な指導を行う「名物管理職」が話題の中心であった。

　一方で教育行政の学校や教師への影響力の強さや，そこからの不平や不満を感じやすいことについて，H教諭は中核市移行後に倉敷市が独自の教育センターを稼働させていることをその原因として推測している。つまり，研修や研究に自治体として力をいれること自体が報告書やレポートの回数や量に反映されやすく，さらに講演や研修会の「参加動員」の指示として現れやすい。結果としてこれらが"多忙化"や"人間関係の葛藤"を顕在化させる。しかし，実

際は"提出物の量や形式"の問題と，それに不満を感じる者の問題なのではないかとの指摘を行っている。

なお，ここでもネガティブに語られる教員や管理職個人の話題が多く，豊富なエピソードが語られていた。ただ，組合全体の加入率の低さの影響か，そのような教員の「組合員としての自分のアピール」に関する話題は挙がらなかった。

（4）広島県中学校教諭調査

福山市（備後地区勤務）のJ教諭とK教諭に話をうかがっている。両名ともに広島市を除く広島県の教員として是正指導（1998〔平成10〕年）以後に勤務した者である。組合活動の影響力は実感としては存在を感じられない点を指摘している。是正指導以前を経験していないためか，「あまり組合員と非組合員の違いがピンとくるものは感じない」という話となった。それでも組合員というと，岡山での聞き取り同様に年上の世代の，もともと人柄や職員室の関係性などで浮きやすい人物が組合員であることを強調する傾向などが印象に残りやすいと指摘された。一方，現在指導主事として勤務するK教諭は「もともと組合の強さと拮抗するほど教育行政の強さもあったなかで，組合の影響力の衰退と対比してそのままの教育行政の強さが残るというのは健全なバランスなのだろうか疑問」と指摘している。このあたりは備中地区の文脈と共通している。

（5）福岡県中学校校長調査

校長に対する聞き取りということもあり，どちらかというと1970〜1980年代の教職員組合と教育行政の対立構造の回想としての側面が強い聞き取りとなった。また，事務職員以上に教育行政との関わりが多い職務の性質上，教育行政勤務者の現状に関する具体的な指摘がなされた。

組合員についての指摘は，各校長自身が教員であった時代の回想が大半を占めた。そこでは，各校長よりも年上の世代，特に「団塊の世代特有の問題」（L校長）[6]としての印象であったと指摘がなされ，「自分たちより年下の世代はそう

感情的になりやすい人は組合員でも教員にはいませんよ」（L校長）等と語られている。世代的特徴として「人数が多いので職員室で多数決に勝つ力をもっている」（M校長），「学生時代にオイルショックなどの不景気を経験していないので浮世離れしたまま職に就いている」（L校長）等の指摘がなされ，「日本が発展途上国だった頃に人格が形成された世代だからとにかく声が大きい」（N校長）と手厳しい。また，この世代は福岡県南部地域の人事制度の転換期に30代後半から40代の今で言うミドルリーダー期を過ごし，同世代に対しては教育行政勤務の異動と広域人事導入による意に沿わぬ地域の学校への異動が発令され，「栄転」と「閑職」的な扱いをそれぞれが受けたと強く感じた世代とのことである。この問題について，4人の校長の間で，実際の学校名や人名を挙げながら語り合われた。それに続く1980年代半ばから1990年代にかけて教育行政に勤務していた教員が教務主任や教頭として現場に戻り，同時に広域人事で「閑職」として扱われたとの思いのある教員が人事で同じ学校に戻ってくる状況で，葛藤が生じたとのことである。つまり，職員室で「行政」と「組合」という肩書的な対立をして不毛な人間関係の問題が生じたが，これは個々人の人事による恨みや不満がわかりやすい肩書を使って闘われたものではないかとのL校長とM校長は回想している。世代が下ると「広域人事」に起因する対立の不毛さは「年上の世代をみて学習する効果」（L校長）があるので，同様のことはなくなったとしている。これはL校長が指摘する「団塊の世代特有の問題」として特定世代の期間に限られた対立軸であろう。

さて，比較的個性的なエピソードの多い組合員と校長に対するイメージに比べて，以前も現在も教育行政勤務者のイメージは没個性的なまでに組織人に徹する印象が強い。列挙すれば「教育委員会から電話があるとだいたい何かの催促の電話で大変だろうと思う」（O校長），「最近の保護者は個人を特定されたくないのと，「学校の上司としての教育委員会」というイメージをもっているので，ちょっとでも言いたいことを教育委員会に匿名で電話をする。それを一斉に学校に電話をする役などクレーム窓口としても連絡役としても気の毒である」（N校長），「自分が新任の頃（70年代半ば），指導主事というと熱意もあって何でも知

っていて，研修や行政の手続きなど『指導』ができてかっこよかった。今も熱意があって優秀な人が就いているのだけれど，事務仕事と電話対応の仕事ばっかりで気の毒になる」(L校長)，「一生懸命しないとできないぐらいの仕事量ですけれど，実質はメッセンジャーボーイ的で気の毒。そんな人が現場に立てずに，学校現場で一生懸命に見えないダラけた先生を見るとつい腹が立つ」(N校長) 等である。その他にも，福岡県南部の実態として，町村教育委員会や過疎などの小規模な市教育委員会では現職ではなく退職教員を嘱託として指導主事として採用しているため，熱意の問題や勤務時間の限定性の問題など「やりにくさ」があることが，いずれの校長からも指摘されている。

(6) 岡山県教職員組合X支部調査

最後に，岡山県の備前・備中・美作の3地域で最も組合の組織率と影響力が強いとされる美作地区のある支部において3名の組合活動に熱心な教諭に聞き取りを行った。うち2名は組合専従職員を経験している。3名とも新採用勤務校で組合の組織率が高く，特に拒否反応もなく「流れで」(P教諭)組合に加盟している。それまでの聞き取りでも指摘されているとおり，主に組合のメリットとして「部活動的」(Q教諭)なレクレーションで麻雀をしたり遊びにいったりすることで若い頃から社会的ネットワークができたことが，メリットとして挙げられている。R教諭は通常は中学校教諭として知り合えないような小学校教諭やそれぞれの人間関係の実態などに直接触れたり，情報として知り得たりした点を意義として語っている。

1980年代ぐらいまでは教育行政と対立することが多かったが，他県のように「日の丸・君が代問題」でもめることはあまりない。「英語の時間数削減反対」や「社会科の地歴公民の教え方の順番」など教育課程面での対立を，最も年長のP教諭は体験している。P教諭はいわゆる「日の丸・君が代問題」や「歴史教科書問題」は立場上の主張や運動としての流れはあるものの，あまり本質的なものを感じにくいと指摘している。

P教諭とQ教諭は組合専従まで経験しているが，専従となったきっかけにつ

いても「人間関係の中で自分勝手なことができない人と周りに思ってもらえたこと」（P教諭）が原因であるといい，「仲間として組合の人間関係で教育行政や管理職の批判で盛り上がることもあるが，教育行政も管理職も大変で立場の違いを踏まえている人が多い」（Q教諭）とも指摘している。P教諭は自分も含めて「職場で組合員か組合員でないかというのは昭和の時代ならまだしも，今は区別がつかないし，それでいい」との話をしている。また，すでに何度か指摘されている人間性や言動などで浮きやすい教員が組合員であることをアピールすることについても「組合自体がかえって変に見られやすい」（Q教諭）と複雑な心境を語っている。

4　教職キャリアにおけるソーシャル・キャピタルの光と影

　前述したように，組合や教育行政の影響力の大きさは時代背景により変化しており，地域性によっても大きく異なる。また，「是正指導」であったり「広域人事」といった地域特有の歴史的ともいえるイベントも大きく影響を与えていることがわかる。このことは「政令指定都市化」や「中核市指定化」といった現在の時代特有の変化も今現在の教職キャリアに影響を与えているであろうことを考えれば，ここでみたエピソードは特定の時代を切り取ったものにすぎないことを強調しておく必要があろう。さらに，限られた地域の限られた人数に聞き取りを行うことの偏りや限定性も踏まえた上で，今後留意に値する仮説を3点提示しておきたい。

（1）個々の社会関係の葛藤の現れ方としての「組合」と「行政」――仮説1

　楠木（2011）は企業人事において，人事における出世は「出世する人と同じ部署に居て，一定の信頼を得る」という側面が公式の人事評価の影響より大きいことを指摘している。そして，「力量」の評価の難しさだけでなく「社会的ネットワーク」や「信頼」といった資本を客観視すること自体の難しさと，これだけに頼ることの危険性を指摘している。このことはエリートコースに見られや

すい教育行政勤務やその真逆の対立軸であるといえる組合活動においてもあてはまろう。もともと教職員人事において，教育行政は管理職登用のわかりやすいキャリアルートであったし，これからも一定以上の影響があろう。あわせて，組合自体が一般的に労働者を雇用者から守る使命をもっており，雇用者側との対立や調整の主体となるべきものであった。これから従来の教職員組合という組織ではなくなる可能性もあるが，そのような役割の必要性と存在意義は続くであろう。

とはいえ，聞き取りでも一部の教職員組合の組織率が高い自治体では「行政と組合が癒着」しているように見えるネットワークの強さを指摘する声もあった。また，そもそも教育行政と組合の対立は思想や理念によるよりも聞き取りでいうところの広域人事による人間関係の不満や拗れが内面にあるとの校長の分析も存在する。これは社会的ネットワークがプラスの資本（正のソーシャル・キャピタル＝常識的な調整）であるとともにマイナスの資本（負のソーシャル・キャピタル＝癒着）としても機能しているとみることもできる。楠木（2011）が指摘する出世（昇進）の客観化における困難さの懸念は，これが外部から見るときに不透明であったり不公平であると感じやすいことに集約される。この課題は説明責任やコンプライアンス，コーポレート・ガバナンスが強く求められる公共サービスとしての学校教育に，実際機能している教職員の社会的ネットワーク（正と負のソーシャル・キャピタル）がわかりにくく，説明しにくいことをどのように考えるかが今後の課題ではないかと感じる。

（2）葛藤の現れやすい中堅期キャリア──仮説2

前節において「広域人事」による人間関係の拗れをとりあげたが，プラスまたはマイナスのソーシャル・キャピタルを蓄積してしまうのは中堅期であることも特徴的である。近年はミドルリーダーとしての期待が前面に出された議論がなされがちであるが，ネガティブな社会的ネットワークや個人の人間性をめぐるエピソードが聞き取りの際に強く記憶されている様がうかがえる。

あわせて，教職員間の対人関係についてはリーダーシップにしろソーシャ

ル・サポートにしろポジティブな効果については多様な検証がされているもののネガティブな影響については非常に検討が限られている。(7)「組合と行政の対立」と語られやすい部分は，岡山県の聞き取りでみたように社会的ネットワークがネガティブに「癒着」しているように見えたり，ポジティブに「常識的な調整」がなされているようにも見えることとなる。考えようによっては社会的ネットワークは当事者の関係性や情緒，良識次第でプラスにもマイナスにも転化しかねないものであり，同時にそれを評価する第三者の見方次第でどのようにでも評価される部分もある。そもそも，主観的な人間関係をどう評価するかという問題において，今まで客観的研究がほとんど蓄積されていない，教員人事の登用や分掌配分，教師の学校を超える人間関係や葛藤を伴う人間関係などを今後研究上解明していく上でソーシャル・キャピタルの枠組みは有益であると期待できる。特にそれらのプラスとマイナスそれぞれのソーシャル・キャピタルの影響が生じ始めるのが中堅期以降であることを考えれば，初期の教職キャリアにおいて，より建設的・良識的な人間関係の利用方法や学校・教育行政への参画の仕方をいかに身に付けるかが重要であると考えられる。

（3）時代背景の限定性──仮説3

　広島県の教職員組合というと様々な側面に影響力を有する印象があるが，少なくとも本章のインタビュー調査では「是正指導」以後に教職に就いたものにとって組合はあまり身近であると感じにくい状態が示された。あわせて，福岡県でも岡山県でも組合活動が熱心な時代を体感した世代は聞き取りの際の年長者に限られている。すでに示したように教職員人事の異動の形態が聞き取り調査実施地域では，政令指定都市化や中核市化により県教委教育事務所の影響を受けていた時代から変化しつつある。これは教職員人事の異動の流れが時代とともに大きく変わるものであり，ちょうど21世紀以前と以後で大きく変化しているようにもうかがえる。また，校長や事務職員が比較的ネガティブな回想としていわゆる団塊の世代などを回想していたように，特定の年代において世代の文化のようなものが社会的ネットワークにプラスやマイナスそれぞれの影響

を与え，成果や葛藤を生じさせる背景になっていることもうかがえる。言い方を変えれば，ここで回想されたことはあくまで以前の世代の個性的な現象であり，これからの教職論や異動や能力開発の戦略を含んだ教職キャリアのデザインに参考にしきれない限定性も多いといえよう。時代ごとに学校教育や教職それぞれの課題や年齢構成，世代文化，経済情勢，政治情勢は様々なものがあり，一概にわかりやすいキャリア・モデルや社会的ネットワークを論じきれないことは前提として踏まえつつ，一定の法則性を探ることが必要になってくるといえよう。

注
(1) 職務とは英単語でのJobの意味つまり「職種や職位で規定される仕事の範囲」を意味して用いている。特に波多江ら（2012）は教職キャリアの中で勤務校の種類（特別支援学校や中等教育学校，定時制高校など）や特性（小規模校，大規模校，生徒指導困難校など）や年齢の変化で大きく職務の内容が異なっていることを明らかにしている。
(2) たとえば，教師の自由記述分析（波多江ら 2012）では経験と人間関係を規定する学区や学校組織の課題が指摘されている。また，教職員人事異動の量的な研究（川上 2011）は人事異動の仕組みとしての複雑さや多様性の難しさを指摘している。
(3) 組合の社会学的影響を調査した報告として名越（1994）がある。そこでは教師の多忙やストレスの原因として様々な要素を尋ねる中で組合の不満や負担，期待などが若干尋ねられているが，あまり大きな影響がないとする結果が示されている。
(4) 筆者が行った別のインタビュー調査として，高校校長勤務者のキャリアの回想研究がある（未公開）。岡山県の6名の聞き取り調査のうち3名に教育行政勤務経験があるが，いずれも30代の担任も教科指導または生徒指導，進路指導も充実し始めた矢先に突如校長室に人事の件で呼ばれ「青天の霹靂」として行政勤務を告げられている。3名とも通常の人事の話より1週間程度早い卒業式の準備の頃に呼ばれ，「今なら断ることもできるのではないか」と思ったこと等を回想している。教員人事研究で教育行政勤務者の制度やルール，適応課題さらにこれによって形成される教職キャリアの個性は，今後検討する価値が十分にあると感じる。
(5) この転換期に関するF，G事務職員の会話は概ね近年の全国的な学校事務職員に関する総論的な議論（たとえば，柳原・制度研 2009；藤原 2011）と重なっている。
(6) 本章のテーマから外れるが，このL校長は高校生時代に授業担当を受けた生徒として伝習館高校事件に巻き込まれた経験をもつ。さほど悪気はないと感じた個々の

被告となった教員に対し，組合が介入し「暇を持て余してきた」ように見えた活動家の大学生が学校にまで来て大騒ぎした割に訴訟の際は誰も当該教員たちを助けなかったことに世代間の対立に起因する不信感と不快感をもったことを回想している。

(7) ネガティブなリーダー論としては，露口 (2011) の「デビルリーダー」や「左うちわ校長」のような論考を除きほとんど検討されていない。

参考文献

河上婦志子 (2006)「ジェンダーでみる日教組の30年」『神奈川大学心理・教育研究論集』25, 5-22頁。

川上泰彦 (2008)「役割別分析」平成19年度文部科学省新教育システム開発プログラム報告書 (代表：小川正人)『教員の業務の多様化・複雑化に対応した業務量計測手法の開発と教職員配置制度の設計』69-119頁。

川上泰彦 (2011)「教育経営における「人事」の制度的機能——教員人事行政の制度運用と教員の動態に着目して」『日本教育経営学会紀要』52, 60-74頁。

川上泰彦・妹尾渉・波多江俊介・高木亮 (2012)「教職キャリアと人事の関係——キャリアの「危機」に着目して」日本教育経営学会第52回大会 (於：香川大学教育学部) 口頭発表要旨。

北神正行・高木亮 (2007)「教師の多忙と多忙感を規定する諸要因の検討」『岡山大学教育学部研究集録』134, 1-10頁。

楠木新 (2011)『人事部は見ている』日本経済新聞社。

高木亮・川上泰彦・波多江俊介・妹尾渉 (2012)「人事・労務管理上の課題としての教職キャリア危機とその対策」日本教育行政学会第47回大会 (於：早稲田大学) 口頭発表要旨。

露口健司 (2011)『校長職の新たな実務課題』教育開発研究所。

名越清家 (1994)「くじける意欲」『逆風の中の教師たち』東洋館出版。

波多江俊介・高木亮・川上泰彦 (2012)「教員のメンタルヘルスに関する調査研究——自由記述データの分析を通して」『九州教育経営学研究紀要』19, 67-74頁。

藤原文雄 (2011)『学校事務職員という仕事・生き方』学事書房。

森口朗 (2010)『日教組』新潮文庫。

文部科学省 (2011)『平成22年度 教育職員に係る懲戒処分等の状況について』(http://www.mext.go.jp/a_menu/shotou/jinji/1300256.htm, 2016年8月21日アクセス)。

八木英二 (2005)「教師の人権と教職の役割変化」『部落問題研究』171, 40-97頁。

柳原富雄・制度研 (2009)『教育としての学校事務』大月書店。

Makela, K. & Suutari,V. (2009) "Global career: A social capital paradox" *International Journal of Human Resource Management* 20(5), pp. 992-1008.

| 終　章 | 「つながり」の教育学・今後の展望 |

露口健司

1　子どもと教師の成長を支える「つながり」を醸成するために

　本書では，教育現場における「つながり」現象を，ソーシャル・キャピタルの視点から分析することで，数多くの学術的・実践的有用性をもった知見が生成された。まずは，調査研究の成果を要約し，実践的示唆を含めて，本書の知見を整理する。

（1）カリキュラム・授業における「つながり」

　「第1章　学習指導における『つながり』の醸成と教育効果」では，学校が蓄積している生活アンケート・データの再分析をもとに，学級ソーシャル・キャピタル（以下，学級SC）の特徴や学級SCの生成に関わる要因について探索的に検討した。学級SC得点が高い学級と低い学級を比較検討した結果，学力テストにおいて有意差は認められなかったが，学習意欲に関する項目，および学校・学級適応感に関する項目では，学級SC得点が高い学級において，有意に高い得点が認められた。また，学級SCの生成過程を探索するために「リヴォイシング」に着目し，学級SCの高い学級と低い学級を比較したところ，教師の「リヴォイシング」行動の頻度が大幅に異なっている事実が明らかにされた。教師の「リヴォイシング」習慣は，価値ある情報を学級メンバーで共有すべきであること，友達の意見はとても価値あるものであることを，学級内に浸透させていると解釈できる。もちろん，「リヴォイシング」によって，学級SCの差異のすべてを説明できるわけではないが，学級SCを生成する一つの手がかりとして捉えることができる。

「第2章　家庭での『つながり』と学業成績を結ぶ学校の組織的な教育活動」では，個人レベルデータでは相関性が検証されている家庭ソーシャル・キャピタル（以下，家庭SC）と学業成績の関係を，学校レベルデータを用いて検討した。分析の結果，家庭SCと学業成績の間には有意な相関性は認められず，双方の関係は，学校レベルでの規範意識，対人関係意欲，学習意欲によって媒介されていることが明らかとなった。家庭での親子のつながりは，学校生活に対して影響を及ぼす。そして，学校内での子ども相互や子どもと教師とのつながりの程度が，学習意欲を高め，学業成績の向上に結びつくと解釈できる。学校レベルデータの分析では，学力向上は，家庭によって決まるのではなく，学校の組織的活動によって決まるという実態が明らかにされた。

「第3章　学級における『つながり』は学習意欲の格差を抑制できるか」では，学級レベルデータを用いて，学級内における子ども相互のつながりと教師と子ども達とのつながりによる，学習意欲の向上と学習意欲の分散抑制の効果を検討した。分析の結果，学級において出現する，①教師と子ども達の間で発生する意義ある対話の蓄積，②目標達成に向けた協力行動・相互支援行動の中で培われるお互い様の規範，そして，③互いを信頼する態度が，学級レベルでの児童生徒の学習意欲を高める（卓越性効果）とともに，学習意欲の集団内格差を抑制（公正性）することが明らかにされた。つながり醸成を基盤とする学級経営の価値が裏づけられた調査研究であるといえる。

「第4章　子どもの『つながり』を醸成するカリキュラムマネジメント①——小学校における地域共生科の実践から」では，「地域共生科」という学校が開発したカリキュラムが，校区における様々な次元において人々のつながりを醸成する過程について記述した。学校主導のカリキュラムで，校区の人々のつながりが醸成されることは，これまでに海外のサービス・ラーニング事例において紹介されていたが，この現象は日本においても確認された。事例校であるH小学校では，家庭SC，子ども間ソーシャル・キャピタル，子ども—地域ソーシャル・キャピタルにおいて，統制群よりも高い得点が得られている。H小学校の「地域共生科」カリキュラム実施過程では，児童と地域住民との協働的学習

活動を，学級の枠を超えたグループによって行い，また，学習活動内容を家庭等に対して積極的に発信している。「地域共生科」カリキュラムには，子どもを取り巻くソーシャル・キャピタルの醸成効果が顕著に認められている。しかし，保護者相互のつながりについては，教育関心が高く，時間的・経済的ゆとりのある一部の保護者が享受しているにすぎないという課題が認められている。

「第5章 子どもの『つながり』を醸成するカリキュラムマネジメント②——中学校における人間関係学科の実践から」では，約10年間にわたるフィールドワークの記録に基づき，子どもを取り巻くつながりを醸成する具体的なカリキュラム・指導方法を整理するとともに，つながり醸成過程について記述した。人とつながることで幸福感を味わう体験を子ども達に学習してもらうために，カリキュラムや指導観・指導法の変革を進める教師たちの実践を詳細に記述している。子どもを取り巻くつながりを創るためには，まずは結束型ソーシャル・キャピタルの醸成が重要であり，その後，橋渡し型ソーシャル・キャピタルに移行させることが重要であるとする知見は，今後の学校におけるカリキュラム開発に対して示唆を与えている。また，子ども同士の結束的で，かつ相手を大切にする水平的な橋渡し的要素を有するつながりが，退学抑制の契機をつくるという知見も，実践的示唆に富んでいる。退学抑制に寄与するつながり次元として，親と子どもや，教師と子どものみならず，子ども相互という視点にも着目すべき点が示唆されている。

(2) 組織・リーダーシップと「つながり」

「第6章 教師の授業力を高める学校組織の特性——『専門家の学習共同体』論を援用して」では，教師集団の代理指標である「専門家の学習共同体（以下，PLC）」が教師の授業力に及ぼす影響を，学校—教師個人のマルチレベルデータを用いて検討した。分析の結果，教師の授業力向上はどの学校に勤務しているかではなく，学校内でのPLCを実感しているかどうかによって説明されることが判明している。つまり，教師集団のつながりを実感できている教師の授業力は伸びており，孤立感を抱く教師の授業力は伸びにくいのである。また，

PLCと授業力向上が，校長のリーダーシップによって調整されることも明らかにされている。校長のサーバント・リーダーシップが発揮されている学校では，授業公開等によって同僚とつながる経験が教師個々の授業力向上に結びつくが，リーダーシップが発揮できていない学校では，そうした経験があったとしても授業力向上に結びついていない。教師相互のつながりを職能成長に活かすためには，子ども・保護者・職員に奉仕貢献する校長のリーダーシップが必要なのである。

「第7章　校長はネットワークをどのように活用しているのか」では，校長の「相談」活動が一部の学校経営活動との間に対応関係を示しており，活発な「相談」が学校経営の充実と関連している実態が示された。長年の教職経験を管理職の職務遂行力量の基盤とする，従来型の「教師の教師」型の管理職像では，多様な現代の経営課題を克服することは困難である。現代の学校では学校組織外部に社会的ネットワークを形成し，そのネットワークに流通する知識と情報を活用することのできる校長，すなわち「相談できる校長」が求められる。調査対象都道府県において，1校目の在任期間中，校長の相談活動は活発である。学校経営に関する必要業務の遂行において，先輩校長のアドバイスが必要なのであろう。相談活動が分散するのは，2校目以降の学校勤務（キャリア4年目以降）においてであることが明らかとなった。2校目において，校長相互の社会的ネットワークを活用し学校改善を推し進める校長と，そうではない校長への分散化が始まる。その原因については十分明らかにできていないが，本章において明らかにされた校長の行動実態は，今後の校長人事のあり方に対して重要な示唆を与えている。

「第8章　信頼を構築する学級・学校の経営戦略」では，学級レベルでの保護者による集団的信頼の決定要因を，ネットワークと情報に焦点を当てたモデルの検討を通して解明し，「信頼される学級づくり」のための学級・学校レベルでの実践的示唆の提示を試みた。分析の結果，学級担任の努力でコントロールできる要因としては，①保護者相互につながりをつくること，②学級に足を運んでもらうこと，③学級担任と頻繁に対話し，教育課題を共有すること，④学級

通信等を通して学級の様子を知ってもらうこと，⑤学級の評判をポジティブに理解してもらうことであった。一方，保護者による学級への集団的信頼のほとんどが学級レベル変数で説明されるため，学校の努力でコントロールできる要因はわずかであた。ただし，学校全体として評判の良い学校では，保護者が教員に対して期待を抱きやすく，協力的態度を採る傾向にあるため，学級担任にとっては「信頼される学級づくり」が促進されやすいことも重要な示唆として提示されている。

「第9章　学校と地域との信頼構築のための学校経営」では，学校と地域社会とのつながりを醸成するためには，学校運営協議会や学校支援地域本部等の教育政策・事業の導入のみならず，校長のリーダーシップと学校―地域の基本的対話関係が必要であるとの立場から，校長自らの経営実践を紹介している。まずは，校長のリーダーシップのもと，学校側から積極的に動き，職員が汗を流すことで地域住民との間に互酬性規範の基盤を築く。そして，地域住民と顔をあわせてのコミュニケーションを蓄積し，想いのこもった学校通信を地域に配布（配付）する。さらに，環境や安全等の重要性が高い題材に基づくテーマコミュニティを設定し，学校（子どもたちや職員）と地域（保護者・地域住民）が，汗を流して協働体験を実践し，達成感と成就感を味わう機会を設定する。そして，地域住民が来校する度に，授業・教室の様子を必ず参観してもらうことで，質の高い説明責任を遂行し，信頼構築に結びつけていた。

（3）「つながり」を強める教育施策・制度とは

「第10章　学校評価は教育効果の向上に貢献しているのか」では，ソーシャル・キャピタルを「評価に焦点を当てた学校改善」と「教育効果」を媒介する要因として位置づけ，学校組織におけるどのような改善努力がソーシャル・キャピタルを拡充し，また，ソーシャル・キャピタルがどのような教育効果につながるのかを解明した。学校組織における評価活動が，魅力的で挑戦したいと思うような目標の共有，データ分析と省察を通しての課題の共有，職能成長を志向した積極的な評価観の共有，学校関係者評価を通しての外部との学校情報

の共有等の機能を持つと，その学校組織には人々のつながりが醸成される。逆に言えば，これらの評価活動要件が充足されていない学校組織では，人々がバラバラになるのである。そして，評価活動を通して醸成される校区内における人々のつながりが，学力向上や秩序ある学習環境の創造に貢献していた。

「第11章　小中一貫教育の導入で教師の意識は変わるか」では，小中一貫教育の導入が教育効果を高める過程について，教員が参加する「ネットワーク」と「教員の意識・態度変容」の視点から解明を試みた。小中一貫教育の導入によって，中学校区内における教員間の所属学校を超えた橋渡し型ネットワークが拡充される。このネットワークに参加しさまざまな連携部会で活動する教員には，共通点として，政策期待効果の高さが認められた。つまり，橋渡し型ネットワークに参加している教員は，小中一貫教育の効果に期待感を抱き，ネットワーク参加していない教員は抱きにくいという構図が見て取れる。そして，政策効果期待が高い教員は，指導方法等の改善に意欲的に向かう確率が向上している。小中一貫教育導入以前には，こうした一連の影響関係は認められておらず，導入以後に認められる点が，大変興味深い。

「第12章　教師が成長する出会いとは──教員人事制度再考の視点」では，学校間あるいは自治体間にまたがる異動による社会的ネットワークは教師からどのように回想されるのかを分析・解釈することで，教職キャリア形成に対する社会的ネットワークの影響を明らかにしている。教員人事では，思いもしない勤務地への異動，小学校から中学校への異動等の異校種間異動，教育委員会・指導主事への突然の異動もある。教員人事異動は，教職ストレス研究の文脈では，不適応の誘因となるネガティブ変数として捉えられる傾向が強かった。ただし，複数の教員の教職ヒストリーを記述・収集することで，新天地での出会いが，教職キャリア形成に正の影響をもたらす新たな社会的ネットワークとなる可能性が明らかとなった。人事異動は大変なイベントで，不適応を起こさないように職場のソーシャル・サポートを促進していくという視点も重要であるが，人事異動が新たな社会的ネットワーク形成の契機となり，教員の職能成長に大きく貢献するという視点も，今後の教職キャリア研究において重視してい

終　章　「つながり」の教育学・今後の展望

くべきであろう。

2　「つながり」の教育の発展に向けて

（1）つながりの教育効果の計量分析

　以上，本書では，教育現場における「つながり」現象が，校区における人々（子ども・保護者・教師等）の成長・発達を促す影響過程について計量分析を通して明らかにした。これまで，その教育的意義を関係者が認知しつつも，学術／実践研究の対象として定着しなかった「つながり」を，ソーシャル・キャピタルの視点から捉え直し，測定・データ収集・分析・考察を実施することで，教育学における一つの研究分野を提示することができた。本書が教育学及び教育実践に対して及ぼすインパクトは決して軽微なものではない。本書は，教育分野のソーシャル・キャピタル研究としては，データ量は国内圧倒的である。しかし，データ収集の方法（非ランダムサンプリング），測定における信頼性と妥当性の検討，校区におけるつながり測定の簡易版の開発，分析モデルの精緻化，縦断レベルデータの活用等，社会調査として残された課題は多い。ただし，今後，国・地方自治体が，学力テストデータの公開・活用に舵を切ることで，「学力」のみならず「つながり」についての横断的・縦断的な大規模データに基づく本格的なかつ精度の高い分析に着手することができよう。

（2）つながりの醸成過程の記述解釈

　本書では，教育の存立基盤である「つながり」が，学校（区）の日常において，どのように醸成されているのかを，中長期的なフィールドワーク等の質的調査を通して記述した。つながりは，突発的に出現するものではなく，長い時間をかけて，まさに「醸成」されるものであることが，フィールドワークを実施しいる各章より報告されている。たとえば，学級内における教師と子どもたちのつながりを例にあげれば，教師の授業中における日常的な言葉かけの蓄積が，つながりを醸成する。同じく授業中における，子ども相互の意義ある相互交流

の蓄積が，つながりを醸成する。ただし，今回，十分に検討できなかったことは，「つながり」が教育効果に結実する場面の記述である。「子ども相互のつながりが，学習意欲を高める」という結論を描くのであれば，それは，具体的にはどのような現象として描くことができるのか。より深みのある記述分析が，求められている。

（3）つながりの効果としての社会的厚生

　本書では，「つながり」の定義の射程に，社会的厚生（幸福感や健康）を含めているにもかかわらず，これらに対する言及が脆弱である。たとえば，第5章では，子ども相互のつながりが子ども達の幸福感を高めることを，定性的データから記述している。ただし，子ども相互のつながりによる幸福感への効果が，定量的データによって検証されたわけではない。つながりが社会的厚生に対して及ぼす効果については，辻・佐藤（2014）等をはじめとして，ここ数年で，研究が進展しつつある。ただし，いずれの研究も一般成人が対象であり，子ども・教師・保護者等を対象とした，つながりと幸福感の調査研究は，管見の限り皆無である。これからの進展が期待される領域である。一方，つながりと健康の関係については，一般成人（川上・小林・橋本 2006：近藤 2005，等）はもちろん，教師を対象とした研究（高木・北神 2016，等）も蓄積されている。子どもを対象とするつながりと健康の研究も，近年，進められている（田村・永井・今野 2016）。社会的厚生（幸福感や健康）には，児童生徒・保護者・教師の三者において，一定の連動性があると私たちは推察しており田村ら（2016）においてその一部が検証されている。今後は，三者の連動性の検証（なぜ関連し合うのか）とその内部プロセス（どのように関連しあうのか）の解明に努めたい。

（4）人々と自律的につながる能力を育てる

　つながりの醸成方法の解明において，本書では，次の3つの視点からのアプローチを採用していた。すなわち，教師による授業実践や指導方法の工夫に焦点をあてた授業論アプローチ。つながりの醸成を主たるねらいとするカリキュ

ラム開発とマネジメントに焦点を当てたカリキュラム論的アプローチ。学校と地域社会を多様な経営リソースでつなぐ校長のリーダーシップに焦点をあてた経営論的アプローチ。そして，学校評価制度，小中一貫教育制度，教員人事異動制度等の制度論的アプローチである。なお，制度的アプローチとしては，学校運営協議会制度や学校支援地域本部事業が有名であるが，これらについては，すでにソーシャル・キャピタルの視点からの丁寧な分析考察（荻野 2009；大林 2015）が進められているため，本書ではほとんど言及していない。

　これらのアプローチでは，教師等の成人を主体とする場合は，キー・コンピテンシーの一部である「異質な集団で交流する力」の保有が自明となっている。成人のキー・コンピテンシーの保有状況が，つながり醸成に及ぼす影響については，射程から外れている。つながり醸成に対する教育効果としては，教育年数（学歴）の影響を，コントロール変数として確認するにとどまる研究が大半である。成人キー・コンピテンシー（特に異質な集団で交流する力）がソーシャル・キャピタル（つながり醸成）に及ぼす効果についての調査研究の蓄積が必要であると思われる。

　一方，子どもについては，異質な集団で交流する力や自律的に人とつながる力が，基礎学力を高めるとする視点と，基礎学力をベースとして，その上に異質な集団で交流する力や自律的に人とつながる力を積み上げようとする視点がある。「社会関係資本が人的資本を高める」とする Coleman（1988＝2006）の研究課題のもとで研究を蓄積してきた者は，前者の視点に立ちやすい。しかし，子どもの発達段階と能力に応じた系統的なカリキュラムを編成しなければならない学校では，基礎学力を基盤とする後者の視点に立ちやすいのである。「人的資本を高めることで社会関係資本を醸成できる人材を育成する」という立場といってよい。教育分野では，特に学校では，こうした視点から，研究と実践が一層進められると推察される。

（5）つながりの転移

　現在，享受している豊かなつながりは，次年度以降も続くのであろうか。第

12章で検討したように，教師は，人事異動によって，現在の職場・地域でつながりを縮減し，新たな職場・地域で築き直さねばならない。人事異動がもたらす職能成長効果と不適応リスクは，自明の通りである。しかし，制度の工夫改善によって，こうした社会問題は，一定程度克服できるのではないだろうか。

たとえば，私たちが勤務している大学では，毎年のように何十人，何百人もの教師を輩出する。県外から大学に来ている学生は，出身地に戻るわけであるが，大学時代に醸成した，様々な次元のつながりを，教職赴任後，活かせる機会が乏しい。一方，地元出身の学生は，大学時代のつながりを十分に活かすことができる。初任者研修では，定期的に，同窓生と顔を合わせ，また，大学教員からの支援を持続的に受けることができる。大学と教育委員会との関係が緊密化しつつある今日，このことが初任者教員にもたらす恩恵は，過去の比ではない。以上，教員養成を事例として述べてきたが，今後，調査研究の対象としたいことは，新たな勤務地への異動において，過去のつながりの移転が可能かどうか。転移できた者とできなかった者とでは，何に影響が生じるのか。そして，先述したように，異動による不適応リスクは，異質な集団で交流する力等のキー・コンピテンシーの程度によって影響を受けるのではないだろうか。

つながりの教育学を，高等教育分野，職業教育分野等に対しても，今後，広げていく予定であることを，今後の研究展望として掲げておきたい。学習指導要領の改訂とあわせて，今後，学校組織では「地域に開かれた教育課程」を編成することとなる。また，「地域に開かれた教育課程」のマネジメントも，学校組織における重要課題となる。本書がこれらの実践の一助となれば幸いである。

参考文献

大林正史（2015）『学校運営協議会の導入による学校教育の改善過程に関する研究』大学教育出版。

荻野亮吾（2009）「学校―地域間関係の再編の動態についての『社会関係資本』の観点からの考察――大分県佐伯市の学校支援地域本部事業を事例として」『生涯学習基盤経営研究』34，41-55頁。

川上憲人・小林廉毅・橋本英樹編（2006）『社会格差と健康――社会疫学からのアプロー

チ』東京大学出版会。

近藤克則（2005）『健康格差社会——何が心と健康を蝕むのか』医学書院。

髙木亮・北神正行編（2016）『教師のメンタルヘルスとキャリア』ナカニシヤ出版。

田村砂弥香・永井順國・今野雅裕（2016）「子どもの健康」露口健司編著『ソーシャル・キャピタルと教育——「つながり」づくりにおける学校の役割』ミネルヴァ書房，32-48頁。

辻竜平・佐藤嘉倫編（2014）『ソーシャル・キャピタルと格差社会——幸福の計量社会学』東京大学出版会。

Coleman, J. S. (1988) "Social capital in the creation of human capital" *American Jaournal of Sociology* 94, pp. 95-120.（＝2006，野沢慎司編・監訳『リーディングス ネットワーク論——学校・コミュニティー・社会関係資本』勁草書房，205-241頁）

あ と が き

　本書では，終章において整理したように，これまで気づかなかった新たな知見が複数認められている。その一方で，リサーチするまでもなく，最初からある程度予測できたことも，調査結果として複数提示している。「わかりきったことを…」という批判の声が聞こえてきそうである。私たちは，つながりがもつ「よさの相関・因果関係」に科学的根拠を与えることに，相当量の時間を割いている。

　たとえば，子どもを取り巻くつながりは，学ぶ意欲を高める確率が高い。この数千人規模の子どもを対象とする調査知見は，ごく当たり前のことであるが，授業に対話を取り入れた実践を組織的に推し進めている学校，開発的生徒指導に力を入れている学校，つながりを経営ビジョンとして掲げている学校（長）の背中を押すことができる。リサーチ経験の乏しい教育学研究者からみれば，私たちは，わかりきった結果を，難解な分析方法で表現する無駄なことをしている人々として映るであろう。しかし，私たちには，学校関係者が自信をもって，日々の実践に取り組むことができるように，リサーチを通して下支えしているとの矜持がある。

2016年8月

露口健司

索　引

あ 行

挨拶運動　175, 176, 179
アカウンタビリティ政策　189
安全教育　150
安全支援コミュニティ　180
一般化信頼　91
援助希求　117
エンターテイナーとしての教師　105
エンパワメント　127

か 行

学業成績　34-36, 38, 39, 41-43, 45, 50, 158, 236
学習意欲　49-53, 55, 56, 58, 236
　——格差　57, 58
学習規律　175, 176
学習指導要因　40
風通しの良さ　150
課題シグナル　199
学級懇談会　90, 168
学級集団効力感　33
学級信頼　156
学級のカベ　85
学校運営協議会　239, 243
学校改善　178, 198, 200
学校関係者評価　173, 189, 191, 192, 198, 239
学校経営資源　154
学校支援地域本部　74, 87, 88, 173, 239, 243
学校信頼　156
学校評価　19, 150, 181, 198, 239
学校評価制度　243
学校評議員制度　150, 173
活動づくり　15
カリキュラム　16, 17

　——マネジメント　18, 61, 84, 114, 236
環境支援コミュニティ　180
環境整備　174, 176
関係づくり　15
関係的信頼　157, 162
危機管理マニュアル　150
キー・コンピテンシー　72, 73, 78, 82, 86
規範　4, 6, 36
義務教育学校　204
キャリアルート　224, 231
教育効果　13
教育政策　16, 19
教育制度　16, 19
教育的リーダーシップ　127, 188
教科のカベ　85
教師の授業力　124, 126-129, 134, 135, 137, 138, 212, 237
教職キャリア　220, 221, 223, 224, 230, 233, 240
「協働」文化　177
経済資本　4, 5, 34
契約的信頼　157
研究開発学校　94-96
広域人事　228, 230, 231
構造づくり　14
校長キャリア　143
校長のリーダーシップ　19, 126, 131, 132, 136, 238, 239, 243
互酬性規範　79, 95, 181, 182, 192
個人的信頼　159, 160
個人レベルデータ　10
コーポレート・ガバナンス　231
コミュニティスクール　173
コンピテンシー　124
コンプライアンス　231

249

さ 行

サーバント・リーダーシップ　127, 137, 138, 238
サービス・ラーニング　188, 236
自己肯定感　113, 114
自己効力感　50
自己信頼　114, 115
自己有用感　89
指導主事　224, 240
指導力不足教員　223
資本蓄積効果　5
社会的厚生　5, 242
集団的信頼　156, 159, 160, 162, 165-170, 238, 239
集団レベルデータ　10
10のライフスキル　96, 99
授業　16, 17
授業改善　127, 149
　――の日常化　136
授業研究　124, 137
　――チーム　137
小中一貫教育　20, 204-206, 208, 210, 211, 213, 218, 240, 243
職能成長　13
職場環境　221
人材育成　149
人事異動　20, 147, 240, 243
人的資本　4, 34, 186, 190, 243
人脈　142
信頼　4, 6, 36
信頼される学級　160, 169
　――づくり　156, 169, 170, 238, 239
ストレス対処法　98
成果シグナル　199
成人キー・コンピテンシー　13, 243
生徒指導要因　40
是正指導　227, 230, 232
世代間閉鎖性　3, 158, 165, 168
専門家の学習共同体　18, 124-128, 130-132, 135, 137, 237, 238

相談　141, 142, 145-150, 152-154, 238
組織　16, 18
　――文化　176
ソーシャル・キャピタル
　――の学級間差　25, 28
　――の形態　7
　――の効果性　13
　――の構成要素　6
　――の次元　11
　――の定義　3
　――の分析単位　8
　――論　1, 2
　学級――　12, 17, 24, 28-31, 49, 52, 53, 55, 58, 64, 66, 81, 235
　学校組織――　12, 65, 66, 85
　学校-地域――　12, 65, 67, 82
　家庭――　34-38, 41-45, 49, 54, 63, 66, 81, 236
　家庭外――　3
　家庭内――　3, 11
　結束型――　7, 116, 119, 237
　校区――　189, 190, 191, 193, 196, 197, 200
　子ども間――　12, 17, 49, 64, 66, 82
　子ども-地域――　12, 49, 65, 66, 75, 80, 82, 91
　ネガティブな――　221
　橋渡し型――　7, 118, 237
　保護者-学校――　67, 68
　保護者間――　12, 67, 68
　保護者-地域――　12, 13, 67, 68
　ポジティブな――　221
　連結型――　8, 120
ソーシャル・サポート　240
ソーシャル・スキル学習　118

た 行

ターゲットスキル　100, 101
多項ロジスティック回帰分析　194, 197
地域共生科　17, 62, 70, 71, 73, 74, 76, 78-86, 88, 89, 91, 92, 236, 237
地域とともにある学校づくり　173

中1ギャップ　205, 207, 210, 219
つながり現象　1, 2
テーマ・コミュニティ　180
特定化信頼　91

な　行

人間関係学科　18, 94, 96-99, 100-104, 106, 107, 110, 111, 112, 114, 116, 118, 120, 237
ネットワーク　4, 6, 36
 　――・タイプ　218
 　――変容　213, 215
 　学級内――　25-28
 　キャリア・――　19
 　教員間――　205
 　結束型――　27, 206, 212, 214, 215, 217
 　子ども間――　25-28
 　コミュニティ・――　18
 　社会的――　221, 230-232, 238, 240
 　情緒的――　225
 　垂直的――　118
 　地域――　158
 　橋渡し型――　206, 212-215, 217, 240
 　閉鎖的――　116
 　保護者間――　158, 162
 　保護者――　160, 161, 162, 164

は　行

パートナー　77, 81, 83, 87, 90, 91
パワーハラスメント　224, 226
評価に焦点を当てた学校改善　186, 187, 188, 193, 194, 196, 197, 200
開かれた学校づくり　173
ファシリテーター　106, 115, 119
フィールドワーク　241
ブロークンウインドウズ理論　174
文化資本　4, 5
変革型リーダー　189
ボランティア手帳　112, 113
本質的信頼　157

ま　行

マルチレベル分析　126, 132, 164, 194
マルチレベルモデル　9, 132, 165, 167
ミドルリーダー　228, 231
メゾレベル　10

や・ら行

幼小中連携　150
リーダーシップ　16, 18
リヴォイシング　29, 31, 32, 235
理不尽な要求　150
ロールプレイング　102, 103

欧　文

EBSI　→評価に焦点を当てた学校改善
ICC　135, 167, 196, 199
PISA　77
PLC　→専門家の学習共同体
PLC　136

執筆者紹介（所属，執筆担当章，＊は編者）

＊露口 健司（編著者紹介参照：序章，第2・3・4・6・8・10・11章，終章）

柏木 智子（大手前大学総合文化学部准教授：序章，第5章）

生田 淳一（福岡教育大学教育心理学講座准教授：第1章）

増田 健太郎（九州大学大学院人間環境学研究院教授：第1章）

倉本 哲男（愛知教育大学教職実践講座教授：第2・6・11章）

城戸 茂（愛媛大学大学院教育学研究科教授：第2章）

諏訪 英広（兵庫教育大学大学院学校教育研究科准教授：第6章）

川上 泰彦（兵庫教育大学大学院学校教育研究科准教授：第7章）

清田 雄二（中間市立中間南小学校校長：第8章）

伊藤 文一（福岡女学院大学文学部教授：第9章）

高木 亮（就実大学教育学部准教授：第12章）

編著者紹介

露口健司（つゆぐち・けんじ）
- 1970年　徳島県生まれ。
- 2006年　九州大学人間環境学府教育学専修博士後期課程修了。
- 現　在　愛媛大学大学院教育学研究科教授。
- 主　著　『学校組織のリーダーシップ』大学教育出版，2008年。
　　　　　『学校組織の信頼』大学教育出版，2012年。
　　　　　『学力向上と信頼構築――相互関係から探る学校経営方策』（編著）ぎょうせい，2015年。
　　　　　『ソーシャル・キャピタルと教育――「つながり」づくりにおける学校の役割』（編著）ミネルヴァ書房，2016年。

「つながり」を深め子どもの成長を促す教育学	
――信頼関係を築きやすい学校組織・施策とは――	
2016年10月10日　初版第1刷発行	〈検印省略〉

定価はカバーに
表示しています

編著者	露　口　健　司
発行者	杉　田　啓　三
印刷者	中　村　勝　弘

発行所　株式会社　ミネルヴァ書房
607-8494 京都市山科区日ノ岡堤谷町1
電話代表 (075)581-5191
振替口座　01020-0-8076

Ⓒ 露口健司ほか, 2016　　　　中村印刷・清水製本

ISBN978-4-623-07790-8
Printed in Japan

学校改善マネジメント
篠原清昭 編著
A5判／288頁／本体 3000円

ソーシャル・キャピタルと教育
露口健司 編著
A5判／252頁／本体 3500円

人が集まるボランティア組織をどうつくるのか
長沼 豊 著
A5判／228頁／本体 2800円

ソーシャル・キャピタルの世界
稲葉陽二・吉野諒三 著
A5判／304頁／本体 4000円

ソーシャル・キャピタルのフロンティア
稲葉陽二・大守隆・近藤克則・宮田加久子・矢野聡・吉野諒三 編
A5判／262頁／本体 3500円

——— ミネルヴァ書房 ———
http://www.minervashobo.co.jp/